임무형 지휘 실전을 끼던

권한위임리더십

김문겸 지음

Σ 시그마프레스

임무형 지휘 실천을 위한

권한위임 리더십

발행일 | 2018년 1월 2일 1쇄 발행

저　자 | 김문겸
발행인 | 강학경
발행처 | ㈜시그마프레스
디자인 | 송현주
편　집 | 이지선

등록번호 | 제10-2642호
주소 | 서울특별시 영등포구 양평로 22길 21 선유도코오롱디지털타워 A401~403호
전자우편 | sigma@spress.co.kr
홈페이지 | http://www.sigmapress.co.kr
전화 | (02)323-4845, (02)2062-5184~8
팩스 | (02)323-4197

ISBN | 979-11-6226-006-7

* 책값은 뒤표지에 있습니다.
* 이 도서의 국립중앙도서관 출판예정도서목록(CIP)은 서지정보유통지원시스템 홈
페이지(http://seoji.nl.go.kr)와 국가자료공동목록시스템(http://www.nl.go.kr/
kolisnet)에서 이용하실 수 있습니다.(CIP제어번호 : CIP2017033081)

| 머리말 |

　권한위임 리더십, 즉 임파워링 리더십은 기존에 리더가 가지고 있던 영향력을 조직 구성원에게 위임하는 것으로, 권한위임은 상호 연대하는 것이며, 책임을 공유하는 것이다. 또한 임파워링 리더십은 조직 구성원에게 결정권을 주고, 자원을 제공해 주며, 그들을 가치 있게 여기는 것이다. 또한 '역지사지'의 개념으로 다른 사람들이 나에게 그러한 태도로 대하는 것을 받아들이는 것이다. 결과적으로 권한위임은 정보와 지식, 감정을 공유함으로써 리더가 혼자 의사결정을 하고 문제를 해결하는 부담감을 감소시키고, 하급자의 자율성을 향상시켜 조직성과를 극대화시키는 것이다. 따라서 세계 각국의 군대 및 기업 조직에서는 임무형 지휘를 위한 임파워링 리더십을 강조하고 있다.

　4차 산업혁명이 시작된 오늘날의 빅데이터와 정보통신기술, 디지털 혁명에 기반을 둔 인공지능(AI), 사물인터넷(IoT), 3D 프린팅 등은 전 세계의 산업 구조와 사회 구조, 시장경제에 큰 변화를 일으키고 있다. 또한 전 세계를 사이버라는 하나의 공간을 통해 연결함으로써 시간과 공간을 초월하는 글로벌 경쟁력 시대로 변화했다. 이러한 시대에 기존의 리더십 방식은 한계가 있을 수밖에 없으므로 급변하는 환경에 맞는 리더십이 요구된다.

리더가 하급자의 자율성을 존중하면 자기주도성과 실험정신, 모험심, 책임감이 커지기 때문에 조직성과를 한 단계 더 높일 수 있다. 그러나 임파워링 리더십을 모든 조직과 사람에게 동일하게 적용한다고 해서 동일한 성과를 가져오는 것은 아니다. 왜냐하면 임파워링 리더십이 적합한 조직과 조직구성원이 존재하기 때문이다. 따라서 임파워링 리더십을 적용할 때는 해당 조직문화와 개인 성격특성을 고려한 리더십 발휘가 필요하다.

먼저, 조직문화에는 인간관계를 지향하는 합의문화, 창의 혁신을 지향하는 개발문화, 과업달성을 지향하는 합리문화, 내부과정을 지향하는 위계문화 등이 있다. 그리고 이러한 조직문화는 각기 다른 조직성과를 요구하기 때문에 그에 맞는 리더십을 적용할 필요가 있다. 둘째, 사람도 조직문화와 마찬가지로 권한위임 리더십을 선호하는 사람이 있는 반면에 그렇지 않은 사람도 있다. 예를 들어 목표지향적인 성취형 리더의 경우 자신의 자아실현을 위해 업무실패에 대한 책임을 감수하면서라도 권한위임을 선호한다. 그리고 자율형 리더의 경우 새로운 일에 대한 모험심이 강하고, 창의적인 것을 선호하기 때문에 권한위임을 즐거워한다. 반면에 보수적이고, 안정적인 조직운영을 추구하는 관리형 리더의 경우는 업무에 대한 완벽성을 추구하는 업무방식으로 업무에 대한 실패의 두려움으로 인해 권한위임을 부담스럽게 생각한다. 또한 사람의 관계를 중요하게 생각하는 관계형 리더의 경우는 업무의 실패보다는 업무가 잘못되었을 때 사람과의 관계가 깨질 것을 두려워하여 권한위임을 부담스럽게 생각한다. 이와 같이 동일한 권한과 책임을 부여할 때 사람의 성격에 따라 받아들이는 무게감은 차이가 있다. 그러나 오늘날과 같은 혁신의 시대, 가속의 시대, 융합의 시대를 맞이하여 시대에 부응하지 않는 리더십은 죽은 물고기와 같은 것이다.

임파워링 리더십은 어떤 특정 개인이나 조직의 이익 창출에만 초점을 두고 있는 것이 아니라 조직 구성원 모두를 위하여 확장된 상호이익 창출에 목적을 두고 있다. 따라서 고용·직업분류에 의한 24개 유형의 직업분류를 기초로 국내에서 임파워먼트와 관련 연구된 논문 200여 편을 분석하여 임파워먼트의 효과를 제시하였다.

임파워링 리더십을 적용할 때는 모든 조직과 개인에게 동일하게 적용하는 것이 아니라 조직특성과 개인 성격특성을 고려하여 그에 맞는 방법을 적용해야 한다. 이 책은 모든 조직과 개인 간의 관계에서 어떻게 임파워링 리더십을 발휘하여 개인 및 조직성과를 달성할 것인가에 대한 방안을 제시하고 있다. 앞으로 이 도서를 통해 모든 기업조직과 군부대, 경찰, 관공서 등에서 조직성과를 극대화하기 위해 권한위임 분위기가 확산되길 바란다.

끝으로 이 책이 가능하도록 지원해 준 한국심리평가원의 이정화 원장님과 이 책이 출판되기까지 함께 노력해 주신 조태명 박사님과 친구 김홍진, 출판 기회를 주신 (주)시그마프레스 사장님과 전무님께 감사드린다.

2017년 12월
저자 김문겸

| 차례 |

제 1 장

임파워링 리더십!
왜 필요한가?

1. 지휘와 리더십의 관계
2. 임무형 지휘와 임파워링 리더십의 개념
3. 임무형 지휘와 임파워링 리더십의 필요성

1. 지휘와 리더십의 관계

오늘날 일상생활이나 조직생활에서 지휘라는 용어보다 리더십이란 용어를 많이 사용하고 있다. 그러나 리더십 연구가 활발하게 이루어지기 전까지만 해도 지휘라는 용어를 더 많이 사용하였다. 즉 1980년대까지만 해도 리더십을 발휘하여 조직성과를 향상시키는 개념보다는 조직 구성원에 대한 관리적 기능에서의 지휘라는 개념이 많이 사용되었다.

일반적으로 사용되고 있는 지휘란, 단기적으로나 장기적으로 지휘하의 부하들이 맡겨진 일을 보다 유효하고 능률적으로 수행할 수 있도록 독려하기 위해서 채택되는 모든 활동이다(Konntz & O'Donnell, 1976). 그리고 군대에서 사용되고 있는 지휘는 지휘관이 주어진 권한을 행사하여 합법적으로 부대를 이끌어 가는 일체의 행위이다(육군본부, 2017). 반면에 리더십이란 저자에 따라 각기 다른 정의를 하고 있지만 공통적으로 포함하고 있는 것은 조직 구성원에게 목적과 방향을 제시하고, 동기부여시킴으로써 영향력을 미치는 활동이다.

지휘와 리더십의 관계를 살펴보기 전에 지휘의 개념을 더욱 명확히 정의하면 지휘와 리더십의 관계를 자연스럽게 알 수 있다. 그럼 지휘란 무엇인가? 지휘라는 용어는 군사학이나 경영학에서 많이 사용하고 있으나 지휘 구성요소들은 서로 상이하게 적용되고 있다. 군사학에서 지휘란 부여된 임무를 달성하기 위하여 가용한 자원을 효과적으로 사용하는 권한과 임무완수에 대한 책임 모두를 포함한다(합동참모본부, 2010). 이러한 지휘의 구성요소는 권한, 결심수립, 리더십이다(육군대학, 2007). '권한'이란 판단과 행동 및 지휘를 위해 위임된 능력이다. 권한에는 지휘권을 사용하고, 형법에 의해 복종을 강요할 수 있는 권리와 자유가 포함되어 있다. 필요한 경우 법을 통해 명령을 강요할 수 있다는 것은 지휘의 중요한 특징 중의 하나이고, 군에서의 지휘관과 민간에서의 리더와 관리자를 구별하는 요소이다. 그러나 지휘관은 권한의 또 다른 측면인 개인적 권한을 가지고 있다. 개인적 권한은 영향력과 카리스마를 반영하며, 가치, 특징, 개성, 경험, 명성, 성격, 개인적 경험, 전술전기 능력으로부터 도출된다(육군대학, 2007). 따라서 지휘관은 부여된 임무달성과 부대의 자원 유지·운용 등을 위해 자신의 권한을 사용한다. 이때 지휘관은 임무를 완수하기 위해 참모와 예하 지휘관에게 권한의 일부를 위임할 수 있으나 책임을 위임할 수는 없다(육군본부, 2011). '결심수립'이란 임무를 달성하기 위해 최선의 방책을 선정하는 과정으로 지휘관에 의한 구상의 산물을 행동으로 옮겨 주는 역할을 한다. 즉 결심수립은 술術임과 동시에 과학이라고 할 수 있다. 지휘관은 결심을 수립하고 자신의 결심사항을 예하부대와 의사소통하기 위해 구상^{visualizing}, 기술^{describing}, 지도^{directing}의 방법을 이용한다(육군대학, 2007). 결심은 임무달성을 위해 주어진 상황에서 최선의 방책을 선정하는 것으로, 지휘통제에 있어 가장 핵심적인 요소이다. 지휘관은 결심을 통해 자신의 작전구상 결과를 행동으로 옮기는 방법을 결정한다. 결심에는 결심의 여부와 언제, 무엇을 결심할 것인가까지 포함된다(육군본부, 2011). 리더십이란 목적과 방향 및 동기를 부여하여 장병들에게 영향을 미침과 동시에 장병들이 임무를 달성하고 조직목표를 향상시키도록 이끄는 것이다. 즉 지휘관의 리더십은 궁극적으로 의지의 강요라고 할 수 있으며(육군대학, 2007), 리더가 임무완수를 위해 구성원들에게 동기를 부여함으로써 영향을 미치는 과정이다(육군본부, 2011).

경영학에서 사용하는 지휘란 조직의 목표를 달성하기 위하여 경영자가 하

표 1.1 지휘의 구성요소

구분	일반학	군사학
구성요소	커뮤니케이션, 동기부여, 리더십	권한, 결심수립, 리더십

급자에게 명령하고 지시하며 동기부여하는 것으로서, 지휘의 구성요소는 커뮤니케이션, 동기부여, 리더십이 있다(이봉수, 2002). 의사소통(커뮤니케이션)이란 집단 구성원 상호 간에 정보를 교환함으로써 관리적 기능을 상호 연결시켜 나가는 과정이라 할 수 있다(Haimnnn, Scott & Connor, 1978). 다시 말해서 커뮤니케이션은 1인 혹은 다수인으로부터 다른 1인 혹은 다수인에게 정보와 의미를 전달시키는 과정이다. 동기부여란 개인이 목표지향적인 행동을 자발적으로 일으켜 방향을 제시하고 지속시키는 과정을 의미한다. 동기부여 즉 *motivation*은 '움직이다'라는 라틴어 *movere*에서 유래되었으며, 결정이나 행동의 직접적 원인, 계기를 준다는 뜻을 가지고 있다(Luthans, 1981). 리더십이란 공통된 목표달성에 따르도록 사람에게 영향을 미치는 것(Koontz & O'Donell, 1980)으로, 한 사람이 집단이나 조직에서 활동과 관계를 인도하고 구조화하고 촉진하기 위해서 다른 사람들에게 행사하는 의도적인 영향력의 과정이다(Yukl, 2014).

이와 같은 내용을 표로 정리하면 〈표 1.1〉과 같다.

〈표 1.1〉에서 보는 바와 같이 일반적인 학문과 군사학에서 사용되는 지휘 개념이 얼핏 보면 유사하나 구성요소가 상이하게 적용되고 있다. 그러나 여기서 한 가지 공통점은 지휘 개념 속에 리더십 개념이 포함된다는 것이다. 따라서 지휘는 리더십의 상위 개념이라 할 수 있다.

지휘와 리더십은 운용 측면에서도 차이가 있다. 즉 영향력 행사의 주체,

영향력 행사의 대상, 영향력을 행사하는 방식 그리고 영향력 시도의 결과에서 차이가 있다. 먼저, 영향력 행사의 주체 측면에서 지휘는 지휘권을 위임받은 자가 주체인 반면, 리더십은 직무와 관련된 모든 사람이 주체이다. 둘째, 영향력 행사의 대상 측면에서 지휘는 업무와 관련된 지휘 계통의 구성원이지만 리더십은 업무수행과 관련된 모든 사람을 포함한다. 셋째, 영향력을 행사하는 방식 측면에서 지휘는 직책의 영향력을 강조하지만 리더십은 개인의 영향력을 강조한다. 넷째, 영향력 시도 결과에 대한 측면에서 지휘는 업무 실패에 대한 책임이 하급자에게 가중되지만 리더십은 업무 실패에 대한 책임을 분담한다.

2. 임무형 지휘와 임파워링 리더십의 개념

임무형 지휘

'임무형 지휘'의 기원은 1806년으로 거슬러 올라간다. 독일의 전신인 프러시아는 프랑스의 나폴레옹이 이끄는 프랑스 혁명군에게 패하고 굴욕적인 '틸지트 강화조약'을 체결하여 당시 20만이었던 병력을 4만 2,000명으로 축소하고 프랑스에 1억 프랑의 전쟁 배상금을 지불하는 수모를 겪었다. 뿐만 아니라 영토 절반을 프랑스와 동맹국들에게 넘겨야 하는 국가적인 난국에 처한 프러시아 국왕 프리드리히 3세는 샤른호르스트 장군에게 프러시아 육군의 재건을 명한다. 그리하여 1807년에 '군 재조직위원회'가 결성되었고, 국왕의 적극적인 지원 속에서 패전의 멍에를 벗고 프러시아군이 환골탈태할 수 있는 방안이 모색되었다(Oetting, 1993; Leistenschneider, 2002; 김성국,

2011). 그리고 프러시아군 재조직위원회는 1806년 나폴레옹 전쟁의 패전 원인이 지휘관들의 사고의 경직성과 피동적인 지휘 때문이었다고 판단하여 새로운 지휘 방법을 모색하였고, 이러한 개혁과정에서 임무형 지휘가 도입되었다(Widder, 2002). 이후 임무형 지휘는 독일 육군의 최고 지휘 원칙이 되었다. 임무형 지휘가 성공을 거두기 위해서는 다음과 같은 핵심요소를 요구한다(Bühlmann & Braun, 2010; Schwier, 1999). 첫째, 리더는 친밀한 인간관계를 통해서 하급자의 지식과 능력에 대해 신뢰를 가질 수 있어야 한다. 둘째, 리더와 하급자 상호 간 의사결정 능력을 배양하고 신뢰를 강화하기 위해서는 많은 훈련이 요구된다. 셋째, 임무형 지휘는 강제적으로 시행되는 것이 아니고 상황변화에 따라 보다 나은 결과를 얻기 위해 리더와 부하가 자발적으로 행동하는 것이다. 그리고 결과에 대해서는 책임을 지는 책임의식이 전제되어야 임무형 지휘가 성공할 수 있다. 넷째, 임무형 지휘가 효과적으로 발휘되기 위해서는 정책과 절차 등 제도적인 기초가 명료한 형태로 형성되어 있어야 한다. 다섯째, 임무형 지휘가 반드시 성공을 가져온다는 보장이 없기 때문에 임무형 지휘에 의해 하급자가 자유재량으로 행동한 결과가 실패로 나타난다고 해도 상급자는 하급자에 대해 관용을 베푸는 조직문화가 정착되어야 한다.

이러한 임무형 지휘가 우리 군에 도입된 것은 1999년 4월 육군의 지휘 개념으로 선정하면서부터이다. 현재 우리 군에서 사용하고 있는 임무형 지휘의 정의는 다음과 같다. 부여된 임무를 효과적으로 달성하기 위하여 지휘관은 명확한 의도와 부하의 임무를 제시하고 임무수행 방법은 최대한 위임하며, 부하는 지휘관의 의도와 부여된 임무를 기초로 자율적이고 창의적으로 임무를 수행한다(육군본부, 2011).

임파워링 리더십

임파워먼트의 개념은 1940년대를 기점으로 경영학보다는 정치학 또는 사회학 등 타 분야에서 먼저 시작되었는데, 미국에서 1980년대 중반 기업 내에 만연하던 무력감powerlessness을 해소하고 구성원으로 하여금 더욱 일에 몰입하면서 변화와 성과를 추구하도록 도모하는 수단으로서 등장하였으며, 1990년대에 이르러 임파워먼트를 많이 강조하게 되었다(이대붕, 2009).

우리는 흔히 파워power를 남을 복종시키거나 지배할 수 있는 공인된 권리로서의 권력을 이야기한다. 그리고 임파워먼트empowerment는 이에 대비되는 말로서, 조직 현장의 구성원에게 업무 재량을 위임하고 자주적이고 주체적인 체제 속에서 사람이나 조직의 의욕과 성과를 이끌어 내기 위한 '권한부여', '권한이양'을 말한다. 즉 임파워먼트란 하급자들의 업무수행 능력을 높이고 상급자들에게 부여되어 있는 권한을 하급자에게 이양 또는 위임하여 그들의 책임과 권한 범위를 확장시킴으로써 하급자들이 가지고 있는 잠재 능력 및 창의력을 최상으로 발현하도록 하는 방법이다.

임파워먼트는 "권한을 위임한다."는 의미와 "결정 등에 참여한다."는 측면과 "개인이 스스로가 동기를 부여한다."는 측면이 동시에 포함되어 있다. 조직의 상부에서 권한을 갖고, 통제중심의 관점에서 조직을 운영하기보다는 권한이양을 통해 조직 구성원의 자율적이고 적극적이며 능동적인 활동을 유도한다는 임파워먼트의 개념으로 볼 때, 임파워먼트의 정의는 "변화하는 환경에 능동적으로 대처하고 고객만족을 신속히 추구하고자 조직의 실무 단계에 있는 하위 계층 사람들에게 의사결정 권한을 상당 부분 위임하는 것"으로 알려져 있다(오창환, 2007).

임파워먼트의 구성요소로는 ① 의미성, ② 유능성, ③ 자기결정력, ④ 영향력이 있다(Spreitzer, 1995). 첫째, 의미성은 주어진 과업활동과 신념, 태도, 가치 및 행위자 간의 적합성에 관한 것이다. 여기서 의미성이란 주어진 과업활동의 목적 또는 목표의 가치가 되며, 이것은 개인이 가지고 있는 이상과 가치체계ㆍ신념ㆍ태도에 관련된다(Thomas & Velthouse, 1990). 둘째, 유능성은 밴듀라와 우드(1989)에 의하면 능력은 과업활동에 대한 믿음으로 지칭되는데, 이러한 것은 곧 개인이 결과를 산출하는 데 필요한 행동을 성공적으로 더욱 정확하게 수행할 수 있다는 믿음을 의미하는 것이다. 그러나 능력의 개발은 복잡한 인지적ㆍ사회적ㆍ언어학적ㆍ물리적 기술의 점진적인 습득을 통해서 가능하다고 하였다. 셋째, 자기결정력은 자신 스스로의 행동에서 시작과 규제의 선택을 경험하는 것을 말한다(Deci & Connell, 1989). 역할수행 능력은 행동의 지배를 반영하고, 자기결정력에는 행동의 선택이 반영되어 있다. 자기결정력은 외부 힘에 좌우되는 행동이 아닌 자기 자신의 표현으로서, 선택을 통해 시작되고 의도적인 행동을 통해 표출된다. 넷째, 영향력이란 개인이 조직결과에 영향을 끼칠 수 있다는 스스로의 믿음을 말한다(Ashforth, 1989). 즉 개인이 조직의 전략적ㆍ관리적ㆍ업무적 의사결정에 영향력을 미칠 수 있다고 믿는 것이다.

임무형 지휘와 임파워링 리더십

임무형 지휘는 상급자가 하급자에게 임무를 부여한 후 수행에 대한 방법은 하급자에게 위임하는 것으로, 임파워먼트의 개념과 유사하다. 각각의 개념적 특성을 상황, 조직 운영, 조직 형태 및 의사소통, 리더십 유형으로 정리하면 〈표 1.2〉와 같다.

표 1.2 임무형 지휘와 임파워링 리더십 비교

임무형 지휘	구분	임파워링 리더십
• 가변적, 예측 불가능 • 불확실성	상황	• 무한경쟁, 신속한 결심 • 고객 및 환경 지향적
• 분권화 • 자발적, 주도적 • 모든 제대의 능력 중시	조직 운영	• 신뢰중심 경영 • 창조적 · 혁신적 경영 • 도전과 모험 강조 • 개인 및 팀 단위 능력 강조
• 유기적 • 수평적 • 상호작용적	조직 형태 및 의사소통	• 탈관료제, 수평적 • 상호작용적 • 관계지향적
• 위임형 • 변혁적 리더십	리더십 유형	• 권한위임 • 참여적 리더십

3. 임무형 지휘와 임파워링 리더십의 필요성

임무형 지휘의 필요성

임무형 지휘가 필요한 이유는 평시와 전시로 구분할 수 있다. 평시에 임무형 지휘가 필요한 이유는 다음과 같다. 그동안 우리군은 통제형 지휘체제로 과거부터 권위주의적 위계질서하에 일사불란한 지휘체계를 요구하고 수집된 정보를 중앙집권적 활용하여 왔다. 그러다 보니 상 · 하급자 간 의타심과 서열의식, 비합리적 사고와 형식주의가 잔존하고, 지시 · 강조사항을 우선시하는 지휘 풍토가 조성되어 부하는 상급자의 지시 안에서 복종하는 것을 미덕으로 생각하게 되었다. 또한 이러한 풍토는 모든 것에 우선해서 지시사항에 대해 복명하기에 급급하고 잘못된 사안에 대해 지휘관(자)과 상충되는 의견 제시가 곤란하므로 상 · 하급자 간 의사소통이 경직되게 하여 하급자의 창의

성과 자율성이 무시되는 무사안일한 업무수행이 이루어지게 되었다. 그러나 현 사회는 정답이 없는 불확실성의 시대이며 변혁의 시대이다. 이러한 복잡하고 복합적인 사회변화 속에서는 관리자의 과거 경험과 지식만이 정답이 될 수 없다. 문제가 발생하면 그때그때 상황에 맞게 대처할 수 있는 구성원들의 창의력과 순발력이야말로 현 사회 조직 구성원들에게 요구되는 첫 번째 자질이 되었다. 따라서 군 조직 또한 부하들의 자율성과 창의성을 강조하지 않을 수 없게 되었다. 즉 정보화·세계화 그리고 개방화된 시대를 살고 있는 오늘날의 젊은이들에게 더 이상 권위주의적인 통제로서는 효과적인 지휘통솔과 복종을 기대할 수 없으며, 지휘관 역시 전문 분야의 세부사항까지 세심한 지휘가 불가능한 현실 속에서 부하의 자율성 및 창의성 발휘를 저해하는 명령형 지휘체계를 탈피함으로써 집권과 분권의 효율적인 활용을 통해 신속한 명령과 결심, 행동체계를 완성하는 토대를 마련해야 한다.

임무형 지휘가 전시에 필요한 이유는 전장의 불확실성에 대처하기 위함이다. 전쟁은 본래 인간의 내면과 깊은 관련이 있기 때문에 분석적이고 과학적인 방법만으로 정확히 진단할 수 없다. 따라서 첨단화된 미래 네트워크 환경에서도 전쟁이 내포하고 있는 불확실성을 완전히 제거하지 못할 것이다(육군교육사령부, 2014). 전쟁에서 행동 기반이 되는 것 중 4분의 3은 불확실성 속에 있다. 따라서 잇따라 일어나는 우연은 사건의 진행을 방해해 모든 상황의 불확실성을 증폭시킨다(육군 리더십센터, 2011). 이러한 상황에서 군사작전은 아군의 종합적인 체계가 적의 종합적인 체계와 치열하게 경쟁하는 매우 복잡한 측면이 있다. 각 체계는 그 자체가 각각 또는 다른 많은 체계에 영향을 미치고 상호작용할 수 있는 다양한 요소로 구성된다. 그러한 각 체계 간의 상호작용은 복잡하고 때론 예측이 불가능하며, 통제가 불가능한 경우가 발생할 수 있다(육군대학, 2007). 과거, 전략에 대한 접근 방식의 핵심은 강력한 분석도구를 활용하면 미래를 정확하게 예측할 수 있다고 가정하였다. 이러한 접근 방식은 안정적인 환경에서는 효과가 있을지 모르지만 불확실한 환경에서는 아무리 뛰어난 분석도구를 이용해도 미래를 예측하지 못한다(현대경제연구소, 2009). 불확실한 상황은 과거 전사를 보면 잘 알 수 있다. 이라크전에서는 갑자기 닥쳐오는 모래 폭풍으로 인하여 미리 계획된 그 어떤 일도 할 수가 없었으며, 안정화 작전을 실시 중에도 민간인과 적군, 아군과 테러리스트가 혼재되어 생각하지 못한 돌발 상황이 자주 발생하였다. 이러한 상황들은 최초에 세운 계획들을 무용지물로 만들었고, 한발 늦은 조치로 인하여 위험에 빠지기도 하였다. 이는 곧 전장이 아무리 첨단 과학화된 모습을 갖추었다 하더라도 불확실성은 여전히 존재한다는 것을 의미하며, 불확실한 상황에서 혼돈스럽고 무기력한 반응 대신 즉각적이며 주도적인 반응을 보일 수 있는 체제만이 전승을 보장받을 수 있다(육군본부, 2011).

임파워링 리더십의 필요성

먼저, 사람들은 기본적으로 자아실현을 위해 상황과 여건만 조성되면 스스로 창의적으로 업무를 수행할 수 있는 능력과 욕망을 가지고 있기 때문이다. 임파워링 리더십을 맥그레거(1972)가 주장하는 X-Y 이론과 비교하여 설명하면, 임파워링 리더십은 Y 이론 인간관과 밀접한 관련이 있다. Y 이론 인간관은 전통적 인간관인 X 이론과 달리, 인간에게 노동은 놀이와 같은 자연스러운 것이며, 인간은 노동을 통해 자기 능력을 발휘하고 자아실현을 하고자 한다고 전제하고, 인간은 조직 내에서 문제해결을 해야 할 때 창의력과 판단력을 발휘하고 자율성을 가지고 일을 한다고 생각한다(박천오, 2013). 이러한 Y 이론은 다음과 같은 내용을 강조한다. ① 외적 통제와 처벌의 위협만이 사람들을 조직목표를 위해서 일하게 만드는 수단은 아니다. 사람들은 스스로 몰입된committed 목표의 수행에 있어서는 자율self-direction과 자기통제self-control를 할 줄 아는 존재이다. ② 조직목표에 대한 몰입은 목표성취와 결부된 보상에서 나온다. 이러한 보상 가운데 가장 중요한 것은 이기적 욕구와 자기실현적 욕구의 충족이다. ③ 적당한 조건만 갖추어진다면 사람들은 책임을 받아들일 뿐만 아니라 그것을 적극적으로 갈구하게 된다. 책임회피, 야망의 결여, 안정의 모색 등과 같은 행태는 경험의 산물이지 인간의 본성을 반영하는 것은 아니다. ④ 대부분의 사람들은 조직의 문제해결에 요구되는 상상력과 창의력을 갖추고 있으며, 현대 산업조직의 조건하에서는 사람들이 지적 잠재력을 일부만 사용하고 있다. 이와 같이 사람들은 본래부터 자아실현을 위해 상황과 여건만 조성되면 스스로 창의적으로 업무를 수행할 수 있는 능력과 욕망을 가지고 있기 때문이다.

둘째, 시대적 환경이 임파워먼트를 요구한다. 이제는 본격적으로 4차 산업혁명 시대에 진입하였다. 4차 산업혁명은 근본적으로 컴퓨터와 인터넷을 활용한 인공지능의 발전이라는 지식플랫폼에 근거를 두면서 통신, 기계, 로봇공학 등을 결합시켜 인간생활과 자연환경 전 분야에 걸친 혁명적 생산성 변화를 추구하고자 한다. 4차 산업에 돌입한 기업이나 이를 연구하는 학자들조차 향후 변화가 어떤 식으로 진행될지에 대한 방향과 규모에 대해 명확한 정보를 제시하지 못하고 있다(전영평, 2017). 그러나 분명한 것은 종전의 리더들은 지금까지와는 전혀 다른 매우 동태적 상황에 직면하게 될 것이라는 것이다.

사람들은 자기 자신을 스스로 통제할 수 있거나 혹은 외부 환경을 자신이

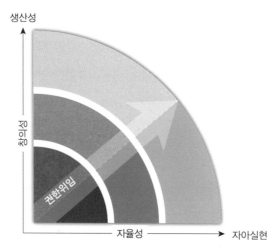

그림 1.1 권한위임 : 생산성과 자아실현의 동시 추구

원하는 방향으로 이끌어 갈 수 있다는 통제의 환상에 빠진다. 이와 관련하여 하버드대학교 사회심리학과 교수 엘렌 랭거는 다음과 같은 실험을 하였다. A 집단의 사람들에게는 본인이 로또번호를 직접 선택하여 복권을 사도록 했고, B 집단의 사람들에게는 기계에 의해 자동 선택된 복권을 사도록 했다. 그 후 로또를 다시 판매할 마음이 있는지, 만약 판매를 한다면 얼마에 판매할 것인지에 대해 적어 달라고 했다. 그 결과 자동선택 번호의 로또 복관을 산 B 집단의 사람들은 약 19%가 팔지 않겠다고 말했으며, 판매를 원하는 사람들의 판매가격은 약 1.9달러였다. 반면 자신이 직접 번호를 선택한 A 집단의 사람들은 39%가 판매하지 않겠다고 이야기했으며, 판매 희망가격은 약 8.9달러로 원래 가격의 9배나 되고, B 집단에 비해 4배나 많은 가격을 요구했다.

이와 같이 사람들은 자신이 선택한 숫자에 당첨될 확률이 높을 것이라 기대한다. 즉 자기 스스로 모든 일을 잘할 수 있거나 통제할 수 있다는 착각에 빠진다. 이러한 사례는 성경에서도 찾아볼 수 있다. 애굽에서 이스라엘 백성이 400년 동안 노예로 살고 있을 때, 하나님은 모세에게 이스라엘 백성을 데리고 가나안 땅으로 갈 것을 명령한다. 그 당시 이스라엘 백성의 수는 약 300만 명으로 추정하고 있다. 이렇게 많은 백성을 데리고 가면서 돌보아야 했기 때문에 모세는 잠시 쉴 시간뿐 아니라 잠잘 시간도 부족하였다. 그러던 중 모세의 장인 이드로의 조언으로 능력 있는 사람을 뽑아 그 능력에 맞는 권한위임을 함으로써 모세는 시간적 여유를 갖게 되었고, 많은 생각을 할 수 있게 되었다. 리더는 직위가 올라갈수록 몸이 아닌 머리가 바빠야 하며, 시대의 흐름을 읽을 수 있어야 한다. 즉 4차 산업혁명 시대의 리더는 조직성과를 극대화하기 위해 임파워링 리더십이 필요하다.

제 2 장

권한위임이
왜안 되는가?

1. 하급자에 대한 신뢰감 부족

2. 조직문화에 대한 이해 부족

3. 원활한 의사소통의 부족

4. 모든 것을 상급자가 하고자 하는 성격특성

5. 리더의 권력을 빼앗긴다는 두려움

6. 업무결과에 따르는 책임감에 대한 두려움

7. 윤리적 리더십의 부족

권한위임은 임파워링 리더십을 실천하는 가장 기본적인 방법이다. 그러나 리더들이 임파워링 리더십을 발휘하는 데 있어 가장 힘들어하는 부분이기도 하다. 리더들은 통상 다른 리더와의 만남에서 "권한위임 뭐 별 것 있어? 그냥 업무부여하고 그에 대한 권한을 주면 되는 것 아니야?"라고 쉽게 이야기한다. 그러나 막상 자신이 권한위임을 해야 하는 상황에 처하게 되면 여러 가지 이유로 한계에 부딪치게 된다. 권한위임을 하는 데 가장 방해되는 이유는 다음과 같다.

1. 하급자에 대한 신뢰감 부족

권한위임이 잘 안 되는 이유 중 첫 번째는 신뢰감 부족이다. 신뢰란 일반적으로 위험을 감수하면서 타자에게 믿음을 주는 사회심리적 상태라고 정의되고 있다. 즉 상대방에 대한 감시나 감독 없이도 상대가 자신의 기대에 부응하는 행동을 하리라는 믿음하에 기꺼이 위험을 감수하겠다는 마음의 상태이다(Mayer, Davis & Shoorman, 1995). 이러한 신뢰에 대한 선행연구 결과를 보면 상사에 대한 신뢰는 권한위임에 긍정적인 영향을 미치는 것으로 나타났다(박계홍 등, 2010). 따라서 상급자와 하급자 간의 신뢰형성은 임파워링 리더십을 실천하는 데 있어 매우 중요한 역할을 한다. 그러나 대부분의 조직에서 리더들은 하급자에 대한 신뢰가 부족하여 권한위임을 하는 것을 부담스럽게 생각한다.

신뢰란 특정한 대상을 신뢰하는 신뢰자의 주관적 심리 상태이기 때문에 개인의 성격특성과도 밀접한 관련이 있다. 그러면 리더들이 하급자를 신뢰하지 못하는 이유는 무엇일까? 신뢰의 기반은 학자마다 다양하게 분류하고 있으나 루소 등(1998)은 제재기반 신뢰, 계산기반 신뢰, 관계기반 신뢰, 제도기반 신뢰의 네 가지 유형으로 범주화하였다(송운석, 2012). 먼저, 제재기반 신뢰deterrence based trust는 신뢰를 저버렸을 때 처벌을 받는다는 확실한 위협이 있기 때문에 신뢰하는 것을 말한다. 이 경우 신뢰는 기회주의적 행동으로부터 얻을 수 있는 잠재적 이득보다 신뢰를 어겼을 경우 받을 수 있는 제재가 더 크다고 판단하므로 신뢰행위를 하는 경우이다. 둘째, 계산기반 신뢰calculus based trust는 경제적 교환에서 기초한 상호작용의 특징인 합리적 선택에 기초한다. 계산기반 신뢰는 제재의 존재에서뿐만 아니라 의도 또는 능력과 같은 정보에서도 도출되며, 신뢰자가 피신뢰자의 행동이 자신에게 유익할 것이라고 인식할 때 신뢰감이 일어난다. 셋째, 관계기반 신뢰relational based trust는 신뢰 주체와 신뢰대상 간에 의도에 대한 동일시에 토대를 둔 신뢰이다. 즉 신뢰 주체와 객체 사이에 서로가 상대의 욕구·선택·선호 등을 알고 예측하며, 동일한 욕구·선택·선호 등을 자신의 것으로 공유함으로써 발전하게 된다(Lewicki & Bunker, 1996). 넷째, 제도기반 신뢰institution based trust는 제도에 대한 믿음에 기초한 것이다. 즉 제도기반 신뢰는 조직화된 시스템에 기초한다. 사회적 규범과 법적장치 등과 같은 합리적인 시스템은 신뢰 주체에 대한 손실 확률기대가 낮기 때문에 신뢰가 촉진되는 한편 융통성을 제한하고 지나친 엄격함을 요구함에 따라 신뢰를 손상시킬 수도 있다.

이와 같은 신뢰형성의 네 가지 기반 중 권한위임에 크게 영향을 미치는 것은 계산기반 신뢰와 관계기반 신뢰라 할 수 있다. 계산기반 신뢰의 경우 상급자가 '하급자에게 권한을 위임해 주었을 때 자신에게 돌아오는 이득이 무엇일까?', '나의 이득을 위해 하급자는 업무를 완수할 수 있을까?', '만약 하급자가 업무를 완수하지 못했을 경우 나한테 돌아올 책임은 무엇인가?' 등의 계산을 하기 때문에 하급자에 대한 신뢰보다는 불신이 많이 생기게 된다. 관계기반 신뢰의 경우 평상시 상급자와 하급자의 관계를 통해 신뢰가 형성되는 것으로, 평상시 하급자가 상급자의 의도를 잘 파악해 상급자의 의도대로 업무를 수행했다면 신뢰가 많이 형성되는 것이 올바르다. 그러나 우리 조직문화 중에 이러한 관계기반 신뢰를 저해하는 것은 사람들의 선입견이다. 즉 우리나라는 아직까지도 학연, 지연, 혈연 등에 의해 그 사람의 능력과 신뢰가 정해진다는 것이다. 상급자와 같은 학교, 같은 고향 등 같은 출신이면 능력이 있고, 다른 학교, 다른 고향과 같은 다른 출신이면 능력이 부족하고 믿지 못할 사람이라는 것이 정해지기 때문에 권한위임이 제대로 이루어지지 않는다. 권한위임에 있어 상급자와 하급자 간 신뢰 형성은 매우 중요하다.

조직성과를 위해 부하를 신뢰하라

포드 자동차 회사를 설립한 헨리 포드에 대해 들어보지 못한 사람은 드물 것이다. 헨리가 죽고 나서 그의 손자인 헨리 2세가 경영자가 되었고, 그는 포드사에서 자신이 차지하는 위치에 불안감을 갖고 많은 수석이사들을 이간질하며 경영을 하였다. 그러던 중 헨리 2세는 포드사의 사장 중 한 사람이었던 아이아코카에게 자신의 철학을 이렇게 말했다고 한다. "어떤 사람이 당신을 위해 일한다면 그를 너무 편안하게 내버려 두지 말라. 그가 당신과 친해지려 하거나 마음대로 행동하려는 것을 용납하지 말라. 언제나 그가 기대하는 것과 반대되는 일을 하라. 부하 직원들을 불안하고 균형을 잃게 하라"(Maxwell, 1999). 이러한 것을 볼 때 헨리 2세의 권한위임 리더십은 실패했다고 볼 수 있다. 왜냐하면 회사의 책임자였던 그는 자신의 부하들을 신뢰하고 권한과 책임을 부여하여 조직성과를 거두게 해야 했으나 그들을 이간질하고 음해했기 때문이다.

출처 : John Maxwell 저, 채천석 역, 리더십의 21가지 불변의 법칙, 청우, 2002.

2. 조직문화에 대한 이해 부족

조직문화란 주어진 시기에 조직의 운영을 위한 조직체 시스템이며, 이념과 신념, 언어, 의식, 신화, 상징 등이 포함된 총체적 개념이다(Pettigrew, 1979). 조직문화는 통상적으로 〈그림 2.1〉에서 보는 바와 같이 두 가지 차원에서 접근하고 있다. 하나는 '변화 대 안정'이라는 상충적 가치를 축으로 조직구조에 대한 선호를 반영하는 '유연성 대 통제'의 차원이다. 또 하나는 '조직내부 지향 대 조직외부 지향'이라는 상충적 가치를 축으로 하여 합리문화, 개발문화, 위계문화, 합의문화의 네 가지로 분류한다(구연원, 2006).

합리문화rational culture는 통제와 안정을 지향하면서 경쟁을 지향하기 때문에 합리문화에서 리더는 지시, 명확한 목표, 생산성, 임무수행 등을 강조한다. 개발문화development culture는 유연성과 변화, 경쟁을 지향하기 때문에 개발문화에서 리더는 혁신, 성장, 자율성 등을 강조한다. 위계문화hierarchy culture

그림 2.1 조직문화 유형

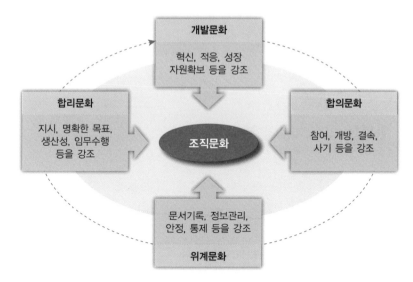

그림 2.2 조직문화의 특성

는 통제와 안정, 내부지향성을 강조하기 때문에 위계문화에서 리더는 안정된 조직운영, 시스템, 완벽성 등을 강조한다. 합의문화consensual culture는 유연성과 변화, 내부 지향성을 가지고 있기 때문에 합의문화에서 리더는 사람과의 관계, 참여, 결속, 사기 등을 강조한다. 이러한 조직문화는 조직의 특성에 따라 권한위임에 차이가 있는 것으로 나타났다(김찬선, 2014).

조직문화와 관련하여 "왜 권한위임이 이루어지지 않는가?"에 대한 질문에 다음과 같이 이야기할 수 있다. 첫째, 완벽주의와 승진지향 위주의 문화가 강조되기 때문이다. 둘째, 상급자에 의한 억압, 강요, 정해져 있는 답만을 요구하는 문화가 존재하기 때문이다. 셋째, 상급자가 개인의 경험에 의해 모든 것을 판단하고, 그것만이 옳은 것이라고 생각하는 문화가 존재하기 때문이다. 넷째, 업무성과에 대한 조급함과 보여주기식의 문화가 존재하기 때문이다. 이와 같이 조직문화의 유형에 따라 권한위임에 차이가 있기 때문에 조직문화의 특성을 고려하여 권한위임을 할 필요가 있다.

3. 원활한 의사소통의 부족

우리는 흔히 일상생활이나 조직생활 속에서 "저 사람과는 말이 안 통해!"라는 말을 많이 하곤 한다. 의사소통이란 집단 구성원 상호 간에 정보를 교환함으로써 관리적 기능을 상호 연결시켜 나가는 과정(Scott & Connor, 1978)으로 하향식, 상향식, 수평형 의사소통이 있다(이병철, 1997). 하향식 의사소통은 아래에서 위로 흐르는 의사소통을 말하며, 상향식 의사소통은 위에서 아래로 흐르는 의사소통이고, 수평식 의사소통은 동료 간의 의사소통으로 수평적으로 흐르는 의사소통을 말한다. 이러한 의사소통이 임파워먼트에 미치는 선행연구를 살펴보면, 임파워먼트의 향상을 위해서는 촉진적 의사소통을 사용해야 하며(홍지영, 2014), 촉진적 의사소통을 하는 집단이 비촉진적 의사소통을 하는 집단보다 임파워먼트가 높았다(박예린·양수, 2008).

"왜 권한위임이 안 되는가?"에 대한 질문에 많은 사람들이 원활한 의사소통이 부족하기 때문이라고 답한다. 즉 상급자는 하급자의 생각과는 상관없이 일방적인 지시형식으로 업무를 부여하고 업무에 대한 자신의 의도를 명확하게 알려 주지 않으며, 이것 좀 해보라고 지시한 후 자신의 생각과 맞지 않으면 다시 하라는 등의 사례가 빈번하다.

이와 같이 의사소통이 제대로 이루어지지 않는 이유는 첫째, 하급자의 의견을 존중하지 않고, 하급자를 자신과 동등한 대상으로 생각하지 않기 때문이다. 소통이란 동등한 대상으로 여기는 가운데 이루어져야 효과가 있는데, 상급자는 하급자가 자신과 함께하는 동료가 아니라 자신의 부하로만 생각하기 때문이다. 둘째, 상급자는 하급자보다 모든 것을 많이 알고 있다고 생각하기 때문이다. 상급자는 자신이 하급자보다 경험이 많고, 많이 배웠기 때문에 하급자의 말을 무시하거나 그냥 듣고 흘려 버리는 경향이 많다. 셋째, 의사소통에 대한 개방적 태도 부족 때문이다. 개방적 의사소통이란 진솔하게 자기가 느낀 바를 표현하고 자신의 의사에 반하는 의견에 기꺼이 귀를 기울이는 자세를 의미한다. 그러나 대부분의 상사들은 부하와의 관계에서 부하의 개입을 거부하고 통제하려 한다. 넷째, 의사소통의 지속성이 부족하기 때문이다. 의사소통의 효과는 한 번의 시도에서 나타나는 것이 아니라 지속적인 상호작용을 통해 이루어지는 것이므로 상호 간에 존중하고 잘되기를 바라는 친화적 의사소통이 있어야 한다. 다섯째, 부하에 대한 의사결정 수용성을 고려하지 않기 때문이다. 의사결정 수용성은 의사결정이 부하들에 의해 실행될 때, 또는 작업 동기에 매우 중요한 영향을 미친다(Yukl, 2014). 즉 의사결정에 있어 조직 구성원이 참여를 했는지 또는 참여하지 않았는지에 따라 의사결정 실행에 많은 영향을 미친다. 그러나 상급자들은 하급자의 의사결정 참여와는 관계없이 무조건적으로 결정된 사항에 대해 무조건 따르도록 강요한다. 의사소통은 권한위임에 많은 영향을 미치기 때문에 조직과 개인의 특성을 고려한 의사소통 방법이 필요하다.

4. 모든 것을 상급자가 하고자 하는 성격특성

권한위임이 잘 안 되는 이유 중 네 번째는 모든 것을 상급자가 스스로 해결하려 하는 개인적 성격특성을 갖고 있기 때문이다. 사람들은 각기 다른 성격특성을 가지고 있어서 업무처리 방식 또한 각기 상이하게 나타난다. 특히 성취욕구가 높은 관리자는 중요하고 도전할 만한 과업을 부하들에게 위임하기보다는 직접 하는 것을 더 선호한다(Miller & Toulouse, 1986). 어느 한 실험에서 실제 질적 수준이 과업을 위임했을 경우와 동일했음에도 불구하고 관리자가 과업을 감독하는 일에 직접 관여할 때에는 성과의 질을 더 높게 평가했다(Pfeffer, Gialdini, Hanna, & Knopoff, 1998). 이와 같이 사람의 성격특성이 권한위임에 영향을 미치는 것으로 나타났다.

그레고릭(1985)은 사람 뇌의 발달 정도에 따라 네 가지 인지사고의 특성을 분류하였으며, 이는 개인의 잠재성과 성격특성에 차이가 있다고 하였다. 먼저, 순차적 처리[sequential processing]는 순서대로 일어나는 연속적인 자극을 분석하는 데 전문화된 뇌 영역으로, 연속적인 기능과 사실을 분석 계열적으로 정보를 처리하는 편재화된 뇌 기능이다. 둘째, 변칙적 처리[random processing]는 제시된 자극을 동시에 분석하는 데 전문화된 뇌 영역으로, 종합적으로 정보를 처리하고 말하려는 각 요소를 선택하고 조합해서 이야기를 '조직화'하는 것에 관여하며 목소리, 억양을 통해 정서를 표현하고 인식하는 기능을 전담한다. 셋째, 구체적 사고[fact thinking]는 눈에 보이는 사실감각을 기반으로 오감을 사용한 사고를 전담한다. 넷째, 추상적 사고[abstract thinking]는 개념별로 나누고 분석하는 개념적 원리적 사고를 전담하는 편재화된 기능을 담당한다.

이러한 인지처리특성을 기반으로 이정화 등(2004)은 APL(Aptitude : 적

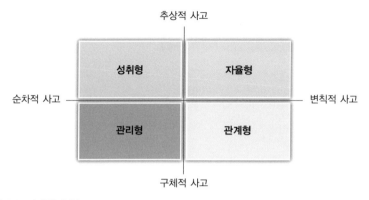

그림 2.3 리더십 유형

성, Personality : 성격, Learning : 학습) 성격검사를 개발하였다(김문겸 등, 2017). APL성격검사는 리더십 유형을 〈그림 2.3〉과 같이 성취형, 자율형, 관리형, 관계형으로 구분하고 있다.

리더십 성향에 따라 권한위임에 미치는 영향을 살펴보도록 하자. 성취형 accomplished 리더는 자기주도성이 강하고 자존심이 강하며 성취욕구가 매우 강하기 때문에, 하급자에 대한 권한위임보다는 자기 스스로 업무를 처리하는 경향이 많다. 자율형autonomous 리더는 독립심이 강하며 창의적이고 자신감이 강하기 때문에, 자신의 일은 스스로 하고자 한다. 관리형managed 리더의 경우 완벽주의적 성격이기 때문에 다른 사람들을 쉽게 믿지 못하는 경향이 있다. 따라서 하급자에게 업무를 권한위임을 할 때 일이 잘못될 것을 우려해 자신이 직접 하는 경향이 많다. 관계형relation 리더는 사람의 관계를 중요하게 생각하기 때문에 권한을 위임할 때 상대방과 자신에 대해 많은 신경을 쓴다. 또한 권한위임 후 업무가 잘못되었을 때 서로의 관계가 깨질 것을 우려해 스스로가 직접 업무를 수행하는 경향이 있다.

천하의 제갈공명은 하급자에게 권한을 위임하지 않고 모든 일을 혼자 처리하는 것으로 유명했다. 이에 제갈공명을 보필하던 양옹은 다음과 같이 이야기했다.

"제가 보기에 승상께서는 모든 일을 혼자 처리하면서 신경 쓰지 않아도 되는 일까지 마음을 쓰고 계십니다. 무릇 중요한 게 하나 있으니 그것은 무엇보다도 아래위가 서로의 일을 침범하지 않는 것입니다. 종놈에게는 밭갈이를 맡기고 종년에게는 밥 짓기를 맡겨 사사로운 일을 돌볼 틈이 없게 함으로써 구하는 바를 넉넉하게 얻게 됨과 같습니다. 만약 집주인이 몸소 나서서 모든 일을 다하려 든다면 몸은 피곤하고 정신은 어지러워 끝내는 아무것도 이루지 못하게 됩니다. 이는 그 앎이 종놈이나 종년보다 못해서가 아니라 집주인의 도道를 잃기 때문입니다. 옛적에 병길(한 무제의 정승)은 소가 기침하는 것은 걱정해도 사람이 길가에 죽어 넘어지는 것을 거들떠보지 않았고, 진평(한 고조 유방의 좌승상)은 유방의 물음에도 자기가 쌓아둔 곡식과 돈의 양을 모른다고 개의치 않아 하며 답했다고 합니다. 그런데 승상께서는 작은 일까지 몸소 맡으시어 일일이 간섭하고 계시니 어찌 힘드시지 않겠습니까?"

이와 같이 제갈공명은 모든 업무처리를 직접 처리함으로써 과로로 일찍 죽게 되었다.

출처 : 이문열, 삼국지, 민음사, 2002.

이와 같이 여러 가지 이유로 인해 권한위임이 이루어지지 않고 모든 일을 리더 혼자 처리하려고 하면 쉽게 지치고 후유증만 커지게 된다.

5. 리더의 권력을 빼앗긴다는 두려움

강력한 권력 욕구는 권한위임의 실패 요인이다. 하급자에게 권한을 위임하면 자신의 권한이 축소될 것을 우려하기 때문에 권한위임이 실천되지 않고 있다. 어떤 관리자들은 평상시 부하들에게 권력을 행사하여 부하를 관리감독을 하고 있다는 느낌을 가져야 하는데, 권한을 위임하면 그러한 느낌을 잃

표 2.1 권력 유형의 구분

직위적 권력	개인적 권력
• 합법적 권력 • 보상적 권력 • 강압적 권력	• 준거적 권력 • 전문적 권력

기 때문에 권한을 위임하지 못하는 경우도 있다.

이러한 권력원천을 분류하는 가장 일반적인 방법은 직위적 권력position power 과 개인적 권력personal power으로 구분하는 것이다(Bass, 1960; Etxioni, 1961; Yukl & Falbe, 1991). 권력이 주로 조직 내에서 개인이 맡은 직위에 내재해 있는 기회에서 나오는 것인지 혹은 영향력을 행사하는 사람이 지닌 특성 및 영향력을 행사하는 사람과 영향력을 받는 사람과의 관계에서 나오는 것인지 에 따라 〈표 2.1〉과 같이 구분된다.

직위적 권력 중 합법적 권력은 조직이 리더에게 공식적으로 부여한 계급 과 직책, 규정, 법규 등으로부터 발휘되는 영향력이다. 그리고 보상적 권력 은 리더가 구성원들이 원하는 경제적·정신적 보상 등을 해줄 수 있는 능력 에서 발휘되는 영향력이며, 강압적 권력은 리더가 구성원을 처벌·위협하거 나 강제로 압력을 행사할 수 있는 영향력을 말한다. 개인적 권력 중 준거적 권력은 리더가 개인적인 인격, 매력, 바람직한 인간적 특성 등을 보유함으로 써 미치는 영향력을 말하고, 전문적 권력은 리더가 특정 분야에 대한 전문지 식, 특수기술, 경험, 해결방안 등을 보유함으로써 미치는 영향력이다. 이러 한 권력 중 권한위임과 밀접한 관련이 있는 것은 직위적 권력이다.

권력 욕심이 리더를 얼마나 쉽게 부패시키는지에 대하여 키프니스(1972) 는 보다 커다란 보상적 권력을 가진 리더가 부하들을 조작의 대상으로 지각하고, 부하들의 가치를 평가절하하며, 부하들의 노력을 리더 자신의 권력 사용에 귀인시키고, 부하들과의 사회적 거리를 더 많이 유지하며, 부하들에게 영향을 미치기 위해 보상을 더 자주 사용한다는 것을 발견하였다(Yukl, 2016). 이는 과도한 직위적 권력의 위험을 지적하는 내용으로, 적당한 권한위임의 필요성을 보여 준다. 리더가 권한위임을 한다고 해서 자신의 권력을 모두 잃어버리는 것이 아니다. 리더는 하급자들의 업무활동을 계속해서 책임져야 하기 때문에 권한을 위임한다고 해서 자신의 역할이 없어지지 않는다.

권한위임의 본질은 창조적 분배이다. 또한 책임 공유와 넘치는 에너지, 그리고 포괄적이며 민주적이고 오래 지속된다는 특성을 가졌다(Murrell & Meredith, 2004). 먼저, 권한위임은 서로에게 영향을 준다. 권한을 위임하는 관리자들이 실천해 왔듯이 타인에게 영향을 주고 지원해 주며 그들을 가치 있게 여기는 것이고, 동시에 타인이 나에게 그러한 태도로 대하는 것도 받아들이는 것이다. 그 결과 정보, 지식, 감정을 공유하기 때문에 권한위임은 나에게 도움을 주는 것이다. 둘째, 권한위임은 창조적 분배이다. 권한위임은 상급자가 권한을 주고 하급자가 권한을 받는 제로섬$^{zero-sum}$ 게임이 아니라 권한을 위임할수록 리더와 조직 구성원 모두의 권한이 확장된다는 것이다. 즉 권한위임은 조직 전체의 이익을 위해 조직 구성원의 영향력을 높여 가는 과정이다. 셋째, 권한위임을 통해 공유된 책임감은 정보의 흐름을 증진시키고 책임감을 확산시키며, 리더가 혼자 의사결정을 하고 문제를 해결해야 하는 부담감을 감소시켜 준다.

이와 같이 권력 욕구는 쉽게 리더를 부패하게 하고, 권한위임은 리더의 권력을 빼앗는 것이 아니라 창조적 분배임을 인식하여 권한위임을 실천할 필요가 있다.

6. 업무결과에 따르는 책임감에 대한 두려움

권한위임 실패의 원인 중 하나는 과업 전문성과 목표의 공유 같은 부하의 특징과 관련된다. 관리자들은 필요한 전문성이 부족한 부하에게 중요한 책임을 위임하기를 꺼린다(Ashour & England, 1972; Leana, 1986; Yukl & Fu, 1999). 부하가 전문성을 가지고 있을지라도 과업목표에 대해 무관심한 것처럼 보인다면 중요한 책임에 대한 위임은 이루어지지 않을 것이다(McGregor, 1960). 이러한 지각은 때때로 부하의 실제 특징보다는 관리자의 성격상의 문제에 의해 결정된다(Johnston, 2000).

즉 성취형 리더는 자신의 자아실현 욕구에 따라 권한위임을 하고 그에 대한 책임을 감수할 수 있으나 하급자의 자질과 역량이 부족할 경우에는 업무실패에 대한 두려움으로 인해 권한위임을 하지 않고 자신 스스로가 업무를 처리하게 된다. 자율형 리더는 모험심이 강하고, 창의적이며, 업무의 실패에 대한 두려움이 없기 때문에 권한위임을 잘할 수 있다. 관리형 리더는 완벽주의 성향을 가진 리더로 하급자에게 권한위임을 할 경우 하급자가 잘해낼 수 있을지 의구심이 많기 때문에 쉽게 하급자에게 권한위임을 하지 않고 자신이 직접 하려는 경향이 많다. 관계형 리더는 인간중심적이기 때문에 하급자에 대한 배려가 많다. 따라서 업무를 부여하면 하급자가 어떻게 생각할지에 대한 고민이 많고, 업무실패 시 하급자와의 관계가 무너질 것을 두려워 하급자에게 권한위임을 하는 것을 부담스럽게 생각한다.

이와 같이 리더의 성격특성에 따라 권한위임에 대한 책임감의 인식 정도에 차이가 있다. 권한위임을 할 때는 부하의 역량을 고려하여 적정한 난이도의 과업을 위임할 필요가 있다.

7. 윤리적 리더십의 부족

오늘날 우리 사회는 윤리적 리더십이 강력하게 요구된다. 윤리적 리더십은 상급자뿐만 아니라 조직 구성원 모두에게 필요한 리더십이다. 권한위임이 제대로 이루어지지 않는 이유 중 하나도 윤리적 리더십이 약하기 때문이다. 윤리적 리더십ethical leadership이란 올바른 목적을 위해 올바른 방식으로 올바른 일을 하도록 다른 사람을 움직이는 도덕적인 인간의 영향력이다(Ciulla, 2003). 즉 윤리적 리더십이란 어떤 좋은 사람이 다른 이들에게 바르게 영향을 미쳐서 그들이 어떤 공공의 이익을 달성하게 만드는 과정이다.

　윤리적 리더십과 권한위임과의 선행연구를 살펴보면, 윤리적 리더십을 구성하는 도덕성, 공정성, 역할명확성, 파워공유 등은 임파워먼트에 긍정적인 영향을 미치고(문지영 등, 2008), 관리자가 윤리적 리더십을 보일 경우 구성원들의 임파워먼트가 증가한다고 한다(이규태·박혜원, 2012). 그러나 윤리적 리더십 관련 설문조사에서 "왜 권한위임이 이루어지지 않는가?"에 대한 답변을 보면, 첫째, 상급자 자신에 대한 욕심이 과하고, 하급자를 이용하려는 생각이 많다는 것이다. 둘째, 계급이 높다는 이유로 월권행위를 하거나 권력을 남용하는 행위가 존재하기 때문이다. 셋째, 학연, 지연, 혈연, 출신구분 등에 따라 하급자의 등급이 부여되는 것이 존재하기 때문이다. 이상은 상급자와 관련된 윤리적 리더십의 부재이다. 하급자와 관련 윤리적 리더십의 부재는 다음과 같다. 첫째, 평상시 상급자가 보았을 때 성실성과 일관성 등이 부족하기 때문이다. 둘째, 업무수행에 대한 공정성과 정직성이 없기 때문이다. 셋째, 업무에 대한 약속을 제대로 이행하지 못하기 때문이다. 권한위임이 실천되기 위해서는 상급자와 하급자 모두가 윤리적 리더십을 갖추어야 한다.

제 3 장

임파워링 리더는
이런 사람이다

1. 의사소통의 벽을 제거하는 사람

임파워링을 통하여 조직성과를 향상시키는 데 있어 의사소통이 제대로 이루어지지 않으면 권한위임을 하였다 하더라도 업무를 제대로 마무리할 수 없다. 그러므로 의사소통은 매우 중요하다. 따라서 임파워링 리더는 조직 간, 조직 구성원 간 의사소통 증진을 위해 노력해야 한다.

임파워링 리더가 의사소통 증진을 위해 가장 중요하게 생각해야 할 것은 적극적 경청력과 피드백 능력 증진이다(박원우, 1998). 먼저, 적극적 경청력 active listening skill은 듣는 것과 경청으로 구분된다. 듣는 것hearing은 단순히 다른 사람의 말이나 소리에 대해 우리의 감각 기능을 통해 알아차리는 것이며, 경청listening은 다른 사람의 말이나 소리에 대해 의식적으로 귀를 기울여 들으려고 하는 것을 말한다. 즉 다른 사람의 소리가 그냥 들리는 것과 다른 사람의 소리를 의식적으로 들으려고 노력하는 것에 차이가 있다.

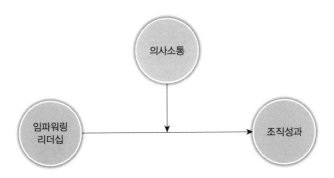

그림 3.1 의사소통의 중요성

적극적 경청력

적극적 경청은 임파워링 리더가 하급자에게 권한위임을 할 때 매우 중요한 역할을 한다. 적극적 경청의 구성요소는 〈표 3.1〉과 같다.

임파워링 리더십에서 적극적 경청이 필요하고 중요하다는 것은 너무나 당연하다. 임파워링 리더가 하급자에게 권한위임을 하기 위해 이야기하는데 하급자가 상급자의 말에 몰입하지 않을 경우 상급자는 매우 불쾌한 기분이 들어 권한위임을 하고 싶은 생각이 들지 않을 것이다. 상급자가 권한위임을 할 때 하급자는 상급자의 의도를 명확히 파악하기 위해 상급자의 입장에서 경청해야 하고, 상급자가 말하는 중에는 옳고 그름을 판단하여 이야기하는 것보다 상급자의 지시를 적극 수용하려는 마음자세가 필요하다. 또한 상급자의 지시사항에 대해 시행착오를 최소화하기 위해서는 상급자의 의도를 명확히 파악하는 것이 중요하다. 따라서 하급자는 상급자의 권한위임이 끝

표 3.1 적극적 경청의 구성요소

구분	내용
몰입	인간의 능력은 대단하여 생각하는 속도(400~500단어/분)가 말하는 속도(100~150단어/분)보다 4배 정도 빠르다고 한다. 따라서 상대방의 말을 경청하면서도 우리는 동시에 남은 브레인 파워를 활용하여 다른 생각을 하기도 한다. 그런데 적극적 경청이란 듣고 남는 4분의 3의 시간 혹은 브레인 파워를 여전히 상대방의 말, 기분, 의도 등을 이해하는 데 쓴다는 것이다. 즉 상대방의 말에 강하게 몰입한다는 것이다.
입장전환	상대방 입장에서 상대방이 말하고자 하는 것을 이해하려는 노력이다.
수용	상대방이 말하는 동안은 그 내용을 판단하려 하지 말고 수용하려는 노력이다.
완전성	완전히 상대방의 뜻과 감정을 이해하고자 노력하고 질문까지 해서 이해를 확인하는 것이다.

출처 : 박원우, 임파워먼트 실천 매뉴얼, 시그마인사이트컴, 2000.

나게 되면 백브리핑back briefing을 통해 자신이 인지한 사항이 상급자의 의도에 맞는지 확인해야 한다.

이와 같이 적극적 경청은 임파워링 리더십을 발휘하는 데 중요한 역할을 하기 때문에 조직의 리더뿐만 아니라 조직 구성원 모두가 갖추어야 할 능력이다. 따라서 자신이 어느 정도의 적극적 경청력을 가지고 있는지 〈표 3.2〉의 설문지를 통해 진단해 볼 필요가 있다.

〈표 3.3〉은 적극적 경청력 평가에 대한 자가진단표이다. 진단 방법은 앞의 10개 항목에 대해 본인이 평가한 번호를 찾아 체크(✔) 후 1번에서 10번까지의 합계를 구한다. 합계를 구할 때 2, 4, 9, 10번의 문항은 괄호 내의 수치를 더해야 한다.

이와 같은 적극적 경청력은 임파워링 리더십에 매우 중요한 역할을 하기 때문에 조직 구성원의 적극적 경청력을 길러 줄 필요가 있다. 그럼 적극적 경청력을 어떻게 키울 것인가? 사람의 귀로 들어오는 청각정보들은 내측 슬상핵을 거쳐 측두엽에서 처리된다. 사라신(2006)은 측두엽이 발달한 청각적 학습자는 듣고 말하는 청각적 정보를 잘 처리하며, 토론이나 강의식 학습 등을 활용하여 수용하도록 하는 것이 도움이 될 수 있다고 했다. 즉 사람의 적극적 경청력은 뇌의 측두엽이 어떻게 발달되었는지에 따라 영향을 미치고, 적극적 경청력은 뇌의 가소성[1] 원리에 따라 다음과 같은 학습을 통해 길러질 수 있다. 첫째, 다른 사람과 이야기를 할 때는 상대방의 눈을 마주본다. 둘째, 상대방의 말에 적절히 끄덕이고 안면 표정을 짓는다. 셋째, 상대방의 말

---

1 뇌는 자극에 민감하고 변화의 기제가 멈춰 있지 않은 매우 유연한 기관이다. 그러므로 어떤 자극을 접하고 경험하느냐에 따라 여전히 변화가 지속되기 때문에 능동적으로 학습과 훈련을 통해 성공할 수 있는 뇌를 만들어 갈 수 있다는 것이 학자들의 공통된 의견이다(한국심리평가원, 2004).

표 3.2 적극적 경청력 설문지

설문 내용	거의 안 그렇다	가끔 그렇다	흔히 그렇다
1. 나는 대화할 때 상대방의 눈을 보면서 한다.	1	2	3
2. 나는 상대방의 외모나 표현 방식에 근거하여 상대방 생각의 가치 여부를 결정한다.	1	2	3
3. 나는 상대방의 생각과 감정(느낌)에 나를(나의 생각과 느낌을) 맞추려고 한다.	1	2	3
4. 나는 대화 시 '큰 그림'보다는 구체적 사실을 들으려 한다.	1	2	3
5. 나는 대화 시 사실적 내용뿐만 아니라 용어에 내포된 상대방의 감정 및 기분을 이해하려고 한다.	1	2	3
6. 나는 대화 시 상대방의 뜻을 명확히 알고자 질문을 한다.	1	2	3
7. 나는 상대방의 말이 끝날 때까지 그가 무슨 말을 하려 하는지 판단하는 것을 보류 또는 연기한다. 즉 상대방이 말하는 도중에는 그의 뜻을 판단하지 않는다.	1	2	3
8. 나는 대화 시 상대방 말의 논리와 일관성을 평가하고자 노력한다.	1	2	3
9. 나는 상대방의 말을 듣는 도중에도 기회가 주어지면 내가 무슨 말을 할 것인가를 생각한다.	1	2	3
10. 나는 마지막 결론을 내림으로써, 상대방이 다시 대꾸 못하게 하려고 한다.	1	2	3

출처 : 박원우, 임파워먼트 실천 매뉴얼, 시그마인사이트컴, 2000.

에 이해가 가지 않는 사항에 대해서는 질문을 통해 확인한다. 넷째, 상대방이 이야기했던 내용을 인용한다. 다섯째, 상대방이 이야기할 때 관심을 분산시키는 행동이나 제스처를 피한다. 여섯째, 상대방이 이야기하는 중에 말을 끊지 말고, 방해하지 않는다. 일곱째, 상대방이 이야기할 때 말을 많이 하지 말고 많이 듣는다.

표 3.3 적극적 경청력 자가진단표

항목	거의 안 그렇다	가끔 그렇다	흔히 그렇다
1	1	2	3
2	1(3)	2	3(1)
3	1	2	3
4	1(3)	2	3(1)
5	1	2	3
6	1	2	3
7	1	2	3
8	1	2	3
9	1(3)	2	3(1)
10	1(3)	2	3(1)
합계			

출처 : 박원우, 임파워먼트 실천 매뉴얼, 시그마인사이트컴, 2000.

평가결과 : 합계에 근거하여 다음과 같이 평가한다.
27점 이상 : 귀하는 훌륭한 경청 능력을 지니고 있습니다.
22~26점 : 귀하는 경청 능력이 좀 모자랍니다.
21점 이하 : 귀하는 잘못된 경청 습관을 지니고 있습니다.

피드백 능력

권한위임과 관련된 의사소통에서 적극적 경청과 더불어 중요한 요소는 피드백이다. 권한위임은 리더가 하급자에게 자신의 뜻만을 전달하는 것으로 끝나는 것이 아니다. 하급자가 업무를 수행하기 위해서는 하급자가 상급자의 의도를 명확하게 이해하고 있는지에 대해 확인해 볼 필요가 있으며, 상급자

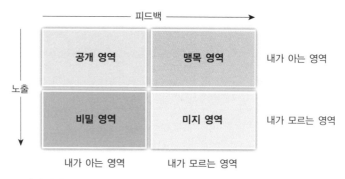

그림 3.2 조하리의 창

는 하급자가 업무를 수행하는 중에 업무가 잘되어 가는지, 업무에 필요한 것은 무엇인지 등에 대해 적극적인 피드백을 해야 한다.

일반적으로 하급자들은 리더의 경험과 전문가적 입장에서 우러나오는 예리하면서도 발전에 도움이 되는 업무 관련 피드백이 있을 때 가장 큰 자극을 받게 된다. 즉 권한위임 후 완벽한 임무수행을 위해서는 상급자와 하급자 간 피드백이 자주 있어야 한다.

권한위임을 위한 의사소통 과정에서 피드백이 차지하는 중요성을 파악하는 데 요긴한 개념이 바로 조하리의 창Johari window이다. 조하리란 고안자인 루프트(Luft, J.)와 잉햄(Ingham, H.)의 이름을 결합한 것으로, 〈그림 3.2〉에서 보는 바와 같이 일명 '마음의 창', '마음의 네 가지 창'이라고도 한다 (HRD 용어사전, 2010).

구체적으로 조하리의 창은 상대방의 관계에서 자신이 알고 있고 상대에게도 인지되는 영역인 '열린 창'(Open : 공개 영역), 자신은 알고 있지만 상대에게는 숨기고 있는 영역인 '숨겨진 창'(Hidden : 비밀 영역), 자신은 알 수 없으나 상대로부터는 잘 관찰되는 영역인 '보이지 않는 창'(blind :

맹목 영역), 자신에게도 상대에게도 인지되어 있지 않은 영역인 '암흑의 창'(unknown : 미지 영역)의 네 가지로 구성되어 있다.

의사소통을 통한 임파워링 리더십을 향상을 위해서는 피드백을 통해 '열린 창'을 넓혀가는 것이 중요하고, 그러기 위해서는 적극적으로 자기를 보여줄 필요가 있으며, 그것이 권한위임에 따른 임무를 완벽하게 수행할 수 있는 방법이다.

활발한 의사소통이 업무성과와 행복감을 높인다

인간행동 연구의 세계 일인자로 통하는 일본 히타치 중앙연구소장 아노 가즈오 공동연구 팀은 전화를 이용하여 제품을 판매하는 '모시모시핫라인'이라는 콜센터를 대상으로 사람의 신체 움직임이 의미하는 바를 찾아내는 실험을 했다.

실험 기간 동안 콜센터 수주율은 매일 달라졌는데, 처음에 연구 팀은 그것이 날마다 상담원이 교체되기 때문일 것이라고 생각했다. 상담원 중에는 일주일에 며칠만 일하는 사람이 많았고, 이 때문에 상담원의 평균 숙련도가 날마다 오르락내리락했다. 따라서 숙련도가 높은 상담원이 많은 날에는 수주율이 올라가고, 반대로 숙련도가 낮은 사람이 많으면 내려갈 거라고 예상한 것이다. 그러나 데이터 분석 결과 그런 상관관계는 나타나지 않았다. 즉 개인의 성향과 수주율은 관계가 없었다.

그래서 연구 팀은 대화의 활발도와 수주율의 관계를 살펴보고 휴식시간에 더 많은 대화를 나누도록 유도하기 위해 정책적으로 비슷한 또래의 상담원을 4명씩 한 팀으로 묶어 동시에 쉬게 했다. 그 결과 대화 활발도가 10% 높아지고 수주율이 13% 상승했다. 이로써 대화 활발도와 수주의 인과관계가 명확해졌고 아주 간단한 정책만 펴도 생산성을 크게 향상시킬 수 있다는 사실을 알게 되었다.

출처 : 곽숙철, 펌핑크리에이티브, 틔움, 2016.

2. 자신의 생각을 명확히 전달하는 사람

임파워링 리더가 하급자에게 권한위임을 할 때 의도를 명확히 제시하는 것은 매우 중요하다. 특히 권한위임을 할 때는 상급자가 가지고 있는 목표와 하급자의 역할을 명확하게 제시할 필요가 있다.

명료화란 계획, 방침, 역할기대를 전달하는 과정이다. 명료화의 주요 하위범주에는 ① 부하에게 직무상 책임을 규정해 주고, ② 성과목표를 설정하며, ③ 과업을 할당하는 것으로(Yukl, 2014), 명료화와 관리 효과성 간의 긍정적 관계가 발견되었다(Alexander, 1985; Kim & Yukl, 1995; Van Fleet & Yukl, 1986b).

명료화 행동의 목적은 업무활동을 안내하고 조정하며 구성원들에게 무엇을 어떻게 수행해야 하는지를 알도록 하는 데 있다. 직무에서 어떤 결과가 예상되는지를 부하 각자가 이해하는 것은 매우 중요하다. 매우 유능하고 동기가 높은 부하라고 하더라도 책임과 우선순위에 혼란을 겪는다면 높은 성과수준을 성취하지 못할 수도 있다. 이러한 혼란은 노력의 방향을 잘못 정하

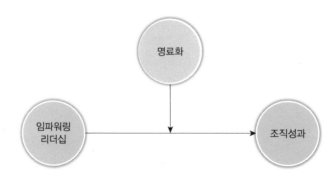

그림 3.3 명료화의 중요성

고 중요한 책임을 소홀히 하도록 만든다. 직무가 복잡할수록 무엇을 해야 할 필요가 있는지를 결정하기가 더욱 어렵다.

역할 모호성이나 역할 갈등이 있을 때 행동을 명료화하는 것은 더욱 중요하다. 역할 모호성이나 역할 갈등은 개인의 성격특성과도 매우 밀접한 관련을 가지고 있다. 성취형과 자율형 하급자는 추상적 사고가 잘 발달되었기 때문에 역할 모호성이나 역할 갈등을 다소 적게 겪으나, 구체적 사고가 발달된 관리형과 관계형 하급자는 역할 모호성과 역할 갈등을 많이 겪을 수 있다. 때문에 하급자의 성격특성을 고려해야 한다. 따라서 업무를 어떻게 수행해야 하는가를 나타내는 정교한 규칙과 규정을 조직이 가지고 있거나 부하들이 훈련을 매우 잘 받은 전문가들이어서 상급자로부터 많은 지시를 받지 않고도 자신의 직무를 수행할 만한 전문능력을 가지고 있다면 명료화는 덜 필요하지만 그렇지 못한 경우에는 상급자는 하급자의 성격특성을 고려하여 역할과 목표를 명료화해 주어야 한다.

게리 유클(2014)은 리더가 하급자에게 권한을 위임하고 하급자의 역할과 책임을 어떻게 명료화할 수 있는지에 대해 다음과 같이 이야기하고 있다.

첫째, 할당된 과업에 대해 명확히 설명하라. 과업을 할당할 때는 이해하기 쉬운 명확한 언어를 사용해야 한다. 만일 2개 이상의 과업이 포함되어 있다면 혼란을 피하기 위하여 일의 우선순위를 알려 주고, 한번에 한 가지 과업을 설명해야 한다. 무엇을 해야 하는지를 설명하고 언제까지 완수해야 하는지를 말하여, 기대하는 결과를 설명해 주어야 한다. 또한 이와 같은 유형의 과업을 하는 모든 사람에게 지켜야 할 조직의 규칙이나 표준절차를 설명해 주어야 한다.

둘째, 할당된 과업에 대한 이유를 설명하라. 과업이 명확하게 설정되어 있지 않거나 설명할 시간이 있다면, 왜 그 과업이 필요하고 중요한지, 그리고 왜 그 사람이 그 과업에 대한 책임자로 선정되었는지를 설명하라. 할당된 과업의 목적을 이해하는 것은 과업몰입을 증가시키고, 장해요인을 극복하는 데 부하의 주도성을 촉진시킨다.

셋째, 할당된 과업의 이해 정도를 점검하라. 권한을 위임한 후 하급자가 당신의 지시를 이해하지 못하거나 요구받은 것을 하지 않으려는 징후를 보이면 주의를 기울여라. 하급자가 과거에 해보지 않은 복잡한 임무에 대해서는 이해 정도를 확인해 볼 필요가 있다. 예를 들면, 하급자에게 부여받은 임무를 어떻게 수행할 것인지에 대해 질문하라.

넷째, 과업수행 방법에 있어서 모든 필요한 자원을 제공하라. 만일 하급자가 과업을 어떻게 수행해야 하는지에 대한 설명이 필요하다고 한다면, 간단하고 명확한 언어를 사용하여 한번에 한 단계씩 그 절차를 보여 주고 설명하라. 올바른 절차와 올바르지 않은 절차를 모두 지적하고, 절차가 올바르게 진행되었는지의 여부를 알 수 있는 단서를 설명해 주어라. 만일 그 과업이 설명하는 데 별로 시간이 걸리지 않는 관찰 가능한 절차를 가지고 있고 업무수행자가 그것에 대한 경험이 부족하다면, 시범을 보이면서 그 절차를 설명하라. 그러면서 하급자에게 연습해 볼 수 있는 기회를 제공하고, 동시에 그것을 관찰하면서 피드백이나 코칭을 제공하라.

다섯째, 서로 다른 목표나 책임에 대해 우선순위를 설명하라. 과업은 자주 두 가지 이상의 목적을 포함하고 있으며, 그 목적 간에는 상쇄적 교환관계가 있다. 예를 들면, 목적은 업무의 양과 질을 모두 포함하고 있는데, 너무 많은 시간을 하나의 목적에 사용하면 다른 목적은 어려움을 겪을 것이다. 우선순위를 결정하는 단순한 방법은 없지만, 우선순위는 그 과업이 관리자의 부서나 조직에게 얼마나 중요한지를 반영해야 한다. 서로 다른 목적의 상대적 우선순위를 설명하고, 그들 간의 효과적인 균형을 어떻게 달성할 것인지에 대한 지침을 제공하는 것이 필수적이다.

여섯째, 구체적인 목표와 중요한 과업에 대한 최종기한을 설정하라. 명확하고 구체적인 성과목표는 노력을 유도하고 과업동기를 증대시키는 데 유용하다. 목표는 부하 개인의 성과 또는 팀이나 부서의 전체적인 성과와 관련될 수 있다. 목표는 도전적이어야 하지만 과업의 난이도, 부하의 능력, 업무에 필요한 자원의 가용성이 주어진 상태에서 현실적이어야 한다. 정확한 날짜까지 완수되어야 하는 과업에 대해서는 전체적인 과업에 대해서뿐 아니라 각각의 중요 단계별 구체적인 최종기한을 정할 필요가 있다.

의도를 명료화하라

애빌린 패러독스Abilene paradox란 조직 혹은 사회 생활을 하면서 자신의 생각과는 다르게 조직의 힘이나 분위기를 이겨 내지 못해 내린 결정에 자신은 책임이 없다고 생각하는 현상이다. 사람들은 마음속으로 동의하지 않으면서도 자기만 다르게 생각한다는 느낌이 들면 아무 말도 하지 않는다. 그러면 어떤 상황이 벌어질까? 사람들은 이의를 제기하는 사람만이 반대자라고 생각한다.

애빌린 패러독스는 상사와 부하 사이에서 심하게 나타난다. 한마디로 '일방 소통'이 이루어지는 것이다. 소통이 정보 전달을 목적으로 한다면 쌍방향이 아닌 단방향으로 흘러도 될 듯하다. 그러나 피터 드러커는 이렇게 말했다.

"소통과 정보는 다른 것이다. 오히려 정반대이거나 상호 보완적 위치에 있다." 소통은 듣는 사람이 이해해야만 비로소 의미가 있다. 말하는 사람의 문제가 아니다. 말하는 사람과 듣는 사람은 서로 다른 전제로 세계를 바라보며 사람마다 경험과 능력도 다르다. 같은 언어를 사용해도 서로 다른 의미로 받아들인다. 따라서 올바른 소통을 위해서는 자신의 생각을 명확히 해야 할 필요가 있다.

출처 : 곽숙철, 펌핑크리에이티브, 틔움, 2016.

3. 부하의 역량을 파악하고 개발하는 사람

치열한 경쟁 상황에서 부하의 지식과 기술^{skill}(직무와 관련된 하급자의 행동적 특성)이 조직성과에 미치는 영향은 커진다. 이러한 상황에서 역량 ^{competency}은 조직의 성과를 창출하는 데 중요한 지렛대 역할을 제공한다. 즉 기업을 둘러싼 경영환경은 급격하게 변화하고 있기 때문에 과거를 기준으로 이미 정의되어 있는 역할과 책임으로 구성원을 제약하는 것보다 특정 상황에서 조직 구성원의 기술과 지식을 활용하게 하는 것이 성과를 창출하는 데 더 중요하다(정종태, 2013).

임파워링 리더가 하급자에게 권한위임을 하기 위해서는 하급자의 역량을 명확히 파악해야 한다. 권한을 위임해 주기 위해서는 가장 먼저 구성원의 강점과 약점을 파악하는 것이 중요하다. 각 구성원의 역량 수준을 알아야 업무의 난이도와 업무처리 속도 등을 감안한 업무부여가 가능하기 때문이다. 또한 미흡한 부분에 대한 역량개발과 강점을 강화하고, 업무수행에 있어 코칭을 하기 위해서도 부하의 역량 파악이 필요하다.

개발에는 개인의 능력을 증진하고 직무에 대한 적응과 경력개발을 촉진하기 위해 사용하는 여러 관리·관행이 포함된다. 주요 행동요소에는 멘토링, 코칭, 개발기회의 제공이 포함된다. 개발은 통상적으로 하급자를 대상으로 이루어지지만, 동료나 경험이 낮은 신임 상사를 대상으로 하기도 한다. 하급자에 대한 개발 책임은 집단 내에 있는 유능하고 경험이 많은 다른 구성원들과 공유할 수 있다. 예를 들어, 어떤 리더들은 경험이 많은 부하에게 신입사원을 위해 멘토와 코치의 역할을 맡길 수 있다(Yukl, 2014).

기술연구에 따르면, 대부분의 효과적인 관리자는 부하의 능력과 자신감을 개발하는 데 적극적인 역할을 떠맡는다(Bradford & Cohen, 1984; McCauley, 1986). 개발은 일차적으로 관리지향적 행동으로 간주되는 것이 일반적이다. 그러나 그것 또한 구성원의 성과의 양과 질 향상 같은 과업지향적 목적을 달성하는 데에도 기여할 수 있다. 개발은 관리자, 하급자 그리고 조직에 다양한 잠재적 이익을 제공해 준다. 한 가지 이익은 상호협력의 관계를 촉진시킨다. 부하가 얻을 수 있는 잠재적 이익으로는 직무에 대한 적응력 증대, 기술학습의 증대, 자신감 증대, 빠른 경력개발이 있다. 리더는 다른 사람들의 성장과 개발에 도움을 줌으로써 만족감을 얻을 수 있다. 조직에 주는 잠재적 이익으로는 구성원 몰입의 증대, 성과향상, 직위가 공석이 되었을 때 조직 구성원들에게 더 많은 책임을 지는 직위를 맡을 준비를 갖추도록 하는 것이다.

이상과 같이 하급자의 능력과 자신감의 개발은 조직에 많은 긍정적인 영향을 미친다. 따라서 하급자의 능력과 자신감 개발을 위한 세부 지침을 이야기하면 다음과 같다(Yukl, 2014).

첫째, 각 개인의 개발에 관심을 보인다. 멘토링의 가장 기본적인 원리는 부하의 개인적 개발과 경력진보에 대해 진정한 관심을 갖는 것이다. 관리자는 부하 개개인이 능력 측면에서 현실적이고 흥미와 일치하는 야심찬 경력목표를 세우도록 장려해야 한다. 부하가 자기개발의 구체적인 목표를 설정하도록 장려하고, 조언이나 조력 요구에 대해 열정을 다해 반응하라. 또한 경력 관련 지원뿐 아니라 사회·정서적 지원을 제공하라.

둘째, 하급자가 성과향상의 방법을 찾도록 도와준다. 과업성과를 향상시키려는 노력 이전에, 무엇이 올바르게 행해지고 있고 무엇이 올바르지 않게 행해지고 있는지를 발견하는 것은 중요하다. 한 가지 진단 방법은 단계별로 어떻게 그 사람이 과업을 수행하고 있는지를 함께 검토하고, 어떤 핵심적인 단계가 빠졌는지, 불필요한 단계가 포함되었는지, 주요 단계가 올바르지 않게 수행되었는지를 결정하는 것이다. 성과향상의 방법을 논의할 때는 하급자의 성과를 진단하기보다 하급자가 스스로 자기진단을 하도록 요청하면서 시작하는 것이 통상적으로 더 좋다. 하급자는 이미 단점을 알고 있을 것이며, 상급자로부터 듣는 것보다 스스로 확인하도록 하는 것이 덜 방어적이 될 것이다. 그러나 어떤 경우에는 왜 자신의 성과가 더 좋아지지 않는지를 이해하지 못한다. 심지어 높은 동기부여가 되어 있는 사람조차도 도움 없이는 현재 성과 수준을 넘는 향상을 할 수 없을 수 있다. 그런 때에는 적절한 때를 선택하여 하급자의 성과를 향상시키기 위해 고려해야 할 추가적인 것을 제안하라.

셋째, 코칭을 할 때는 인내하고 유용해야 한다. 효과적인 코칭의 핵심적인 자질은 인내심이다. 사람이 모든 것을 바로 배우거나 한번에 모든 것을 올바르게 할 것이라고 기대하지 마라. 복잡한 기술을 배우는 데는 시간이 걸리며, 걱정하고 있거나 좌절하고 있을 때는 학습이 방해된다. 과업을 하는 데 어려움을 경험한 사람은 상급자가 비판적이고 참을성이 없다면 훨씬 더 걱정하고 당황할 것이다. 부하가 더딘 개선과 반복적인 실수로 인해 좌절하고 의기소침할 때는 지원적이고 조력적이어야 한다. 가령 어려운 과업을 습득하는 데 똑같이 좌절했던 상급자의 경험을 하급자에게 들려 주는 것도 좋은 방법이 될 수 있다. 하급자의 자신감이 결여되어 있으면 상급자가 새로운 절차나 기술을 배울 수 있을 것이라 확신한다고 하급자에게 이야기해 주는 것도 좋다.

넷째, 유능한 경력조언을 제공한다. 승진문제, 대인갈등, 탈진, 중년 경력위기와 같은 경력문제를 어떻게 다루어야 하는지에 대한 경력지도와 조언을 제공하라. 많은 부하는 경력목표를 달성하기 위한 구체적인 전략을 개발하는 데 도움을 필요로 한다. 경력경로와 조직에서의 승진기회를 탐색하고 다양한 과업이나 잠재적인 직무변화의 장점과 단점을 설명하는 것은 유용하다. 부하가 현재 직면한 것과 유사한 문제나 선택에 대한 경험으로부터 학습한 통찰력을 공유하라. 만일 적절하다면 하급자에게 좋은 경력조언을 제공할 것으로 신뢰받는 조직 내의 다른 사람을 소개하라. 경력조언에 대해 압박감을 받지 않도록 하기 위해 부하에게 리더 자신이 경력계획과정에서 도울 수 있는 방법을 알려 달라고 말하라.

다섯째, 적합한 훈련활동에 참여하도록 장려한다. 부하의 능력개발을 촉진하기 위한 또 다른 방법은 그들이 적합한 워크숍이나 교육과정에 참여하도록 장려하는 것이다. 부하에게 개발기회를 알려 주고 왜 그런 것이 부하의 욕구, 흥미, 그리고 경력야망에 적합한지를 설명하라. 부하의 장단점에 대해 유용한 피드백을 제공할 수 있는 평정센터나 복수평정자 피드백 워크숍에 참석할 기회를 제공하라. 부하가 개발활동에 참석하는 것이 용이하도록 업무 일정을 계획해서 시간적 여유를 만들어라. 가능하다면 외부과정과 연동해 인센티브를 주는 재무보상을 제공하라. 부하들에게 특별한 훈련세션을 실행하도록 외부 전문가를 끌어들여라.

여섯째, 경험으로부터 학습할 기회를 제공한다. 부하가 새로운 책임을 맡고 새로운 기술을 적용해야 하는 특별한 프로젝트와 과업을 제공하라. 때때로 능력을 개발하는 최선의 방법은 세부적인 지시 없이 도전적인 과업을 부여하고, 하급자에게 과업을 수행하는 방법과 그 과정에서 직면하는 문제를 해결하는 방법을 발견하도록 허락하는 것이다. 개발목적으로 과업을 부여하는 데 있어서 하급자가 성공과 실패로부터 학습하도록 도와줄 필요가 있을 때는 코치를 제공하라.

일곱째, 적절할 때 동료에 의한 코칭을 장려한다. 부하를 개발하는 책임은 능력 있고 경험 있는 부서의 다른 구성원과 공유할 수 있다. 동료는 조직에서 조언과 지원의 가치 있는 원천이다. 동료에 의한 코칭과 멘토링은 비공식적으로 발생하지만, 리더는 그것을 장려하고 촉진할 수 있다. 한 가지 예는 능력 있는 부하가 신임사원의 멘토와 코치 역할을 수행하도록 배정하는 것이다. 또한 특별한 지식을 가진 부하가 경험이 부족한 다른 구성원을 코치하도록 하는 것도 유용하다.

여덟째, 하급자의 명성을 촉진한다. 리더는 자신의 상사와 동료에게 부하

조직성과를 위해 부하의 역량을 파악하고 길러주어야 한다

달라이 라마가 남아프리카공화국의 대주교 데스몬드 투투의 80번째 생일에 초청을 받아 케이프타운의 투투평화센터에서 강연을 하게 됐다. 두 사람 모두 노벨평화상 수상자였으므로 두 사람의 만남은 역사적인 사건이 될 터였다. 그러나 중국정부로부터 압력을 받은 남아프리카공화국의 집권 여당 아프리카민족회의는 달라이 라마에게 비자를 발급하지 않았다. 투투 대주교는 분개했다. "나를 대표하는 우리 정부가 중국의 압제에 신음하는 티베트인을 지지하지 않겠다고 말하다니! 주마 대통령 그리고 당신의 정부는 나를 대표하지 마시오!"

이 일이 있기 불과 며칠 전 자신의 첫 제품을 출시한 구글의 신임사원 로렌 그로브즈가 티베트로 그리고 다시 남아프리카공화국으로 급히 날아갔다. 그는 구글 행아웃으로 두 사람이 만날 수 있도록 주선했고, 덕분에 두 사람은 몸은 비록 멀리 떨어져 있지만 화면으로 얼굴을 마주 보면서 대화를 나눌 수 있었다.

이러한 역사적인 업적을 이루게 한 사람이 겨우 5일밖에 되지 않은 신입사원이었다. 이에 대해 구글 최고인적자원책임자 라즐로 복은 이 신입사원은 충분히 해낼 수 있을 것이라고 처음부터 믿었다고 전했다.

출처 : 곽숙철, 펌핑크리에이티브, 틔움, 2016.

의 성취와 전문성에 대해 이야기함으로써 하급자의 명성을 촉진시킬 수 있다. 또한 하급자를 조직의 중요한 사람에게 소개하는 것도 도움이 된다. 부하의 가시성과 접촉빈도를 높이기 위해서 부하를 조직 내 중요한 사람과 상호작용할 기회를 제공하는 위원회나 프로젝트에서 일하도록 선발하라. 높은 가시성을 갖도록 업무를 부여하는 것은 부하가 중요한 책임을 수행하는 역량을 증명해 보일 기회를 제공한다.

4. 부하의 유능성을 인정하는 사람

임파워링 리더는 하급자에 대한 유능성을 인정해야 한다. 즉 하급자의 능력을 인정해야 한다. 임파워링 리더십은 하급자의 능력을 인정해 주는 것부터 시작된다. 밴듀라와 우드(1989)에 의하면 유능성은 과업활동에 대한 믿음으로 지칭되는데, 이러한 것은 곧 개인이 결과를 산출하는 데 필요한 행동을 성공적으로 더욱 정확하게 수행할 수 있다는 믿음을 의미하는 것이다. 그러나 능력의 개발은 복잡한 인지적 · 사회적 · 언어학적 · 물리적 기술의 점진적인 습득을 통해서 가능하다고 한다. 스프레이처(1992)는 심리적 임파워먼트의 두 번째 구성요소로 유능성을 제시하고 그 이유에 대해서는 다음과 같이 설명하고 있다. ① 임파워먼트를 지각하는 사람들은 자신의 능력과 가능성을 믿고 자아효과성과 개인적 유능성을 지닌다. 토머스와 벨트하우스(1990)도 임파워먼트를 지각하는 사람들은 필요한 기술과 능력뿐 아니라 정확하게 일을 할 수 있다는 자신감도 가진다고 믿는다. ② 임파워먼트를 지각하는 사람들은 개인적 숙달과 수행능력 의식을 가지고 있다(Vogt & Murrell,

1990). 결과적으로 유능성은 과업수행의 관점에서 볼 때 임파워먼트의 중요한 구성요소로 볼 수 있다.

인정은 하급자가 자기에게 주어진 업무에 대해 명확하게 수행할 수 있다는 믿음이다. 다음의 인정에 대한 지침은 연구 분석을 위한 설문조사에 기반을 둔 것이다.

첫째, 하급자의 지식과 능력에 대해 인정하는 것이다. 상급자는 하급자가 권한위임에 필요한 지식과 능력을 가지고 있다고 믿음을 가져야 한다. 권한위임을 위한 가장 기본적인 것은 권한위임을 실행할 수 있는 지식과 능력을 전제로 하기 때문이다. 상급자가 하급자의 지식과 능력을 믿지 못하면 권한위임 후에도 업무에 대한 간섭이 많아지게 된다. 그렇게 되면 상급자와 하급자 간의 불신이 크게 형성되기 때문에 권한위임을 하지 않은 만도 못하게 된다.

둘째, 하급자의 일하는 방법을 인정하는 것이다. 권한위임을 한다는 것은 부하의 창의성을 불러일으켜 조직성과를 극대화하기 위한 것이다. 그러나 상급자가 하급자의 일하는 방식에 대해 관여를 하게 되면 하급자는 업무수행에 대한 자신감이 떨어지고 창의적인 업무를 수행할 수 없게 된다. 업무수행 방법은 개인의 성격특성에 따라 많은 차이가 있다. 순차적 사고가 발달한 사람의 경우 A→B→C→D와 같이 체계적으로 계획을 세워 업무처리를 하지만, 변칙적 사고가 발달한 사람은 A→B→C→D와 같은 체계적인 업무수행보다는 A→F→C→G와 같이 창의적인 방법으로 업무를 수행한다. 업무수행 방법에는 '맞다', '틀리다'라는 것이 없기 때문에 상급자는 하급자가 선호하는 방법을 인정해야 한다.

셋째, 상급자는 하급자에게 부여된 임무보다도 더 할 수 있는 능력이 있다는 것을 인정하는 것이다. 권한위임은 창조적 분배이기 때문에 1+1=2가 되는 것이 아니라 3 이상이 되는 것이다. 상급자가 하급자에 대한 능력을 신뢰하면 하급자는 자신의 모든 역량을 총동원하여 업무를 수행하기 때문에 상급자가 원하는 업무성과보다 더 많은 성과가 나타날 수 있다.

넷째, 업무수행 과정 속에서 인정할 공헌을 적극적으로 탐색하는 것이다. 성과에 대해 인정해 주기 전에 업무수행 과정 속에서 인정할 효과적인 행동의 예를 찾으면서 매일 어느 정도의 시간을 보내는 것이 좋다. 많은 상급자들이 업무수행 과정에서 일어나는 비효과적인 행동에 대해 비판은 많이 하나 효과적인 행동에 대한 인정에는 인색하다. 쿠제스와 포스너(1987)는 어떤 본보기 행동이나 중요한 공헌을 한 부하를 매일 최소한 한 사람씩 찾아 칭찬하도록 개인적 목표를 세울 것을 권고하였다.

부하의 유능성을 믿어라

제갈공명은 재덕才德을 겸비한 지도자였다. 그러나 그는 하나부터 열까지 자신이 직접 챙겨야 직성이 풀리는 성격이었다. 부하를 믿지 못해서라기보다는 자신이 모든 것을 돌봐야 마음이 놓였다. 어느 부하도 자기만큼 능력이 뛰어나거나 자기만큼 일을 잘 알지 못한다고 생각했던 것이다. 언젠가 공명이 자기와 전쟁 관계에 있는 적군의 대장 사마중달에게 사자를 보낸 적이 있다. 중달은 공명의 일상생활에 대해서 사자에게 넌지시 물어보았다. 그러자 사자가 자랑 삼아 대답했다. "정승께서는 아침 일찍 일어나셔서 밤늦게야 잠에 드시고, 곤장 20대 이상의 범죄자는 직접 취조하십니다. 그런 고로 심히 피곤해하시며 식사도 제대로 잡수시지 못하고 계십니다."

이 말을 듣자 중달은 내심 회심의 미소를 지었다. 그는 공명이 피로가 겹쳐 얼마 더 살지 못할 것이라고 점친 것이다. 그런 후 공명은 얼마 후에 죽었다. 공명은 뛰어난 군사이기는 했지만 관자가 말한 망주芒主2에 가까웠던 것이다.

출처 : 홍사중, 리더와 보스, 사계절출판사, 1998.

---

2 제나라의 제상이었던 관자가 일곱 가지 유형의 지도자 유형을 논했던 칠신칠주편 중 칠주의 한 가지로, 망주란 모두가 자기만 못하다고 여기니까 마음 놓고 일을 맡길 만한 부하는 하나도 없게 되고, 그러니 하나부터 열까지 자기 손이 가야 안심하는 유형을 말한다.

5. 영향력과 결정권을 하급자에게 부여하는 사람

임파워링 리더는 업무수행에 있어 하급자에게 영향력과 결정권을 부여한다. 큰 틀에서 조직의 가치를 공유하고, 세부적인 업무처리 방식을 하급자에게 위임하는 것이다. 그러면 하급자는 자율적으로 최고의 역량을 발휘하여 업무지시나 매뉴얼로는 만들어낼 수 없는 성과를 창출하게 된다. 권한을 위임할 때는 위임받은 업무에 대해 책임이 뒤따르고 결정권으로 인해 조직의 가치를 훼손하거나 조직성과에 부정적 영향을 미쳐서는 안 된다는 메시지를 전달해야 한다.

영향력이란 하급자가 조직결과에 영향을 끼칠 수 있다는 스스로의 믿음을 말한다(Ashforth, 1989). 즉 개인이 조직의 전략적·관리적·업무적 의사결정에 영향력을 미칠 수 있다고 믿는 것이다. 임파워먼트를 지각하는 개인은 자신의 과업환경에 영향을 미칠 수 있는 것으로 판단하며(Thomas & Velthouse, 1990), 조직에서의 전략적 의사결정에 참여하고 부분적으로 지배도 할 수 있는 것으로 생각한다. 따라서 스프레이처(1992)는 심리적 임파워먼트의 구성요소로 영향력을 제시하면서 그 이유를 다음과 같이 설명하였다. 임파워된 조직원들은 자신이 영향력을 가지고 있으며 과업환경에서 의도된 효과를 생성해 낸다고 생각한다. 그들은 자신이 기대되는 변화에 영향을 줄 수 있고 조정할 수 있으며 보다 더 넓은 환경에서 약간의 통제를 할 수 있다고 믿는다. 따라서 자신을 무기력한 객체라기보다는 자신이 속한 큰 시스템의 방향과 결과에 대하여 통제하고 형성하는 주체로서 적극적인 참여자로 생각한다. 또한 자신을 변화에 대처하는 사람이나 조직의 미래를 형성하는 사람으로 간주한다(Kanter, 1968). 결국 영향력이란 개인이 속한 조직환경에 개인이 미칠 수 있는 힘으로 볼 수 있다.

자기결정력은 스스로의 행동에서 시작과 규제의 선택을 경험하는 것을 말한다(Deci & Connell, 1989). 역할수행 능력은 행동의 지배를 반영하고, 자기결정력에는 행동의 선택이 반영되어 있다. 자기결정력은 외부 힘에 좌우되는 행동이 아닌 자신의 표현으로서, 선택을 통해 시작되고 의도적인 행동을 통해 표출된다. 또한 자기결정력은 인간행동의 내적확신을 나타내며 스스로로부터 발산되는 것을 말한다(Deci & Rya, 1987). 스프레이처(1992)는 임파워먼트가 사람의 행동을 스스로 결정하는 의미의 자기결정력을 키워 준다고 하였다. 임파워된 사람들은 자신의 활동에 대하여 책임감과 주인의식을 가진다. 그들은 자신에 대해 수동적인 추종자라기보다는 먼저 진취적이고 솔선수범하여 행동하는 사람으로 간주한다. 그들은 자신의 의지로 일을 시작하고 독립적인 의사결정을 하며 새로운 아이디어를 산출하려 노력하는 경향이 있다는 것이다(Vogt & Murrell, 1990). 조직 구성원이 임파워되면 다양한 참여기회를 통하여 자기 역할이 자율적이라고 느끼며, 자기의 행동을 미리 결정된, 필수 불가결한, 외부에 의해 받아들여진 것으로 생각하지 않게 된다. 또한 자기결정력은 스스로 수행한 결과에 대한 책임을 내포하고 있다(Thomas & Velthouse, 1990). 즉 자기결정력은 과업을 수행함에 있어서 개인적인 독창성을 발휘할 기회를 가지며 자신의 행위에 대한 자율적 규제를 반영하는 것이다(Deci & Connell, 1989).

과업을 수행하는 사람들은 스스로 행동을 선택하거나 과업달성 수단을 자유롭게 선택할 수 있는 상황이 주어지면 자기결정력이 있다고 생각한다. 과업을 수행하는 데 자기결정력이 주어지면 조직 구성원들은 수동적이고 반응적이기보다는 능동적이고 진취적으로 된다는 것이다. 이들은 자신의 행동에 대해 책임감을 느낀다. 왜냐하면 자신의 행동이 외부적 요인의 통제하에 발생한 것이 아니라 자신의 내부적인 요인에 의해 발생한 것으로 판단하기 때문이다. 결국 업무를 수행할 때 스스로 행위를 선택할 기회가 주어지면 직무만족과 직무몰입, 직무성과가 높고 스트레스나 결근율, 이직률이 낮아진다(배오식, 2000).

이와 같은 영향력과 결정성을 부여하기 위한 지침은 연구 분석을 위한 설문조사와 문헌연구에 기반을 두었다.

첫째, 조직의 목표설정에 영향력을 행사할 수 있도록 기회를 제공한다. 로버트 치알디니는 그의 저서 설득의 심리학에서 사람들은 일단 어떤 입장을 취하게 되면 그 결정에 대한 일관성이라는 심리적 압력에 따라 자신의 감정이나 행동을 결정된 입장에 정당화하는 방향으로 맞춰 나간다고 한다. 경마꾼들을 생각해 보라. 특정한 말에 돈을 걸기 불과 30초 전만 하더라도 그들은 자신이 없었고, 안절부절못하였다. 그러나 돈을 걸고 난 후 30초도 채 지나기도 전에 그들은 자신이 옳은 선택을 하였다고 낙관하고 자신감에 넘쳐 있다. 즉 자신이 의사결정에 참여함으로써 선택된 의사결정이 잘될 수 있도록 노력한다는 것이다.

둘째, 조직에서 발생된 일에 대해 영향력을 발휘할 수 있도록 한다. 조직에서 좋은 일이든 나쁜 일이든 조직 구성원이 참여할 수 있는 기회를 부여해야 한다. 사람들은 개인의 성격특성에 따라 다소 강도의 차이는 있지만 대부분이 조직에서 필요로 하는 사람으로 남길 희망한다. 따라서 좋은 일이든 나쁜 일이든 개입을 하게 되면 자신에 대한 존재감을 갖기 때문에 자기효능감을 향상시킬 수 있다.

셋째, 상급자는 임무를 부여한 후 임무수행을 위한 방법을 하급자에게 위임해야 한다. 권한위임은 하급자가 가지고 있는 능력을 신뢰하는 데에서 출발한다. 즉 신뢰를 바탕으로 조직 구성원의 능력과 잠재력을 키워 주는 것 (Boren, 1994)이기 때문이다.

넷째, 하급자에게 행동에 대한 자율성을 최대한 보장한다. 즉 하급자가 업무를 수행하는 데 있어 계획수립을 포함, 업무를 진행하는 데 자유를 보장하라. 상급자는 하급자가 업무를 하든 자유시간을 보내든 하급자를 신뢰해야 한다. 심리학자 헨리 머레이는 인간에게는 신체의 욕구와 함께 마음의 욕구도 있다고 했다. 드샴이 개인적 인과관계 추론이라 부른 감정, 즉 개인적 자율성이나 자기결정성을 느끼고자 하는 욕구는 인간의 타고난 본성이다. 우리 인간은 자기 행동이 외부의 어떤 것에 의해 결정된 것이 아니라 스스로 선택한 것이며, 행동이 시작되는 장소는 외부의 통제가 아니라 자기 내면에 있다고 한다. 인간에게 자율성에 대한 욕구가 있다는 것은 곧 그 욕구를 충족하지 못하면 마치 식욕을 충족하지 못했을 때처럼 행복감이 낮아지고 다양한 부적응 결과가 나타난다(Deci & Flaste, 2012).

다섯째, 업무수행의 독립성과 재량권을 부여한다. 권한을 위임받게 되면 법률, 정책, 규정, 공식적 권한의 범위에 의해서 제약을 받게 된다. 이러한 제약에도 불구하고 권한을 위임받은 리더는 직무의 우선순위를 어떻게 선정해야 하는가, 시간배분을 어떻게 해야 하는가, 누구를 만나서 무엇을 해야 할 것인가 등에 대해 선택을 해야 한다. 사람들은 자신이 누군가의 통제를 받는다고 생각하면 그에 대한 책임도 가볍게 생각하여 자신의 행동에 신중함을 보이지 않는다. 반면에 독립성과 재량권을 부여하게 되면 자신의 선택에 대한 책임감을 가지기 때문에 목표를 달성하기 위해 최선을 다하게 된다.

미국의 인터넷 쇼핑업체 자포스는 콜센터에 고객응대 매뉴얼이 없으며, 상담원들에게 주어지는 권한을 대폭 확대하고 스크립트 사용 또한 금지하고 있다. 그리고 스크립트를 없애 버린 대신, 직원 한 사람당 처리하는 콜(통화)을 제한하고 있다.

대부분의 인터넷 업체는 세부적인 상담 매뉴얼에 의해 시간당 고객상담 건수로 상담원을 평가한다. 그러나 자포스는 "서비스를 통해 고객에게 와우wow 경험을 제공한다."는 목표하에 직원들이 자기만의 방법으로 고객만족을 끌어내도록 자율성을 부여하고 있다(Hsieh, T., 2010). 즉 구체적인 상담방법이나 내용은 전적으로 직원에게 위임하여 고객으로부터 "와우"라는 감탄사가 나올 만한 경험을 선사할 수 있도록 한다.

출처 : Hsieh, T. (2010), Zappos's CEO on going to Extremes for customers. Harvard Business Review, July-August.

6. 업무에 대한 의미성을 부여하는 사람

조직에서 일이란 무엇인가? 사람들은 왜 일을 할까? 조직은 개인에게 급여, 연금, 직업기회, 직위, 직무 등의 자원을 공급하며, 그 대가로 조직은 생산성 확보, 이윤추구 등 조직의 목표 및 과업을 성취하려 한다. 반면에 개인은 조직에게 지식, 능력, 기술 등의 개인자원을 공급하고 그 대가로 생리적 욕구, 물리적 안정, 대인관계 안정, 애정, 대인관계 존경감, 자아실현감 등의 개인적 욕구를 만족하려 한다(이종목, 2008). 그러나 이러한 상호 교환 관계에서 자신의 직무로부터 얻는 성과와 만족은 각각 상이하게 나타난다. 이러한 결과의 차이는 자신의 직무(일)에 대한 의미를 어디에 두느냐에 따라 성과에 영향을 미친다. 가끔 상급자가 자신의 직무에 대해서 중요하게 생각하지 않는다거나 너무 가볍게 여기는 느낌을 받을 때, 또는 주변 동료로부터 "이러한 일이 너한테 무슨 도움이 되느냐? 너한테 도움이 되는 일을 해야지."라는 이야기를 들을 때, 또는 "이러한 일은 아무나 할 수 있는 일이다."라는 이야기를 들었을 때 자신의 직무에 불만족을 갖게 된다. 따라서 상급자는 하급자에게 업무를 부여한 후에는 그 일에 대한 '의미'를 명확하게 설명해 주어야 한다.

의미성은 주어진 과업활동과 신념, 태도, 가치 및 행위자 간의 적합성에 관한 것이다. 여기서 의미성이란 주어진 과업활동의 목적 또는 목표의 가치가 되며 이것은 개인이 가지고 있는 이상과 가치체계 · 신념 · 태도에 관련된다(Thomas & Velthouse, 1990). 즉 주어진 과업활동 시 개인의 가치체계를 반영하게 되면 개인은 의미성을 더 느낀다. 개인적으로 의미 없는 과업활동에 관여하는 것은 인지적 부조화를 야기시켜 개인적인 일탈이 가능하지만(Kahn, 1990), 개인적으로 의미 있는 과업활동은 목적의식이나 열정을 창출해 낸다는 것이다.

일에 대한 의미는 내가 내 일을 어떻게 바라보는가가 가장 중요한 것이고,

일에 대한 의미 부여의 중요성

데이비드 슈워츠는 그의 저서 '크게 생각할수록 크게 이룬다'에서 다음과 같이 소개하였다.

세 사람의 인부가 부지런히 벽돌을 쌓고 있는데 어떤 사람이 다가가서 인부들에게 물었다. "지금 무슨 일을 하고 있습니까?"

첫 번째 벽돌공이 이렇게 대답했다. "내가 지금 뭘 하는 걸로 보이오, 벽돌을 쌓고 있잖소."

두 번째 벽돌공이 대답했다. "시간당 9달러 30센트짜리 일을 하고 있소."

세 번째 벽돌공이 이렇게 대답했다. "나요? 나는 지금 세계 최대의 성당을 짓고 있어요."

이 세 사람의 미래는 과연 어떻게 되었을까? 세 번째 벽돌공만이 자신이 무슨 일을 하고 있는지 알고 있으며, 일에 대한 바람직한 자세라고 할 수 있다.

출처 : D. J, Schwarz 저, 정순역 역, 크게 생각하는 사람이 크게 성공한다. 문조사, 1994.

남들이 뭐라고 하든 자신의 일을 사랑하는 것이 중요하다. 그러나 조직에서 상급자가 하급자에게 임무를 부여한 후 일에 대한 가치와 의미를 설명하게 되면 하급자는 자신의 일에 대한 중요성을 인식함과 동시에 조직 구성원으로서 존재의 가치를 느끼게 된다. 따라서 상급자는 하급자에게 아무리 하찮은 임무를 부여하더라도 일에 대한 의미를 부여해 줌으로써 업무에 대한 좋은 성과를 기대할 수 있다.

7. 업무수행에 대한 장애요인을 제거하는 사람

임파워링 리더는 하급자에게 권한위임 후 자신의 모든 책임이 끝나는 것이 아니라 하급자가 업무를 잘 수행할 수 있도록 업무에 제한이 되는 장애요인을 제거하고, 정서적·물질적 자원을 지속적으로 제공해야 한다.

임무를 부여 후 어떤 형태의 지원이든 관계없이 상급자의 지원적 리더십은 부하의 자신감을 높이며 직무에서의 스트레스 양을 감소시킨다. 감사를 표시하고, 문제와 불만을 들어주며, 필요할 때 지원을 해주고, 사람에 대한 자신감을 표현해 주며, 작업환경을 더 재미있게 만들어 주려고 노력하고, 외부로부터의 불필요한 요구를 완화시켜 주는 것은 스트레스를 감소시켜 준다. 반면에 합당하지 않은 요구를 하고 업무를 더 빨리 하도록 압박하며, 공개적으로 비판하고, 불필요한 관료적 요구사항을 강요하는 것은 스트레스를 증가시킨다(Yukl, 2014). 그리고 다음의 지침은 리더가 하급자에게 지원을 효과적으로 사용할 수 있는 방법이다.

첫째, 하급자가 걱정이나 염려할 때 동정과 지원을 제공한다. 업무상 스트레스와 어려움으로 격분한 부하에 대해 이해와 동정을 표시하라. 시간을 내서 부하의 관심사를 들어 주어라. 왜 부하가 걱정하거나 좌절하는지를 이해하려고 노력하라. 그리고 적절할 때 코칭, 조언 그리고 개인적 도움을 제공하라. 예를 들어 업무가 가중될 때 부하의 일을 도와주려고 하는 것은 지원을 보여 주는 효과적인 방법이다. 부하의 직무 스트레스는 외부인이나 더 높은 계층의 관리자가 하는 하찮은 불평이나 현실적이지 않은 요구를 완충해 줌으로써 감소시킬 수 있다.

둘째, 부하의 자아존중과 자신감을 북돋는다. 부하가 조직에서 가치 있는 구성원이라는 것을 보여 줘라. 어려운 과업을 부여할 때는 부하에게 자신감을 표현하라. 부하가 직무문제나 어려운 과업의 차질 때문에 풀이 죽어 있을 때 지원적 리더는 자신감을 끌어올리는 도움이 되는 말을 할 것이다. 실수나 성과문제가 발생하면 지원적 리더는 부하를 심하게 몰아붙이거나 비판하는 대신에 건설적인 방식으로 행동한다. 부하의 실수로부터 학습하고 성과문제를 극복하도록 도와주려는 진실된 욕구를 보여 주는 것이 중요하다.

셋째, 부하의 개인적 문제도 도움을 주려고 노력한다. 효과적인 리더는 도움을 요청받거나 명확히 도움이 필요하다고 생각하면 구성원의 개인적 문제(가족문제, 재무문제 등)를 다루는 데 도움을 주려고 한다. 왜냐하면 부하의 성과는 반대로 영향을 받기 때문이다. 리더가 할 수 있는 것의 예로는 부하의 관심과 느낌을 확인하고 표현하도록 도와주는 것, 부하가 자신의 문제에 대한 이유를 이해하도록 도와주는 것, 부하를 도와줄 수 있는 사실적 정보를 제공하는 것, 도움을 줄 만한 전문가를 소개하는 것, 부하가 대안을 찾도록 도와주는 것, 그리고 조언을 해주는 것이 포함된다(Burke, Wier, & Duncan, 1976).

인디언 보호구역에 있는 한 초등학교에 백인 교사가 새로 부임을 했다. 수업을 마치면서 교사가 학생들에게 말했다. "오늘 배운 것에 대해 시험을 보겠다. 모두 문명인답게 정정당당하게 자기 실력으로 답안을 쓰도록! 절대로 남의 것을 보거나 자기 것을 보여 주면 안 된다. 알겠지?"

시험이 시작되고 얼마쯤 지나자 두 아이가 머리를 맞대고 수군거리는 소리가 들렸다. 그리고 곧이어 모든 아이들이 한곳에 모여 시끌벅적하게 토론하기 시작했다. 그걸 본 교사가 아이들에게 호통을 쳤다.

"너희들 지금 시험 시간에 뭐 하는 짓이야!" 그러자 한 인디언 소년이 의아한 표정을 지으면서 말했다. "선생님, 추장 할아버지께서 늘 말씀하셨어요. '살다 보면 어려운 일을 많이 겪게 될 거다. 그럴 때마다 혼자 해결하려 하지 말고 여럿이 지혜를 모아 해결하거라.' 오늘 시험 문제를 풀다 보니 어려운 문제가 있어서 할아버지 말씀대로 지혜를 모으는 것이에요."

창조는 협업이 필요하다. 즉 다양성이 존재하는 환경에 있으면 사람들은 당연히 특이한 정보가 나오고, 뜻밖의 견해에 협력을 도모할 때 미처 생각하지 못한 소득도 얻을 수 있다.

출처 : 곽숙철, 펌핑크리에이티브, 틔움, 2016.

8. 기다려 줄 수 있는 여유를 가진 사람

임파워링 리더는 부하가 임무를 달성하는 데 필요한 자원을 제공함과 동시에 임무를 스스로 해결할 수 있도록 여유를 주어야 한다. 업무의 수행속도는 사람의 성격에 따라 상이하게 나타난다. 예를 들어 순차적 사고와 추상적 사고가 잘 발달된 성취형의 부하는 성실하면서도 업무에 대한 핵심원리 파악이 빠르기 때문에 업무속도가 빠르다. 그리고 변칙적 사고와 추상적 사고가 잘 발달된 자율형의 부하는 업무에 대한 핵심원리 파악은 빠르나 업무에 대한 동기부여가 없으면 성실하게 업무를 처리하지 않기 때문에 기한을 놓칠 우려가 있다. 또한 순차적 사고와 구체적 사고가 잘 발달된 관리형의 부하는 성격특성상 업무에 대한 완벽주의형으로 업무를 매우 세밀하고 꼼꼼하게 처리하기 때문에 업무처리 시간이 길어질 수 있다. 마지막으로 변칙적 사고와 구체적 사고가 잘 발달된 관계형의 부하는 자신의 의견보다는 다른 사람의 의견에 많이 신경 쓰기 때문에 주변 동료의 의견을 수렴하기 위해 업무처리가 지연될 수 있다.

이와 같이 업무처리의 속도는 개인의 성격특성에 따라 차이가 발생하기 때문에 리더는 다음과 같은 방법에 의한 권한위임을 통해 여유를 가질 수 있다 (Yukl, 2014).

첫째, 책임을 명확하게 구체화한다. 위임을 할 때 부하에게 새로운 책임을 이해하도록 하는 것은 절대적으로 중요하다. 위임된 과제에 대해 기대하는 결과를 설명해 주고, 목표와 우선순위를 명확히 하며, 달성기한에 대해 알려 주도록 하라. 부하에게 리더의 기대를 다시 진술하도록 요구하거나 과제의 중요한 측면에 대해 질문하여 이해 여부를 확인하라. 경험이 없는 부하의 경우에는 실행계획을 작성하도록 하고, 실행하기 전에 부하와 함께 이를 검토할 수 있다.

둘째, 보고요건을 구체화한다. 부하는 보고해야 하는 정보의 유형, 기대되는 보고의 빈도, 진행사항을 점검하는 방식(예 : 문서에 의한 보고, 진행검토 회의, 부서회의에서의 발표, 공식적인 성과평가 등)을 이해하는 것이 중요하다. 진행검토의 빈도, 시기는 과업의 성격과 부하의 역량에 의해 좌우될 것이다. 과업의 위험수준이 높고 실수로 인한 비용이 높아서 중요하거나 부하에게 경험과 자신감이 부족한 경우에는 더 빈번하게 점검하는 것이 적합하다. 부하가 위임된 과업에 대해 역량을 보임에 따라 보고의 빈도는 줄어들 수 있다. 진행검토 보고에서는 결과를 강조해야 하지만 위임된 과업을 달성하는 수단을 완전히 무시해서는 안 된다. 적법하고 조직의 방침과 일치하는 절차를 사용하는 것이 중요하다.

셋째, 진행 상황을 적합한 방식으로 모니터한다. 모든 과업과 마찬가지로 위임된 과업의 경우에 진행사항을 점검하고 부하에게 피드백을 주는 것이 중요하다. 통제와 위임 사이에서 최적의 균형을 유지하는 일은 쉽지 않으며, 리더는 매일 지나치게 세밀하게 감독하지 않고도 진행검토 회의를 통해서 부하의 진행 상황을 점검할 수 있다. 간섭을 받지 않고 문제를 처리할 수 있는 상당한 재량의 여지를 부하에게 주는 한편, 필요할 때마다 조언과 지원을 자유롭게 요청할 수 있도록 한다. 권한을 위임할 때 리더와 부하는 수집한 성과측정치의 유형과 진척 상황을 판단할 수 있는 지표에 관해 결정을 내려야 한다.

넷째, 지원과 도움을 제공하고 위임철회를 피한다. 리더는 실망하거나 좌절한 부하에게 심리적 지원을 해주어야 하며, 계속 일하도록 격려해야 한다. 새로 위임한 과업에 대해서는 몇 가지 업무수행 절차에 대해 더 많은 조언과 지도를 해줄 필요가 있다. 그러나 이전에 위임했던 과업에 대한 통제를 다시 주장하게 되는 위임철회를 피하는 것이 중요하다. 부하가 문제에 대한 도움을 요청할 때 리더는 부하에게 해결안을 추천하도록 요구해야 한다. 리더는

부하의 잠재력을 키워라

미국 노트르담대학교 미식축구 팀의 전 감독이었던 로우 홀츠는 이렇게 말했다. "승리하는 훌륭한 선수들을 보유하고 있다면 감독이 어떤 사람인가는 보나마나 뻔하다. 좋은 선수들이 없이는 이길 수 없다. 그러나 좋은 선수들과 함께해도 경기에 질 수 있는데, 그 차이를 만드는 사람이 바로 감독이다." 다시 말해 조직성과를 얻기 위해서는 부하에게 동기를 부여하고 권한을 위임하고 방향을 제시할 수 있는 리더가 필요하다.

출처 : John Maxwell 저, 채천석 역, 리더십의 21가지 불변의 법칙, 청우, 2002.

부하가 해결안이 가능하고 적합한지를 평가하는 데 도움을 줄 수 있다.

9. 부하의 계산된 실수를 인정하는 사람

업무를 하다 보면 누구든지 실수를 할 수 있다. 실수에 따라 물질적·정신적으로 다양한 피해가 발생한다. 그렇더라도 위임된 임무에서 실수가 발생하는 것이 불가피하다는 것을 인정해야 한다. 물론 실수와 실패를 심각하게 다루어야 하지만 비난과 비판, 처벌을 해서는 안 된다. 리더는 부하와 함께 실수에 대한 이유를 논의하고 앞으로 유사한 실수가 일어나는 것을 예방하기 위한 방법을 찾아냄으로써 모두에게 학습의 기회가 되도록 해야 한다. 그리고 부하의 실수를 최소화하기 위해서 리더는 다음과 같은 점검활동을 해야 한다(Yukl, 2014).

첫째, 결과뿐 아니라 주요 과정을 점검한다. 인과관계를 좀 더 잘 이해하고 사전에 문제를 탐지하기 위해서는 결과 자체뿐 아니라 결과를 결정하는 과정도 측정되어야 한다. 예를 들면, 품질문제는 그것이 발생한 생산과정이나 서비스 활동의 핵심단계를 확인하고 그것을 빨리 탐지하고 해결하기 위해 지속적으로 측정함으로써 더 효과적으로 해결될 수 있을 것이다.

둘째, 프로젝트나 과업에 대한 부하의 진척 상황을 검토하고 토의하는 기회를 제공한다. 진척 상황 검토회의의 적정 빈도와 시기는 과업의 특성과 부하의 역량에 따라 다르다. 새로운 직무를 배우거나 신뢰하기 어려운 부하에 대해서는 좀 더 빈번한 회의가 적절하다. 회의의 시기는 부분적으로 언제 성과자료가 가용한지와 언제쯤 핵심활동 단계가 끝나기로 예정되어 있는지를 고려하라.

셋째, 문제와 실수를 보고하도록 장려하라. 점검의 성공은 그것을 제공하기 꺼리는 사람으로부터 정확한 정보를 얻어 내는 것에 달려 있다. 부하는 종종 문제, 실수, 그리고 지체에 대한 정보를 리더에게 전달하는 것을 두려워한다. 그 문제에 책임이 없는 부하조차도 자신이 화난 감정폭발을 겪는 대상이 될 수 있다면 보고하기 꺼릴 것이다. 따라서 문제에 대한 정보에 건설적이고 질책하지 않는 방식으로 반응하는 것이 필요하다. 비록 그것이 호의적이지는 않지만 정확한 정보에 대해 감사를 표시하고, 부하를 질책하기보다는 실수로부터 학습할 수 있도록 도와주어라.

실패를 허용하라

미국 학자 톰 우젝은 '마시멜로 챌린지'라는 재미있는 실험을 했다. 그는 건축가와 기술자, 기업 CEO와 수행비서, 유치원생, 기업의 CEO, 변호사, MBA 학생으로 이루어진 6개 팀을 구성했다. 그리고 각 팀에 스파게티면 20개, 테이프 1미터, 실 1미터, 마시멜로 1개를 나눠준 후 18분 동안 4명의 팀원이 협동하여 최대한 높은 탑을 쌓고 마시멜로를 꼭대기에 꽂게 했다. 똑같은 조건에서 어느 팀이 정해진 시간 안에 가장 높은 탑을 쌓는지 게임을 진행한 것이다.

과연 어느 팀이 1등을 하고, 어느 팀이 꼴찌를 했을까? 아마 1등은 의견이 분분하겠지만 꼴찌로는 대부분 유치원생을 지목했을 것이다. 그런데 결과는 그야말로 어처구니없었다. 꼴찌로 예상했던 유치원생들은 당당히 3위를 차지했고, 중상위에 랭크될 것으로 예상한 MBA 학생들은 아예 탑을 쌓지 못했다. 1등은 예상대로 건축가와 기술자 팀과 CEO들로만 구성된 팀, 5등은 변호사들로 구성된 팀이었다.

왜 이런 결과가 나왔을까? 그것은 한정된 시간을 어떻게 썼느냐에 기인한다. MBA 팀은 좋은 방법을 생각하고 토론하는 데 시간을 보내는 바람에 한두 번 시도하다가 결국 탑을 완성하지 못한 채 끝난 반면, 유치원생들은 일단 탑을 쌓아보고 실패하면 개선해서 다시 쌓고 실패하면 개선하여 또 쌓는 방식으로 당당히 3등을 차지한 것이다.

출처 : 곽숙철, 펌핑크리에이티브, 틔움, 2016.

제 4 장

위임받은 권한을
어떻게 실천할 것인가?

임파워먼트와 관련하여 지금까지 출간되거나 연구된 내용들을 보면 대부분 리더의 역할과 책임을 강조하고 있다. 그러나 임파워링 리더십이 성공하기 위해서는 리더뿐 아니라 부하의 역할과 책임 또한 매우 중요하다. 따라서 이 장에서는 상급자로부터 권한위임을 받았을 때 '어떻게 수행할 것인가'에 대한 방안을 제시하고자 했다.

1. 자신의 역량을 개발하라

하급자는 언제든지 상급자가 임무를 부여하면 즉각적으로 수행할 수 있는 자신의 직위와 직책에 맞는 역량을 구비하고 있어야 한다. 그리고 상급자로부터 임무를 부여받게 되면, 임무분석을 통해 현재 자신의 능력으로 임무를 완수할 수 있는지를 파악하고, 현재의 능력으로 제한될 경우 어떠한 부분이 부족한지를 정확히 진단하여 자신의 역량을 향상시킬 수 있어야 한다.

역량의 개념 및 구성요소

역량이란 〈표 4.1〉과 같이 학자들마다 다양하게 정의하고 있지만 다음과 같은 공통점을 가지고 있다(이재경, 2002). 첫째, 업무성과와의 연계성을 강조한다. 즉 역량은 반드시 성과를 산출할 수 있는 업무수행 능력과 직결된다는 것이다. 둘째, 역량은 객관적으로 습득되는 지식의 영역, 업무 테크닉과 절차를 다루는 기술 영역, 개인적 특성과 동기와 관련된 태도 영역의 집합체이다. 셋째, 관찰과 측정이 가능하도록 표현되고, 주로 성과나 행동 등의 개념으로 규정된다.

표 4.1 유형별 역량의 특성

유형	내용
동기	• 개인이 일관되게 품고 있거나 원하는 어떤 것으로, 행동의 원인이다. • 특정한 행위나 목표를 향해 행동을 '촉발시키고, 방향을 지시하며, 선택하도록' 작용한다.
특질	• 신체의 특성, 상황 또는 정보에 대한 일관적 반응성을 의미한다. • 감정적 자기통제와 주도성은 다소 복잡한 형태의 '일관적 반응성'이라고 할 수 있다.
자기 개념	• 태도, 가치관, 또는 자기상(self-image)을 의미한다. • 주어진 상황에서 단기적으로 나타내는 반응적 행동에 영향을 주는 요소이다.
지식	• 특정 분야에 대해 가지고 있는 정보이다. • 지식은 그 사람이 무엇을 할 수 있다는 것을 말해 줄 수 있을 뿐, 실제로 무엇을 할 것인지는 예측하지 못한다.
기술	• 특정한 신체적 또는 정신적 과제를 수행할 수 있는 능력이다. • 정신적 또는 인지적 기술은 분석적 사고(지식과 자료를 처리하고, 인과관계를 규명하며, 자료 및 계획을 조직화하는 능력)와 개념적 사고(복잡한 자료의 패턴을 인식할 수 있는 능력)를 포함한다.

출처 : 최병순, 군 리더십, 북코리아, 2016.

이러한 역량은 〈그림 4.1〉과 같이 내적 특성인 지식, 기술, 태도로 구성되어 있다(Spencer & Spencer, 1993). 내적 특성이란 다양한 상황에서 개인의 행동을 예측할 수 있도록 해주는 개인의 심층적이고 지속적인 측면을 말한다. 즉 특정 개인의 역량은 어떠한 사실을 알고, 정보를 보유하고 있으며, 지식을 습득하는 차원에서 '무엇인가 안다는 것', 즉 지식의 요소를 반드시 포함한다. 그리고 지식이 있더라도 실제 경험이나 연습 등을 통해 습득된 업무, 전략, 절차에 대한 체험적 기술이 없으면 제대로 그 역량이 발휘되지 못한다. 마지막으로 지식과 기술을 기반으로 하여 업무에 대한 열성과 헌신,

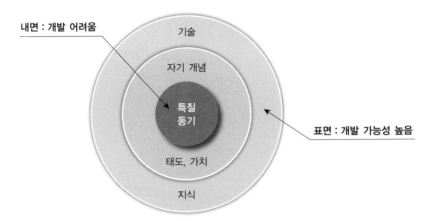

그림 4.1 개인의 내적 특성으로서의 역량 유형

긍정적 자세와 같은 태도의 요인이 없으면 성과를 창출하기 힘들다. 이렇게
역량을 지식, 기술, 태도와 같은 핵심요소들로 파악하는 것은 중요한 의미
를 지닌다. 현재 상황이 아닌 미래 상황에서의 업무의 성격과 수행활동의 유
형이 분명해지기 때문이다. 어떠한 지식을 확보하고 어떠한 기술을 지녀야
하며, 이를 어떠한 태도로 추진해야 하는가를 매우 구체화할 수 있다(이재
경, 2002).

직위 및 직책별 요구되는 역량

모든 조직 구성원은 자신의 직위와 직책에 맞는 역량을 갖추어야 한다. 또한
상급자의 지위와 직책에 대한 업무를 명확히 파악하여 자신의 상급자가 자
신에게 언제든 권한을 위임할 때 임무를 수행할 수 있도록 준비해야 한다.
  직위 또는 직책에 관계없이 모든 리더는 자신에게 보고하는 부하들이 있으며,
권한을 위임할 수 있는 부하들이 있다. 권한위임 리더십은 이러한 부하들을

그림 4.2 리더의 직위별 업무 성격

동기부여시켜 조직목표를 효과적으로 유도한다는 공통점을 가지고 있다.

그러나 직위와 직책에 따라 수행하는 업무의 성격이 다르기 때문에 〈그림 4.2〉와 같이 리더의 역할과 기능, 그리고 권한과 책임의 범위에 차이가 있다. 즉 상위직의 리더일수록 하위직 리더보다 상대적으로 환경과의 상호작용이 많고 보다 장기적인 관점에서 계획을 수립하며, 문제해결 시 최적해보다는 만족해를 추구한다. 또한 일반적으로 업무수행 과정이 하위직에서보다 덜 틀에 박혀 이루어지고, 의사결정 시 계량적 기법을 활용하여 계산적으로 하기보다는 직관이나 판단에 의존하게 되며, 상위직의 리더일수록 분석 또는 분화 능력보다는 조정 또는 통합 능력이 더 요구된다(Kast & Rosenzweig, 1979). 따라서 상급자의 입장에서 자신의 역량을 개발하기 위해 노력해야 한다.

한편 카츠(1974)는 〈그림 4.3〉에서와 같이 모든 리더에게 필요한 능력을 실무적 능력, 대인적 능력, 개념적 능력으로 분류하였다.

실무적 능력technical skill은 도구, 절차, 또는 특정 분야의 기법 등을 활용하는 능력을 말한다. 의사, 기술자, 음악가 혹은 회계사 등은 모두 각각 자기 업무 분야에 대한 실무적 능력을 갖고 있는 것처럼 리더는 자신이 책임지고

그림 4.3 리더의 직위별 요구 능력

있는 특정 업무를 효과적으로 수행하기 위해서는 충분한 실무수행 능력이 필요하다는 것이다.

대인적 능력^{human skill}은 팔로워들을 이해하고 동기부여시켜 함께 일할 수 있는 능력을 말한다.

개념적 능력^{conceptual skill}은 모든 조직의 관심과 활동을 조정하고 통합하는 지적 능력과 조직을 전체로 보고, 전체의 부분들이 어떻게 상호작용하는가를 이해하는 능력, 그리고 어떤 부분의 변화가 전체 조직에 어떤 영향을 미칠 수 있는가를 이해할 수 있는 능력을 의미한다.

모든 리더는 주어진 상황에서 여러 관련 요소가 어떠한 연관성을 갖고 있는가를 인식하여 전체 조직을 위해 자신의 역량을 키워야 한다.

카츠(1974)는 효과적으로 리더십을 발휘하기 위해서는 이와 같은 역량들이 모든 리더에게 필수적으로 요구되지만, 조직 계층에 따라 상대적으로 중요성에 차이가 있다고 한다. 실무적 능력은 하급관리자들에게 상대적으로 더 중요하고, 개념적 능력은 최고관리자일수록 더욱 중요해진다는 것이다. 다시 말해서 하급관리자에게는 직접 업무를 수행하는 데 필요한 실무적 능력이 보다 많이 요구되는 반면에 상급관리자들에게는 조직의 모든 이해관계와 활동을 조정하고 통합하는 개념적 능력이 보다 더 많이 요구된다는 것이다. 그러나 대인적 능력은 모든 계층의 관리자에게 동일한 비중으로 중요하고, 특히 중간관리자들에게는 중요한 능력이다. 이러한 원칙은 군 조직에서도 동일하게 적용될 수 있다. 즉 모든 직위의 지휘관(자)들은 대인관계 능력을 동일하게 향상시켜야 하고, 고급제대 지휘관들은 개념적 능력 또는 전략적 능력을, 초급제대 지휘관(자)들은 실무적 능력 또는 전술적 능력을 중점적으로 향상시켜야 한다.

이러한 관점에서 볼 때 모든 조직에서 유능한 리더가 되기 위해서는 상급자가 부여된 권한위임을 효과적으로 수행할 수 있는 실무수행 능력뿐 아니라 하급자와 상급자 및 동료들과의 대인관계 능력, 그리고 조직이 나아갈 방향을 제시하고 조직 전체의 관점에서 의사결정을 할 수 있는 역량을 개발해야 한다.

어떻게 역량을 개발할 것인가

조직에서 가장 유능하고 필요한 리더는 자신의 직위와 직책에 맞는 역량을 갖출 뿐 아니라 상급자의 의도와 조직의 나아가야 할 방향에 대해 영향력을 행사할 수 있는 능력을 가진 사람이다. 이러한 역량을 갖추기 위해서는 다음과 같은 노력이 필요하다.

첫 번째, 자신에 대한 정확한 진단을 해야 한다. 대부분 사람들은 자신에 대해 관대하게 평가하는 경향이 있다. 자신의 역량을 정확히 진단하고 평가하기 위해서는 주변 상황과 연계하여 자신의 특성 및 업무수행 능력을 냉정하게 평가해야 한다. 그리고 자신이 의욕과 열정을 가지고 몰입할 수 있는 직무를 선택해야 한다. 이를 위해 개인의 흥미가 어떤 분야에 있는지, 개인의 적성이나 성격은 어떤 분야에 적합한지 등을 자가진단을 해야 한다.

두 번째, 역량개발을 위한 목표를 설정해야 한다. 자가진단의 분석결과를 통하여 자신의 단기목표와 장기목표를 설정해야 한다. 자신의 역량개발에 대한 관심이나 방향을 충족시켜 줄 수 있는 여러 가지 가능성을 모색해야 한다. 또한 목표는 구체적이고 실현 가능성이 있어야 한다. 현재 하고 있는 업무에서 쌓은 지식과 기술, 직무역량을 최대한 활용할 수 있는 목표를 세워야 한다.

세 번째, 실행계획action plan을 세워야 한다. 목표를 달성하기 위해서는 갖추어야 할 역량을 명확히 하고 도달방안에 대해 구체적인 계획을 수립해야 한다. 예를 들어 자신의 역량을 향상시키기 위해 어떤 업무를 숙달시켜야 하는지, 또는 어떤 교육을 받아야 하는지 등을 구체화하고, 훈련기간을 설정해야 한다. 그리고 지속적인 평가를 통해 수정 및 보완해 나가야 한다.

배운 인재보다 배우는 인재

핵심역량 이론으로 잘 알려진, 미국 미시간대학교 경영대학원 교수 프로할라드는 세계 최고의 경영사상가를 선정하여 2년마다 순위를 발표하는 유럽의 권위 있는 잡지 씽커스50에 여러 번 오른 세계적인 경영학자였다. 2010년 숙환으로 타계했는데, 그의 아내는 추도식에서 남편에 관한 비밀 하나를 털어놓았다. 남편이 학기마다 강의 노트를 버렸다는 것이다.

귀중한 강의 노트가 휴지통에 들어 있는 것을 보고 놀란 그녀가 그 이유를 묻자 프라할라드 교수는 이렇게 대답했다고 한다. "내 학생들은 항상 최고의 신선한 생각을 접할 자격이 있어."

출처 : 곽숙철, 펌핑크리에이티브, 틔움, 2016.

2. 업무의 중요성을 인식하고 자긍심을 가져라

업무의 중요성을 인식하라

많은 조직들이 빠른 변화와 치열한 경쟁이라는 경영환경에 놓여 있다. 조직들은 조직성과를 극대화하기 위해 구성원에게 권한위임을 하고 있다. 이러한 상황에서 직무특성과 개인의 특성에 따라 위임받은 업무에 대한 인식의 차이가 발생한다. 어떤 사람은 위임받은 업무에 대해 기쁘게 생각하는 사람이 있는 반면에 매우 부담스럽게 생각하거나 대수롭지 않게 생각하는 사람이 있다.

직무특성 이론job characteristics theory에 의하면 서로 다른 직무특성들은 개인의 심리적 상태에 영향을 미치게 되고, 이러한 긍정적인 심리 상태의 경험은 직무 태도와 행동으로 이어지게 된다고 주장한다(Hackman & Oldham, 1976). 직무특성 이론은 개인에게 동기를 부여할 수 있는 주요 직무특성으로 기술 다양성, 과업 정체성, 과업 중요성, 자율성 및 피드백을 들고 있다. 기술 다양성skill variety은 특정 직무가 다양한 기술을 요구하는 정도를 말하며, 과업 정체성task identity은 직무가 일의 한 부분이 아닌 전 과정에 관여되는 정도를 의미한다. 과업 중요성task significance은 직무가 조직 내부 및 외부의 사람들에게 얼마나 중요한 영향을 주는지의 정도를 뜻한다. 자율성autonomy은 직무를 계획하고 수행하는 데 있어서 재량권이 주어진 정도를 나타내며, 피드백feedback은 개인이 수행한 직무의 결과에 대한 정보를 알 수 있는 정도라고 정의된다(Hackman & Oldham, 1976).

이러한 다섯 가지 직무특성들 중 과업 중요성은 현 경영 상황에서 권한위임과 조직성과에 많은 영향을 미친다. 즉 자신에게 주어진 직무에 대해 중요하게 생각하는 구성원이 그렇게 생각하지 않는 구성원보다 더 높은 조직성과를 달성한다(김미희 등, 2012). 따라서 권한을 위임받은 하급자는 위임받은 업무에 대한 불평보다는 업무의 중요성을 인식하고 긍정적으로 업무를 추진할 필요가 있다.

자긍심을 가려라

상급자로부터 업무에 대한 권한을 위임받았다는 것은 상급자가 그만큼 하급자를 신뢰한다는 것으로서, 자긍심을 가지고 업무를 추진해야 한다. 자긍심은 내가 스스로에 대해 어떻게 느끼느냐(나를 얼마나 강하고 긍정적으로 보느냐)는 것으로, 나에 대해 상급자가 어떻게 생각하고 느끼느냐는 것이 아니다. 자긍심은 〈그림 4.4〉에서 보는 바와 같이 자아효능감self efficacy, 자기믿음self respect, 수용성acceptance으로 구성되어 있다. 세 가지 구성요소 간의 관계는 곱이 아닌 합의 관계이다. 이는 설사 어느 1~2개가 미흡해도 한 가지가 굉

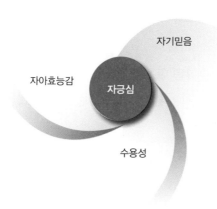

그림 4.4 자긍심의 구성요소

장히 크면 자긍심이 클 수도 있음을 의미한다. 즉 실력이 없고 따라서 남에 의해 수용되지 않는다 해도, 한 개인이 자신을 믿고 사랑하는 정도가 무척 크면, 그의 자긍심은 클 수가 있다는 것이다(박원우, 1998).

자긍심이 중요한 심리적 필요요소로 항상 강조되어 왔지만, 최근에 와서는 중요한 경제적 필요요소가 되었다(Branden, 1994). 구성원의 자긍심 증진이 사업성과의 증진과도 연결되는 상황이라는 것이다. 즉 점점 더 복잡해지고 도전적이며 경쟁적인 환경에의 적응성을 키워 주는 필수적 속성으로서 자긍심이 시급하게 요구되고 있다.

가속, 융합, 평등, 감성 등으로 특징지어지는 오늘날의 환경에서는 높은 수준의 교육과 훈련뿐 아니라 새로운 심리적 자원까지 가져야 한다. 구체적으로 현재 또는 미래의 시대에는 혁신, 신뢰, 모험심, 자기관리, 책임감 등의 역량이 더 요구된다.

자긍심은 자기 자신을 강하고 긍정적으로 보는 정도로, 자신뿐 아니라 모든 것을 긍정적으로 보아야 한다. 긍정적 사고를 가지게 되면 신체 내에서 엔도르핀(스트레스를 감소시키는 물질)을 분비되는 반면에 부정적인 사고는 에피네프린(스트레스를 유발하는 물질) 혹은 아드레날린을 촉진시킨다(박원우, 1998). 이처럼 자긍심은 업무에 영향을 줄 뿐만아니라 건강에도 밀접한 상관이 있기 때문에 자긍심을 향상시키기 위해 노력해야 한다.

비록 충분한 과학적 검증을 거친 것은 아니지만 자긍심의 효과에 관한 자료를 바탕으로 다음과 같은 결론을 도출할 수 있다.

- 자긍심이 낮으면 성격, 행동, 인간관계상의 문제가 초래된다.
- 자긍심이 낮으면 불신, 방어적 태도, 양심이 많아지고, 몰입력 부족, 성과 저하, 그리고 이직률이 상승된다.
- 자긍심이 낮은 사람은 흔히 거칠고 공격적인 행동이나 허풍을 통해 표면상의 자신감을 보이려고 한다.
- 자긍심이 낮은 사람은 혼자 있는 것(외로움)을 매우 어려워한다.
- 자긍심이 높다고 스트레스, 노여움, 우울증, 혹은 두려움에서 완전히 벗어날 수 있는 것은 아니지만 이런 것으로부터 덜 영향을 받으며, 설사 영향을 받더라도 쉽게 벗어난다.
- 자긍심이 높으면 새로운 시도를 좋아하고, 도전성과 현상타파의 용기를 갖게 되고, 작업장에서 뛰어나려고 노력하게 된다.
- 남과 잘 어울리는 능력은 우리 자신의 자긍심 정도와 직결된다. 따라서 교호적 행동의 법칙law of reciprocal action처럼 우리 자신의 자긍심을 높이지 않고서는 남의 자긍심을 높일 수가 없는 것이다.

출처 : 박원우, 임파워먼트 실천 매뉴얼, 시그마인사이트컴, 2000.

3. 권한위임 리더와 지속적인 관계를 유지하라

하급자는 상급자로부터 임무에 대한 권한을 위임받으면 그것으로 끝나는 것이 아니라 임무가 종료될 때까지 상급자와 지속적인 관계를 유지해야 한다. 상급자는 하급자에게 임무를 부여한 후 개인의 특성에 따라 다소 차이는 있지만, 임무가 완수될 때까지 걱정을 하게 된다. 따라서 하급자는 다음과 같은 방법으로 상급자와 지속적인 관계를 유지할 필요가 있다.

첫 번째, 부여받은 임무를 명확히 이해한다. 하급자는 자신이 부여받은 임무가 상급자의 의도에 맞게 정확히 이해가 되었는지 질문과 백브리핑 등을 통해 확인해야 한다. 오늘날 임파워링 리더십을 강조하는 이유는 지금보다 더 큰 조직성과를 향상시켜 치열한 경쟁에서 살아남기 위함이다. 즉 조직성과를 극대화하기 위해서는 조직이 나아가야 할 방향과 상급자의 의도를 명확히 이해한 후 하급자의 자율성과 창의성을 더해 조직성과를 극대화할 수 있기 때문이다.

두 번째, 자신의 장점과 단점을 있는 그대로 수용하고, 개방하라. 자신이 부여받은 임무를 성공적으로 완수하기 위해서는 자신의 장점과 단점을 정확히 진단하고, 단점을 보완하기 위해 상급자와 지속적인 관계를 유지해야 한다. 대부분의 사람들은 자신의 장점에 대해서는 잘 이야기하지만 단점에 대해서는 이야기하기를 꺼린다. 이러한 이유는 상급자를 자신의 고과점수와 승진에 있어 평가자로 보기 때문이다. 그러나 이러한 이유로 자신의 부족함을 숨기고 임무를 처리하려다 보면 더 큰 문제가 생길 수 있다. 그러므로 임무를 부여받은 하급자는 임무와 관련하여 자신의 역량을 정확히 진단하고, 부족한 부분에 대해서는 상급자와 함께 문제를 해결할 수 있도록 해야 한다.

세 번째, 업무진행 정도와 중요 결정사항에 대해 수시로 보고하고, 자신의 신념을 표현하라. 상급자는 임무를 부여한 후 하급자가 임무를 잘 수행하고 있는가에 대해 궁금하게 생각한다. 따라서 상급자가 궁금해하지 않도록 업무진행 정도나 중요 결정사항에 대해 수시로 보고하라. 그리고 자신의 신념을 명확히 표현하고, 이에 대한 솔직한 피드백을 요청하라. 만약 상급자에게 신념을 보여 주지 못하면 하급자에 대한 믿음이 줄어들 것이다. 따라서 신념 속에 하급자의 강한 열정이 담겨져 있음을 보여 주어야 한다. 그러기 위해서는 다음과 같은 태도를 갖추어야 한다.

먼저, 과감하게 자신의 입장을 밝혀야 한다. 절대로 상급자가 자신의 신념이나 입장, 의도 등을 알고 있을 것이라 생각하지 마라. 신념을 이야기하는 데는 '단호함'과 '진지함'이 필요하다. 즉 절대로 주저하거나 흔들리지 말아야 하며, 신념을 이야기할 때 농담이나 장난스러운 말로 신념의 가치를 떨어뜨리지 않도록 주의해야 한다.

둘째, 자신의 행동을 돌아보고 피드백을 수집한다. 임무를 완수하기 위해 무엇을 먼저 해야 하는지, 무엇을 그만두어야 하는지, 무엇을 더 해야 하는지 등의 솔직한 피드백을 수집하라. 임파워먼트는 누가 '맞고' 누가 '틀리다'를 이야기하는 것이 아니라 새로운 창조를 위해 상급자와 하급자가 힘을 모으는 것이다. 따라서 상급자로부터의 솔직한 피드백을 두려워하지 말고, 고맙게 생각하라. 자신의 부족함을 숨기고 임무를 실패하는 것보다 솔직한 피드백을 통해 임무를 완벽히 수행하는 것이 중요하기 때문이다.

셋째, 임무수행에 필요한 정보나 중요사항의 결정에 필요한 정보를 요구한다. 정보를 요구할 때는 〈표 4.2〉와 같이 임무수행에 있어 '정보가 없을 때'와 '정보가 있을 때'를 생각하면서 필요한 정보를 요구하라.

넷째, 언행이 일치되게 한다. 상급자에게 신념을 이야기할 때는 자신이 이 임무의 적임자임을 당당하게 이야기하고, 신념을 보강해 줄 수 있는 행동이 필요하다. 즉 자신의 신념을 실천하기 위해 임무수행에 장애가 되는 것은 과감하게 제거하고, 창의적으로 임무 수행하는 것을 보여 줘라. 그리고 자신의 신념대로 임무가 잘 진행되고 있음을 수시로 보고하라.

표 4.2 임무수행에 있어 정보가 있을 때와 없을 때

정보가 없을 때	정보가 있을 때
• 아는 것에 매달려야 한다. • 주어진 임무를 아는 분야 내에서 처리해야 한다. • 가지고 있는 아이디어를 반복해야 한다. • 임무에 필요한 아이디어를 모두 가지고 있는 척해야 한다.	• 내 전문 분야에서 새로운 아이디어를 발견할 수 있다. • 새로운 정보를 통해 임무를 창의적으로 수행할 수 있다. • 임무에 대한 시행착오를 최소화할 수 있다. • 아는 정보를 또 다른 사람과 공유할 수 있다.

출처 : Kenneth L. Murrell 저, 김기쁨 역, 권한위임의 기술, 지식공작소, 2004.

4. 대인관계 능력을 증진시켜라

권한을 위임받은 하급자는 임무를 완수하기 위해 자신의 노력뿐 아니라 자신의 하급자 또는 함께 근무하는 동료, 인접 사람들과의 원만한 관계가 필요하다. 세상에 독불장군獨不將軍은 없다. 임파워먼트의 목표는 부여받은 임무를 좀 더 극대화시키기 위함이다. 따라서 혼자 독단적으로 일을 처리하는 것보다 다른 사람과 유기적인 협조체계를 유지하여 일처리를 함으로써 임무달성을 극대화시킬 수 있다.

특히 오늘날과 같은 4차 산업의 시대에는 조직이 거대해지고, 효율성과 신속성이 강조되며, 개성은 발달하지만 갈등과 경쟁의 요소가 증가하고, 물질적 가치가 강조되는 구조이며, 전자통신기술의 발달 등으로 인하여 진정한 인간적인 만남의 기회가 점점 줄어든다. 요즘처럼 '혼남(혼자 사는 남자)', '혼밥(혼자 밥 먹는 것)', '혼술(혼자 술 마시는 것)' 등의 신조어가 등장하는 시기에는 대인관계에 관심을 가지지 않으면 점점 고독해지고 불행해질 가능성이 많다.

표 4.3 대인관계 대처 방식

첫째, 나의 성격특성이 대인관계에 있어 어떻게 작동되고 있는지 정확하게 진단해 본다.

둘째, 다른 사람의 성격특성과 행동 방식을 이해한다.

셋째, 상대방의 행동 방식에 초점을 맞추지 말고, 내가 맞추어야 할 부분이 무엇인지를 찾는다.

넷째, 상대방의 행동특성에 맞추어 행동하고 개선해야 할 부분이 무엇인지 해결방안을 모색한다.

사람의 개인 성격특성은 대인관계에 많은 영향을 미친다. 즉 사람의 성격특성이 어떻게 발달했느냐에 따라 어떤 사람은 혼자 있기를 좋아하고 이를 즐기는 사람이 있는 반면에 어떠한 사람은 혼자 있으면 왠지 허전하고 외로워서 사람 만나는 것을 선호한다. 이러한 성격특성은 대인관계에서도 습관적이고 자동적으로 작동하게 된다. 따라서 개인과의 원만한 대인관계를 유지하기 위해서는 〈표 4.3〉과 같이 자동화된 무의식적 대처 방식을 현실적으로 적절한 대처 방식으로 바꿀 필요가 있다.

결국 개인과의 원만한 대인관계를 위해서는 나의 행동 방식과 상대방의 행동 방식을 분리시켜 상대방의 행동 방식을 이해하고, 상대방의 행동에 나의 행동 방식을 맞춤으로써 원만한 대인관계를 유지할 수 있다.

대인관계 기술

원만한 대인관계를 위해서는 앞에서 이야기한 대인관계 방식에 따라 상황에 대처하되 이에 대한 대인관계 기술을 숙달해야 한다. 미국 웨스턴미시간대학교 커뮤니케이션학과 명예교수인 피터 G. 노스하우스는 리더십 입문 : 개념과 실천에서 효과적인 리더십을 위해 대인관계 기술을 강조하였다. 대인관계 기술은 사람을 다루는 것이다. 이 능력은 리더로 하여금 조직의 목적을 이루기 위하여 부하, 동료 그리고 상사들과 함께 효과적으로 일을 하도록 돕는다

(Bass, 1990; Blake & McCanse, 1991; Kaz, 1955). 그리고 대인관계 기술은 대인 민감성 발휘하기, 감성지능 보여주기, 대인 갈등 관리하기의 세 부분으로 구성된다.

먼저, 조직을 성공적으로 이끌기 위해서 리더는 자신의 아이디어가 다른 사람의 아이디어와 얼마나 잘 맞는지 세심하게 헤아릴 필요가 있다. 대인 민감성social perceptiveness은 다른 사람들에게 무엇이 중요하고, 그들이 어떻게 동기부여되며, 어떤 문제에 직면해 있고, 변화에 어떻게 반응하는지에 대한 통찰과 인식을 포함한다. 아울러 서로 다른 조직의 구성원들이 독특하게 필요로 하고 목표로 삼거나 요구하는 것들을 이해하는 것을 포함한다(Zaccaro, Gilvert, Thor, & Mumford, 1991). 대인 민감성을 가진 리더는 조직 안에서 제시된 모든 변화에 대하여 구성원들이 어떻게 반응할 것인지에 대해 예민한 감각을 가지고 있다. 말하자면 대인 민감성을 갖춘 리더는 어떤 이슈에 대해서도 항상 직원들의 생각을 잘 파악하고 있다고 할 수 있다.

리더십은 결국 변화에 대한 것이며, 조직에 속한 사람들은 모든 것이 있는 그대로 유지되는 것을 좋아하기 때문에 종종 변화에 저항을 한다. 색다른 아이디어나 다른 규칙, 혹은 새로운 업무 방식은 사람들에게 익숙한 방식과 맞지 않기 때문에 종종 위협적인 것으로 간주된다. 대인 민감성이 있는 리더가 제시된 변화와 관련된 모든 사람에게 어떻게 영향을 미치는지를 이해할 경우 변화를 보다 효과적으로 창조해 낼 수 있다.

대인 민감성의 중요성을 보여 주는 한 사례가 바로 2008년 미시간대학교의 봄 졸업식을 둘러싼 사건이다. 대학 당국은 이날 5천 명의 학생이 졸업을 하고, 3만 명의 청중이 참석할 것이라고 예상했다. 전통적으로 미시간대학교의 봄 졸업식은 그 규모 때문에 '빅 하우스'라고 통칭되는 축구 경기장에서 진행되었다. 그러나 경기장은 대대적인 수리가 진행 중이어서 대학 당국은 어쩔 수 없이 졸업식 장소를 변경해야 했고, 인근 이스턴미시간대학교의 야외 경기장에서 졸업식을 갖기로 결정했다. 장소 변경을 공표하자 학생들과 학부모 그리고 동창생들은 즉각적으로 부정적인 반응을 보였다. 그들의 강력한 목소리로 인하여 한바탕 소란이 있었다.

분명한 것은 대학의 지도부는 졸업반 학생들과 그 가족들에게 있어서 졸업식 장소가 갖는 중요성을 인식하지 못했다는 것이다. 빅 하우스에서 졸업하는 것이 하나의 전통이었기 때문에 장소를 변경하는 것은 많은 사람들에게 기분이 상하는 일이었다. 총장실에 전화가 걸려 왔고, 신문에 논설이 실렸다. 학생들은 다른 대학교의 캠퍼스에서 졸업하고 싶지 않았다. 그들은 모교 캠퍼스에서 졸업할 자격이 있다고 생각했다. 일부 학생, 학부모 그리고 동창생들은 심지어 앞으로 지원을 중단하겠다고 위협했다.

상황을 바로잡기 위해서 대학 당국은 다시 졸업식 장소를 변경했다. 이스턴미시간대학교에서 졸업식을 하는 대신에 교내의 강의동과 도서관들로 둘러싸인 캠퍼스 중앙에 야외무대를 세우는 데 180만 달러를 들였다. 졸업하는 학생들과 그 가족들은 추억과 전통이 깊이 새겨진 장소에서 졸업식을 올릴 수 있어서 기뻐했다. 대학은 학생들과 그 가족들의 굳은 믿음에 맞추어서 행사를 조정했기 때문에 결과적으로 성공할 수 있었다. 분명히 대학 당국이 처음부터 조금 더 대인 민감성을 발휘했더라면, 사건 초기에 일어난 불만과 소란을 피할 수 있었을 것이다.

두 번째, 리더에게 중요한 또 하나의 기술은 감성지능을 보여 주는 능력이다. 비록 감성지능이 하나의 개념으로 부상한 것은 20년이 채 안 되었지만, 감성지능은 많은 리더십 연구자와 실무자들의 관심을 사로잡았다(Caruso &

Wolfe, 2004; Goleman, 1995). 감성지능^{emotional intelligence}은 자신과 다른 사람의 감정을 이해하고, 이를 삶의 과제에 적용하는 능력에 관련된 것이다. 구체적으로 감성지능은 감정을 인식하고 표현하며, 사고를 촉진하기 위해서 감정을 이용하고, 감정을 이해하고 감정을 가지고 판단하며, 자기 내부에 있는 감정과 타인과의 관계에서 발생하는 감정을 효과적으로 관리하는 능력으로 정의할 수 있다(Mayer, Salovey, & Caruso, 2000).

감성지능에 관한 연구의 바탕에 있는 전제는 자신의 감정에 민감하고, 자신의 감정이 다른 사람에게 미치는 영향에 예민한 사람이 보다 효과적인 리더가 된다는 것이다. 감성지능의 발휘가 효과적인 리더십과 긍정적인 관련이 있다면 자신의 감성지능을 향상시키기 위하여 리더가 해야 할 일은 무엇인가? ① 리더는 자신의 감정적 반응을 알아채고 감정이 일어나는 대로 그 느낌을 살핌으로써 자신의 감정을 인식하는 노력을 할 필요가 있다. 화가 났든 기쁘든 슬프든 두려움을 느끼든 간에 리더는 항상 자신이 어떤 감정을 느끼고 있고, 그러한 감정을 유발하는 것이 무엇인지 분석할 필요가 있다. ② 리더는 다른 사람의 감정을 인식하는 훈련을 해야 한다. 다른 사람의 감정을 읽을 줄 아는 리더는 사람들이 원하거나 필요로 하는 것에 대해 적절하게 대응을 할 준비가 잘 갖춰진 사람이다. 달리 말하자면 리더는 다른 사람과 공감할 필요가 있다. 리더는 그들의 감정이 마치 자신의 감정인 것처럼 다른 사람의 감정을 이해해야 한다. 샐로베이와 메이어(1990)는 공감이 감성지능의 핵심적인 구성요소라고 주장했다. ③ 리더는 자신의 감정을 조절하고, 감정을 유용하게 사용하는 방법을 배울 필요가 있다. 리더의 감정은 그가 중대한 결정을 내릴 때마다 관여하게 된다. 그러므로 집단이나 조직의 유익을 위해서 감정을 수용하고 관리해야 할 필요가 있다. 다른 사람을 세심하게 배려하고 자신의 감정을 적절하게 관리할 때 리더는 집단 전체의 의사결정이 효과적으로 될 가능성을 높이고 있는 것이다. 예를 들어 한 고등학교 교장은 조례 중에 장난을 친 학생들에게 자신이 매우 화가 나 있다는 사실을 느꼈다. 그는 자신의 화를 표현하는, 즉 '터뜨리는' 대신에 평정을 유지하고, 학생들의 장난을 학습의 경험으로 바꿀 수 있었다. 감성지능을 갖춘 사람들은 감정을 이해하고, 이를 그들이 리더로서 일하는 데 활용할 수 있다. 요약하면 감성지능을 갖춘 리더는 자신과 다른 사람의 감정에 귀를 기울이고, 공동의 선을 위해서 그러한 감정들을 조절하는 데 능숙하다.

세 번째, 리더는 갈등을 관리하는handling conflict 기술 또한 필요로 한다. 갈등은 불가피한 것이다. 갈등은 변화할 필요를 발생시키며, 변화의 결과로서 일어나기도 한다. 다시 말해 갈등은 2명 이상의 사람들 사이에 현실적인 문제(예 : 어떤 절차를 따르는 것이 올바른가), 또는 관계적인 문제(예 : 주어진 관계 속에서 각 개인이 가지는 통제력)에 관한 인식의 차이를 두고 벌어지는 싸움이다. 갈등에 직면했을 때 리더와 구성원들은 갈등에 수반하는 긴장, 논쟁, 스트레스 때문에 종종 불편함을 느낀다. 비록 갈등이 불편한 것이기는 하지만 해롭거나 반드시 나쁜 것은 아니다. 갈등을 효과적이고 생산적인 방식으로 관리한다면, 결과적으로 스트레스가 감소하고 창의적인 문제해결이 늘어나며 리더와 구성원 사이의 관계가 더 단단해진다.

조직 내에서 관계를 돈독히 하고 신뢰를 형성하라

조직 내에서 원만한 대인관계를 유지하기 위해서는 상급자는 물론 부하, 동료로부터의 신뢰를 확보하는 것이 매우 중요하다. 신뢰는 모든 구성원들이 당신의 행동과 말을 믿는 것이다. 조직 구성원과 신뢰가 형성되면 조직 구성원은 당신이 추진하고자 하는 임무가 성공적으로 마칠 수 있도록 기꺼이 희생을 감수하며 도와준다. 특히 큰 규모의 조직에서 근무하는 사람들은 신뢰를 바탕으로 한 관계를 발전시키기 위한 노력을 꾸준히 해야 한다. 그리고 조직 내에서 신뢰를 얻기 위해서는 다음과 같은 노력이 필요하다고 한다 (Taffinder, 2002).

첫째, 조직 구성원들에 대해 파악한다. 먼저 당신이 직접 관리하는 구성원들에게 집중해야 한다. 그런 다음, 다른 구성원들에게 시선을 돌려라. 업무에 대해서만 이야기한다거나 공손하게 대화해야 한다거나 상사에게 복종해야 하는 것과 같은 일상적인 기준에서 벗어나도록 하라. 점심시간에 구성원들과 대화하라. 한 달에 한 번 정기적으로 팀원들과 점심식사나 저녁식사를 함께하는 시간을 가져라. 일상 업무에 대한 이야기보다 당신 자신에 대해 이야기하라. 당신의 관심사, 성장배경, 조직을 위한 목표 등에 대해 미리 준비해 두면 좋다.

둘째, 드러나지 않은 문제를 밝혀낸다. 초기에는 모든 구성원과 적어도 두 번씩은 일대일 면담을 갖도록 하라. 그런 시간을 통해 구성원의 걱정거리, 포부, 다른 팀원과의 관계, 건의사항 등을 들을 수 있다. 당신이 구성원들에게 관심을 갖는다는 사실을 보여 주어야 한다. 그렇다고 가식적인 태도를 취해서는 안 된다. 그저 구성원들의 이야기를 듣기만 하라. 그 내용을 당신의 계획이나 임무달성을 위한 수단으로 사용하지 말라.

만약 새로운 부서에 발령을 받아 임무를 수행하게 된다면 구성원들을 개인적으로 면담하는 시간을 가져야 한다. 이런 상황이라면 '첫 100일'이 가져다주는 이점을 누릴 수 있다. 그 기간 동안 구성원들은 당신을 객관적인 외부인으로 대하기 때문에 보통 상사들에게 숨기고 있는 문제나 정보를 털어놓

으려 할 것이다. 이런 과정에서 구성원들과의 신뢰가 형성된다. 직원들은 당신에게 비밀스러운 정보를 말해 줄 것이다. 그들에게서 들은 내용은 철저히 비밀을 보장해 주어야 한다. 구성원들이 말해 준 내용을 임무수행과 조직의 발전을 위해 이용하겠다고 말하라. 그렇지만 비밀을 지켜 주겠다는 말도 덧붙여야 한다.

셋째, 팀 전체의 기준으로 갈등협약을 정하라. 팀을 리드하는 목표에는 공정한 싸움을 연습하기 위한 커뮤니케이션도 필요하다. 상황이 어려울 때 이런 연습은 신뢰를 형성하고 키워 가는 가장 좋은 방법이다. 리더는 건설적인 갈등을 정당화하고, 팀을 정기적으로 갈등에 노출시킬 수 있는 권한을 가지고 있다. 이런 방법을 통해서 드러나지 않은 나쁜 술책이나 개인적인 경쟁을 방지할 수 있다. 구체적인 말로 표현하면 다음과 같은 사항을 권유한다.

① 직책이 높은 직원부터 낮은 직원까지, 가장 경험이 많은 직원부터 경험이 낮은 직원까지, 내부적인 견해와 외부적인 견해에 이르는 다양한 관점을 수용한다.
② 반대 제안에 대해 피상적인 관심을 보이는 데 그치지 말고 세심한 주의를 기울인다.
③ 솔직하고 심도 깊게 논의한다.
④ 협동을 강조하고, 공개적으로 의견을 주고받는다.
⑤ 파벌에 의한 책략 및 개인적인 인신공격과 공개적 · 건설적인 갈등을 명확하게 구분한다.

넷째, 약속을 지킨다. 약속을 어기면 어렵게 쌓아 온 신뢰관계가 하루아침에 무너진다. 그러므로 일관성 있는 태도가 무엇보다 중요하다. 만약 한 팀원에게 언제까지 뭔가를 해주기로 약속했다면 최선을 다해서 그 약속을 지켜야 한다. 그리고 지킬 수 없다고 생각되는 약속은 절대로 하지 말아야 한다. 만약 약속을 지킬 수 없을 것 같으면 구성원들이 공연히 헛된 기대를 하게 만들지 말고 솔직하게 사실대로 말하는 것이 바람직하다.

5. 결정에 대한 두려움을 버리고 책임감 있게 행동하라

사람의 성격특성에 따라 다소 차이는 있지만 대부분 사람들은 임무에 대한 실패, 문제발생 시 따르는 책임감으로 권한위임을 두려워한다. 특히 자신감이 낮은 사람의 경우 마법 도우미magic helper(책임질 사람이 따로 있어서, 책임을 안 져도 되는 편안함을 추구하는 경향)를 추구하는 경향이 많다. 따라서 자신감을 향상시킬 필요가 있다.

자신감self-confidence이라는 용어는 일반적으로 자존심과 자기 효능감과 같이 여러 관련된 개념을 포함하는 것으로 정의된다. 리더의 특성에 대한 대부분의 연구에서는 자신감이 효과성 및 승진과 긍정적인 상관관계를 나타낸다(Bass, 1990). 자신감은 보이애치스(1982)의 중요사건 연구에서 유능한 관리자와 부진한 관리자를 구별하는 요인으로 나타났으며, AT&T의 평가센터 연구(Howard & Bray, 1988)에서는 지속적인 승진에 영향을 주는 것으로 나타났다.

자심감과 리더십 효과성과의 관계는 자신감이 리더의 행동에 어떻게 영향을 주는지를 검토함으로써 이해될 수 있다. 강한 자신감이 없다면 리더는 영향력 행사를 시도할 가능성이 낮으며 어떠한 영향력 행사를 시도하더라도 성공할 가능성이 낮다. 자신감이 높은 리더는 어려운 과업을 시도하고 혼자 힘으로 도전적인 목표를 설정할 가능성이 더 높다. 자신감이 있는 리더는 문제 해결에 더욱 주도적이 되며 바람직한 변화를 시도하게 된다(Paglis & Green, 2002). 자신에게 높은 기대를 가지는 리더는 부하에게도 높은 기대를 가질 가능성이 높다(Kouzes & Posner, 1987). 이러한 리더들은 처음부터 문제와 방해에도 불구하고 어려운 목표를 달성하기 위해 더욱 끈기 있게 행동한다. 과업 또는 임무를 달성하려는 노력에서 갖는 낙천성과 끈기는 그 노력을 지지하도록 부하, 동료, 상사의 몰입을 증가시킨다. 자신감이 있는 리더는 보다 결단력이 있는 모습을 보여 줄 수 있는데, 위기 상황에서 성공은 리더가 위기를 효과적으로 다루는 데 필요한 지식과 용기를 가졌다고 부하들이 지각하고 있는지 여부에 종종 좌우된다. 마지막으로 자신감은 문제에 대처하는 행동지향적인 접근 방식과 관련이 있다. 자신감이 없는 리더는 어려운 문제를 다루는 것을 지연하거나 책임을 다른 사람에게 전가할 가능성이 더 높다(Kipnis & Lane, 1962).

이와 같이 자신감은 두려움을 없애고, 책임감을 갖도록 한다. 따라서 권한을 위임받은 하급자는 다음과 같은 방법을 활용하여 자신감을 키워야 한다.

첫 번째, 두려운 일을 한다. 두려운 일을 하게 되면 두려움이 사라진다(Schwartz, 2001). 프랭클린 루스벨트의 부인인 엘리너 루스벨트는 부유한 집안에서 태어났지만 청년기에 불안정한 심리 상태를 경험했다. 친구들과 자신을 비교하며 심각하게 자신감이 결여되어 있었던 것이다. 그러나 그녀는 후에 커다란 자신감을 얻었고 연설가 겸 문필가로 명성을 날렸으며 20세기 여성 중 가장 영향력 있고 가장 사랑 받는 사람의 반열에 오르게 되었다.

루스벨트 부인이 대인공포증이라는 무서운 심리적 질병을 극복할 수 있었던 것은 그 질병을 치료하는 방법을 알아낼 능력이 있었기 때문이었다. 루스벨트 부인은 자신의 저서 세상을 끌어안아라에서 이렇게 쓰고 있다. "우리는 얼굴이 일그러질 정도로 두려워하는 일을 해냄으로써 그 경험을 통해 힘과 용기와 자신감을 얻게 됩니다. 그러므로 우리는 스스로에게 이렇게 말해야 합니다. '난 두려움을 이기며 지금까지 살아 왔어. 또 다른 두려운 일이 닥친다 해도 의연히 맞이할 수 있어.' 우리는 스스로 할 수 없다고 생각하는 일을 해야 합니다." 다시 말해 루스벨트 부인은 행동함으로써 즉 두려움을 정면으로 맞이함으로써, 또한 스스로 '나는 두려워하는 일을 할 수 있고 실제로 해낼 거야.'라는 생각을 함으로써 두려움을 이겨 냈던 것이다.

권한을 위임받는 리더 또한 위임받은 임무에 대해 '나는 할 수 있어!'라는 자신감을 가져야 한다. 두려움이란 미루면 커지고 행동하면 없어지는 것으로 두려움이 생겼을 때, 바로 도전해야 한다.

두 번째, 준비를 통해 두려움을 제거한다. 대통령 선거를 하게 되면 대통령 후보 TV토론회를 하게 된다. 후보자를 판단하는 여러 가지 잣대 중에서 TV토론은 매우 중요한 역할을 한다. TV토론을 하게 되면 누가 얼마만큼 준비를 잘했느냐에 따라 여론조사의 결과에도 많은 영향을 미친다. 물론 정확히 어떤 질문이 나올지는 아무도 알 수 없다. 하지만 정치, 경제, 사회, 국방 문제 등 어느 분야에서 어떤 질문이 나올 것인지 대략적으로 알 수 있기 때문에 준비를 철저히 해서 어떠한 질문이라도 자신 있는 모습을 보여 주는 것이 매우 중요하다. 시청자들은 TV토론을 지켜보면서 어느 후보가 자신감에 차 있는지를 직감할 수 있다. 그리고 국민들은 강하고 자신감 있으며 현안에 대해 해박한 지식이 있는 대통령을 바란다.

따라서 후보자들은 에머슨의 표현처럼 "두려움은 항상 무지에서 나온다."는 것을 알아야 한다. 왜냐하면 유권자들은 누가 대통령으로서 준비가 잘되었는지, 안 되었는지에 대해 알 수 있을 뿐 아니라 준비가 되어 있지 않은 대통령 후보에게는 투표하지 않기 때문이다. 준비를 잘하면 두려움을 이겨 낼수 있으며, 임무수행 또한 완벽히 처리할 수 있다. 따라서 하급자는 평상시부터 자신의 직책과 관련된 역량을 향상시키고, 권한을 위임받았을 때는 임무와 관련된 준비를 철저히 하여 자신감을 향상시킬 필요가 있다.

세 번째, 리스크를 받아들인다. 어떤 실수도 하지 않는 리더는 결국 아무일도 하지 않은 리더이다. 오늘날처럼 빠르게 변하는 세상에서 어떤 조직을이끌든 간에 리스크를 조성하고, 기회를 포착하고, 무엇이 변해야 하는지 질문을 던지고, 변화에 전념하는 것은 어떤 일보다 중요하다(Taffinder, 2002).

거대한 조직의 리더들은 대부분 이런 점에 무척 유의한다. 그들은 자신이몸담고 있는 비즈니스의 외부를 주시한다. 그리고 불과 2~3년 전만 하더라도 경쟁 상대가 되리라고 예측하지 못했던 경쟁자들이 가해 오는 위협을 간파해 낸다. 특히 인터넷과 기술 이노베이션을 이용하는 경쟁자들을 예의 주시한다. 그런 다음 조직 내부로 눈길을 돌려, 열심히 일하고 규율을 엄수하기는 하지만 무기력하게 현실에 안주하는 관리자들을 살핀다. 그런 관리자들은 직원들을 어떻게 이끌어야 할지, 빠른 변화와 복잡한 상황에 어떻게 대처해야 할지 알지 못한다. 조직은 새로운 아이디어, 독창성, 혁신, 기업가정신, 좀 더 빠른 시장 접근, 관행을 깨는 능력과 준비 등을 필요로 한다. 하지만 그런 일을 시작할 수 있는 리더는 극히 드물다. 이런 일은 모두 리스크를 만들고 받아들이는 리더십 능력과 의지에 따라 좌우된다.

본래 타고난 기질과 성격 덕분에 기회를 더 잘 이용하고 위험을 잘 받아들이는 사람들이 있다. 그렇다면 천성적으로 소심하고 조심스러운 사람은 리더로서 성공할 가능성이 없는 것일까? 위험을 받아들이는 방법을 배울 수는 없을까? 물론 가능하다. 심리학자 데이비드 맥클랜드는 '낮은 성취자'와 '높은 성취자'는 리스크를 받아들이는 데 있어 태도가 판이하다는 점을 밝혀 주었다. 낮은 성취자는 다음 두 가지 행동 가운데 하나를 취한다. ① 리스크를 가능한 최소화하기 위해 모든 잠재적인 기회를 극단적으로 제한한다. ② 실패할 가능성이 농후한 무모하고 불합리한 리스크를 선택한다. 반대로 높은 성취자는 대개 알맞은 리스크를 선택한다. 하지만 상황과 자신의 능력을 감안하여 리스크를 면밀히 계산한다.

권한위임도 마찬가지이다. 권한을 위임하는 상급자는 하급자에게 권한을 위임할 때 어느 정도의 리스크를 감안하여 임무를 부여한다. 따라서 권한을 위임받은 하급자는 자신의 임무에 대한 분석을 철저히 하여 자신의 능력을 감안하여 리스크를 계산할 수 있어야 한다.

6. 조직의 발전과 상급자의 입장에서 판단하라

권한을 위임받은 하급자는 자신의 입장에서 임무를 수행하는 것이 아니라 조직의 발전과 상급자의 입장에서 임무를 수행해야 한다. 하급자에게 권한을 위임하는 것은 하급자의 창의성을 동원하여 조직의 발전을 이룩하기 위함이다. 따라서 하급자는 항재전장恒在戰場 의식과 통찰력을 가지고 임무를 수행해야 한다.

옛말에 천하수안天下雖安 망전필위忘戰必危라고 했다. 즉 나라가 평안하다 하더라도 전쟁을 잊으면 반드시 위태로워진다는 뜻이다. 모든 조직도 마찬가지이다. 현재 조직이 안정되고 잘 나간다고 해서 미래를 생각하지 않으면 언젠가는 생존경쟁에서 살아남지 못할 것이다. 따라서 권한을 위임받은 하급자는 조직의 미래 발전을 위해 노력해야 한다. 폴 태핀더(전략적 리더십 컨설턴트)는 리더의 임무를 과거의 모든 틀을 없애는 것이라고 했다. 그리고 자신에게 끊임없이 다음과 같은 질문을 던져야 한다고 했다. '미래는 어떻게 전개될 것인가?' 미래를 위해서는 과거를 잊어야 한다고 했다. 또한 미래를 위해 도약할 수 있는 전략을 신중하게 만들어야 한다고 했다. 기업은 항상 유동적인 시장에서 경쟁한다. 오늘날과 같은 시대에는 하루가 다르게 새로운 기술, 새로운 경쟁자, 새로운 형태의 조직, 새로운 아이디어와 새로운 리더가 출현하여 끊임없이 달라지고 있다. 이러한 조직의 리더들은 권한위임을 통해 조직의 성과를 극대화하고자 한다. 따라서 권한을 위임받은 하급자는 조직의 미래를 생각하면서 임무를 수행해야 한다.

미래 조직의 전략을 세우기 위해서는 상급자의 입장에서 공정하고 통찰력 있게 임무를 수행해야 한다. 공정公正은 '어느 한쪽에 치우침이 없이 공평하고 정대함'을 말한다. 명확한 공사 구분과 정확한 판단력, 그리고 대의를 위한 삶이 곧 공정이다. 임무를 수행하는 데 있어 공과 사를 구분하는 것은 쉬운 일이 아니다. 어디까지 '공'이고 어디까지 '사'인지 구별하기가 모호한 경우가 많다. 따라서 권한을 위임받은 리더는 '자신의 입장에서 어떻게 할 것인가?'보다 '상급자가 지금의 당신이라면 어떻게 행동했을 것인가?'를 생각하면서 임무를 수행해야 한다.

삼국지에 읍참마속泣斬馬謖의 고사가 있다. 제갈공명은 조조의 명장 사마의와 20만 대군으로 대치하고 있었는데, 지략이 뛰어난 사마의가 자신의 군량

수송 요지인 가정街亭을 공격할 것은 뻔한 일이었다. 만약 가정을 잃는다면 중원 진출의 웅대한 계획이 물거품이 될 것인데 그 중책을 맡길 마땅한 장수가 없었다. 그러자 공명이 친아들처럼 아끼던 마속馬謖이 자원하여 나섰다. 한참을 고심하던 공명은 군사 5천을 주어 가정으로 이르는 산 아래를 사수하라고 지시했다. 그러나 마속은 삼면이 절벽으로 이루어진 산인지라 적을 유인하여 역공하는 것이 좋을 것으로 생각하고 산 위에 진을 쳤다. 그러나 위군魏軍은 산기슭 아래를 포위한 채 공격해 오지 않았고 마속과 군사들은 목이 마르고 먹을 것도 없어 제대로 싸워 보지도 못하고 참패했다.

가정에서 대패大敗 소식을 접한 공명은 대세가 이미 기울었다고 판단하고 비상책을 강구하여 후퇴했다. 이윽고 마속이 공명 앞에 무릎을 꿇자 제갈공명은 군율軍律을 어긴 죄로 처형토록 지시했다. 마속 같은 유능한 장수를 잃는 것은 나라의 손실이라고 주위에서 용서해 줄 것을 간청했으나 제갈공명은 "마속은 정말 아까운 장수이다. 그러나 사사로운 정에 끌리어 군율을 저버리는 것은 마속이 지은 죄보다 더 큰 죄가 된다. 아끼는 사람일수록 가차없이 처단하여 대의를 바로잡지 않으면 나라의 기강은 무너지는 법이다."라고 말하고 마속을 형장으로 보냈다.

마속은 자신의 아버지이기 전에 상사의 명령을 어겨 나라를 위태롭게 하였다. 제갈공명이 마속을 처형하는 것은 어떻게 보면 하급자의 창의성을 저해하는 것이 될 수도 있다. 그러나 권한을 위임받은 하급자는 임무수행에 있어 상급자의 입장에서 통찰력을 가지고 공과 사를 구분하는 것이 그만큼 중요함을 나타낸다.

통찰력은 비전을 갖고 그것을 형상화시키는 능력과 밀접하게 연관된다. 통찰력은 반드시 미래와 관련된 것만으로 국한되는 것은 아니다. 그것은 과거로부터 교훈을 이해하는 능력이며, 현실상의 교훈을 정확히 파악하는 능력이다(박보식, 2012).

의사결정은 자주 가용한 대안과 가능성 있는 결과에 대한 의식적이고 합리적인 분석보다는 통찰력에 의해 영향을 받는다(Dane & Pratt, 2007; Simon, 1987). 경험 있는 관리자는 문제가 익숙한 것인지 아니면 새로운 것인지를 결정하고, 익숙한 문제에 대해서는 행동방안을 결정하기 위해 과거의 경험이 적용될 수 있는지 아니면 학습된 절차를 사용해야 하는지를 결정하려고 한다. 그러나 문제를 정확하게 분류하지 못하면 잘못된 해결방안을 강구하게 된다. 관리자가 더 이상 충분하지 않은 정신 모델에 고착될 때, 새로운 문제나 혁신적인 해결방안을 인식하는 것은 더 어렵다(Narayanan et al., 2011). 이향은(2013)은 통찰력과 창의력을 비교하였는데, 창의력은 새로움을 낳는 능력이며 확산적 사고가 핵심요소이고 과거와의 단절, 낯설게 보기가 특징이라고 제시한 반면, 통찰력은 본질을 파악하는 능력으로 확산적 사고와 동시에 수렴적 사고를 그 핵심요소로 하며 과거와의 소통, 순간적 판단이 특징이라고 주장하였다. 결국 통찰력은 드러나지 않는 것을 직관적이면서도 분석적으로 보는 능력이라고 주장하였다. 그리고 통찰력은 추상적 사고가 높을 때 통계적으로 유의한 영향을 미치기(박찬정 · 현정석, 2017) 때문에 권한을 위임받는 하급자들은 추상적 사고를 향상시키기 위한 노력을 해야 한다.

7. 종합적인 사고를 가져라

권한을 위임받은 하급자는 임무를 수행함에 있어 종합적인 사고$^{METT+R}$로 임무를 수행해야 한다. 종합적인 사고의 구성요소는 임무, 적, 우발상황, 가용시간, 가용자원으로 구성된다.

첫째, 임무^{mission}에 대한 계획을 수립한다. 상급자로부터 임무를 부여받게 되면 하급자는 자신의 임무를 분석하여 어떻게 추진할 것인가에 대한 목표를 세워야 한다. 권한을 위임받은 하급자가 임무달성에 실패하는 하는 이유 중에 하나는 뚜렷하고 구체화된 목표가 없이 그냥 임무를 수행하기 때문이다. 따라서 임무를 성공적으로 달성하기 위해서는 '누가, 무엇을, 언제, 어떻게, 수행할 것인지'에 대한 구체적인 계획을 수립해야 한다. 계획수립은 넓게 봐서 정보를 처리하고 분석하고 결정하는 인지적 활동이다. 계획수립은 단일한 행동 에피소드(짤막한 토막 이야기)로 이루어지지 않는다. 수주일 또는 수개월에 걸쳐 지속되는 과정이다. 대부분의 계획수립은 공식적인 문서와 계약서보다는 비공식적이고 묵시적인 일정계획을 수립하는 것과 관련 있다. 또한 단일의 분리된 에피소드로서 일어나는 경우가 거의 드물기 때문에 관찰하기 어렵다(Snyder & Glueck, 1980). 그럼에도 불구하고 계획서를 작성하고, 일정을 수립하며, 다른 사람들과 회의를 통해서 목표와 전략을 세우는 것과 같이 관찰 가능한 측면들도 있다. 권한을 위임받은 리더가 다른 하급자에게 전달하고 과업을 할당하여 계획을 실행하기 위한 조치를 취할 때, 계획수립은 가장 쉽게 관찰될 수 있다. 계획수립과 조직화의 중요성은 경영학 연구들에서 오랫동안 인정되어 왔다(Carroll & Gillen, 1987; Drucker, 1974). 또한 계획수립과 관리 효과성의 관계에 대한 증거도 여러 연구에서 제시되고 있다(Boyatzis, 1982; Carroll & Gillen, 1987).

둘째, 적^{enemy}을 고려한다. 즉 상급자로부터 임무를 부여받게 되면 임무를 수행하는 데 있어 방해요인이 무엇인지를 분석하고, 그에 대한 정보를 찾거나 요구해야 한다. 손자병법의 모공편^{謀攻扁}에 보면, 지피지기^{知彼知己}면 백전불태^{百戰不殆}라고 하였다. 즉 적을 알고 나를 알면 백번 싸워도 위태롭지 않다는 뜻이다. 현대의 조직환경에서 정보는 곧 임무를 수행하는 데 있어 자산이고 힘이라고 할 수 있다. 급변하는 외부 환경에 효과적으로 대처하기 위해서는 임무수행에 방해가 되는 신속한 정보가 필요하다. 또한 임무수행에 있어 제한되거나 방해가 되는 요인을 알게 되면 의사결정과 프로세스를 보다 정확하고 신속하게 수립할 수 있다.

셋째, 우발상황^{emergency condition}을 고려한다. 임무를 수행하는 하급자는 임무를 수행함에 있어 예기치 못한 상황에 대비해야 한다. 따라서 임무를 수행하기 위한 계획을 수립할 때에는 우발상황을 고려한 예비계획을 수립해야 한다. 예비계획이 잘 수립되어 있으면, 임무수행에 큰 차질 없이 일부 계획을 수정하여 계속 진행할 수 있다. 그러나 우발상황을 가정한 예비계획이 없으면 문제가 발생했을 때 당황하게 되고, 임무 전체에 차질이 생길 우려가 있다.

손자병법의 병세편^{兵勢扁}에 보면, 범전자^{凡戰者}는 이정합^{以正合}하고 이기승^{以奇勝}이라 했다. 즉 모든 전쟁은 정공법^{正攻法}으로써 대치하고, 기계^{奇計}(변칙적 기술)로써 승리한다는 뜻이다.

넷째, 가용시간을 고려한다. 임무를 부여받은 하급자는 임무수행을 언제까지 완료해야 하는지에 대해서 상급자의 의도를 명확하게 확인해야 한다. 간혹 상급자가 "이것 한번 해봐."라고 이야기할 때도 상급자가 어떠한 의도에서 언제까지 완료해야 하는지에 대해 백브리핑이나 질문을 통해 확인해야 한다. 손자병법 화공편火攻扁에 보면, 발화유시發火有時하고 기화유일起火有日이라 했다. 즉 불을 지르는 데에는 때가 있고 불이 잘 타오르는 날이 있다. 옛말에 "버스 지나간 뒤 손 흔든다."라는 것이 있듯이 당신이 수행하는 임무 또한 필요한 시기에 달성되어야 효과가 있다. 따라서 권한을 위임받은 하급자는 자신에게 주어진 가용시간을 고려하여 계획을 세우고 정해진 기한 내에 임무가 종료될 수 있도록 해야 한다.

다섯째, 가용자원resource available을 고려해야 한다. 임무를 수행함에 있어 조직에서 지원해 줄 수 있는 한계가 있다. 그러므로 계획을 수립할 때는 조직에서 지원해 줄 수 있는 것이 무엇이고, 제한되는 것은 무엇인지를 정확하게 판단해야 한다. 모든 것을 조직에서 지원해 줄 것이라 생각하여 계획을 수립하게 되면 임무수행 간에 마찰이 생길 수 있다.

손자병법의 시계편始計扁을 보면, 부미전夫未戰하여 이묘산而廟算이 승자勝者는 득산得算이 다야多也라 했다. 즉 전쟁은 시작하기 전에 최고 작전회의에서 적과 아군의 전력을 비교 계산해야 한다는 뜻이다. 권한을 위임받은 하급자는 자신의 권한의 범위에 가용자원이 얼마나 가능한지 명확하게 인식할 필요가 있다. 그리고 가용한 범위 내에서 모든 계획이 수립되어야 할 것이다.

8. 셀프리더십을 길러라

임무형 지휘나 권한위임 리더십은 하부지향적 지휘 방법으로 하급자에 대한 통제 및 간섭보다는 자율적인 임무수행 여건을 보장해 주는 것이다. 따라서 권한을 위임받은 하급자는 자기 스스로 임파워할 수 있는 능력이 필요하다. 셀프리더십이란 과업이나 직무를 수행하기 위해 필요한 자기 주도와 자기 동기부여를 이루기 위해 스스로 영향력을 행사하는 과정으로, 자신의 개인적인 목적을 달성하는 데 스스로 동기를 부여할 수 있도록 자신의 틀을 개발하는 것이 중요하다(박보식, 2012). 이러한 셀프리더십은 행동전략과 내적 보상전략, 인지적 전략으로 구성되어 있다.

먼저, 행동전략을 살펴보자. 만츠와 심스(1991)에 따르면 셀프리더십의 행동전략은 자기목표 설정, 자기 연습, 자기 존중, 자기 비판, 자연적 보상, 건설적 사고로 구성되어 있다. ① 권한을 위임받은 하급자는 부여받은 임무를 성공적으로 수행하기 위해 자신에 맞는 목표를 설정해야 한다. 목표를 설정할 때는 조직의 발전과 상급자의 의도가 최대한 반영된 상태에서 최상의 효과를 달성할 있는 목표를 설정해야 한다. 즉 자신의 창의성과 자율성을 최대한 발휘하여 성과를 극대화할 수 있는 것이 목표가 되어야 한다. ② 권한을 위임받은 하급자는 부여받은 임무를 완성하기 위해 체계적인 연습이 필요하다. 자기 연습을 할 때에는 임무수행과 관련하여 나타날 수 있는 모든 방해요인을 고려해야 한다. 즉 임무수행 간 나타날 수 있는 모든 상황을 고려하여 주된 계획과 우발계획 등을 수립하여 그에 맞는 연습을 해야 한다. ③ 권한을 위임받은 하급자는 상급자가 권한을 위임할 정도로 하급자를 인정하기 때문에 자신에 대한 자긍심을 가져야 한다. 자긍심은 자신이 부여받은 임무달성과 밀접한 관련이 있다. 자기존중감이 강한 사람은 임무를 수행간 어려운 상황이 닥쳐도 쉽게 좌절하지 않고 임무달성을 위해 노력하지만, 자기존중감이 낮은 사람은 어려운 상황에 닥치면 쉽게 포기하게 된다. ④ 조직 구성원들이 노력의 대가로 무엇을 받든지 그것은 구성원의 동기 유발과 미래 활동의 선택에 중요한 영향을 미친다. 권한위임 리더십에서 가장 강력한 보상은 금전적 보상이 아니라 자율성과 재량권 인정, 참여의 기회 부여, 도전에 대한 기회 등이다. ⑤ 권한위임을 받은 하급자는 공과 사를 명확히 구분해야 하며, 행동의 결과에 대한 자기 비판이 필요하다. 권한위임은 상급자와 하급자 간에 신뢰를 바탕으로 하기 때문에 자신에 대한 관대함보다는 냉철한 자기 비판이 필요하다. 그러나 지나친 비판은 임무수행에 대한 의욕을 떨어뜨릴 우려가 있기 때문에 자만하지 않을 정도의 적당한 비판이 필요하다. ⑥ 자연적 보상은 달성하고자 하는 업무와 관련된 긍정적 지각이나 경험에서 비롯된다. 권한을 위임받아 임무를 수행하는 사람에게 있어 직무에 대한 의미가 있고, 동기부여의 원천이 되기 위해서는 자연적 보상에 기초한 셀프리더십이 필수적이다. 위임받은 임무를 통해 자연적 보상을 얻고, 자연적 보상이 높은 성과는 동기부여가 될 수 있다. ⑦ 권한을 위임받은 하급자는 자신의 임무를 성공적으로 달성하기 위해 건설적 사고를 갖는 것이 매우 중요하다. 건설적 사고는 위기 상황이 닥쳤을 때 이를 장애물로 여기기보다는 기회요인으로 보는 긍정적 사고 패턴이다. 즉 장애요인에 집착하기보다는 기회요인을 찾음으로써 건설적으로 사고하도록 관리하는 것이다. 건설적 사고의 확립을 위한 기법에는 자신의 능력에 대한 믿음과 충분한 자기 연습, 자기 자신과의 긍정적인 대화 등이 있다.

　두 번째, 내적 보상전략을 알아보자. 권한을 위임받아 임무를 수행하는 사람들은 상급자로부터 인정을 받는다는 그 자체만으로도 충분한 동기부여가 될 수 있다. 내적 보상전략은 자율적 과업 재설계와 환경 여건의 재설계로 구분된다. 자율적 과업 재설계는 위임받은 임무에 대해 자신의 목표에 맞게 재설계함으로써 내적인 보상 수준을 높일 수 있다. 한 개인의 내적 보상은 자존감, 유능감, 자기통제감, 목적의식, 의미감을 가져다줄 수 있는 업무에서 얻을 수 있다. 환경 여건의 재설계는 자신의 주변 여건을 임무수행에 알맞게 변경함으로써 일의 능률을 향상시킬 수 있다. 부여받은 임무를 창의적이고 자율적으로써 할 수 있게 환경적 요인을 바꾸고, 작업시간이나 장소 등을 변경시킴으로 더 성과 높게 직무를 수행할 수 있다.

세 번째, 인지적 전략은 다음과 같다. 인지적 전략은 권한을 위임받은 하급자 스스로가 사고의 패턴을 변화시키는 것이다. 이러한 인지적 전략은 셀프리더의 건설적 사고 패턴을 관리하는 것으로 어려운 과제 수행 시 자신감을 가지고 문제를 해결해 나가는 데 도움을 준다. 사람들이 평소 아무런 문제없이 업무를 수행하다가 난관에 부딪쳤을 때 제대로 대처하지 못하는 것은 바로 비합리적 신념 때문이다. 건설적인 사고 패턴을 가지고 있는 사람은 성공과 실패라는 이분법적 사고를 피하고, 업무수행 과정에서 더 큰 의미를 찾는다. 셀프리더십의 가장 중요한 요소는 바로 자기 스스로에 대한 믿음이다. 이러한 자신에 대한 믿음이 성공의 가능성을 높여 준다. 따라서 권한을 위임받아 임무를 수행하는 사람은 평상시부터 건설적인 대화와 긍정적인 자기 대화를 즐겨야 한다.

지금까지 셀프리더십이 임파워먼트에 미치는 영향을 살펴본 결과, 토머스와 벨트하우스(1990)는 리더가 책임을 위임할 때 구성원들은 업무환경에서 의미성, 영향력, 자율성을 경험하게 된다고 하였다. 콘라드테탈(2009)은 자기관찰이나 자기역할과 같은 셀프리더십의 기법을 활용하는 조직 구성원은 스스로의 행동을 통제하고 조직에 대한 관심과 노력을 집중하기 때문에 심리적으로 임파워된다는 것을 지적하고 있으며, 충 등(2011)은 구성원의 심리적 임파워먼트를 증가시키는 수단으로서 셀프리더십이 중요한 역할을 한다고 지적하고 있다. 리와 코(2001)는 셀프리더십이 심리적 임파워먼트의 구성요소인 의미성, 자기결정력, 역량성을 자극하여 심리적 임파워먼트를 강화시킬 수 있다고 주장하였다.

국내 문헌을 살펴보면 고형일 등(2012)의 의료기관 종사자들을 대상으로 한 연구에서 종사자들의 셀프리더십 발휘가 심리적 임파워먼트를 증진시키는 데 직접적인 영향을 미치는 것으로 나타났으며, 이춘식(2006)은 기업체 종사자들을 연구 대상으로 분석한 결과 앞서 살펴본 셀프리더십의 세 가지 하위차원이 조직 구성원의 심리적 임파워먼트를 높이는 데 유의한 정(+)의 영향을 미치는 것으로 나타났다.

제 5 장

임파워링 리더와
위임받은 리더의
책임과 역할은 무엇인가?

1. 누가 책임자인가

2. 누가 공식적이고 누가 비공식적인가

3. 윤리의식은 임파워링 리더십의 기초이다

1. 누가 책임자인가

권한과 책임은 함께하는 것이다

리더가 임무를 하급자에게 부여한 후 해당 임무의 책임자(책임＝권한＝의무)는 누구인지에 대한 질문은 매우 중요하다. 현재 군에서 추진하고 있는 임무형 지휘에서는 모든 군인들에게 임무완수에 대한 굳건한 의지와 더불어 주어진 임무 내에서 책임지는 것을 두려워하지 않는 정신적 준비태세를 요구한다(육군본부, 2011). 그렇지만 임무에 대한 책임은 위임될 수 없다고 한다. 즉 지휘관은 자신의 굳은 결심에 대한 것뿐만 아니라 예하부대 지휘관의 결심에 대해서도 책임을 져야 한다고 한다. 임무수행 방법을 위임하되 그 결과에 대해서는 상급자가 책임을 져야 한다는 것이다. 그러면서 상급자는 하급자의 임무수행 방법에 대해서는 간섭해서는 안 된다고 한다. 과연 이러한 상황에서 권한을 위임한 상급자는 어떠한 역할과 책임을 가져야 하는가? 또한 하급자에게 책임을 부여해서는 안 되는가? 이는 매우 중요한 문제이다.

케네스 머렐과 미미 메레디스는 권한위임은 연대이자 책임을 공유하는 것이며, 책임감은 좋은 것이라고 하였다. 그리고 그 이유에 대해 다음과 같이 책임을 나누기 전과 후로 나누어 설명하고 있다.

- 책임을 나누기 전 : 의사결정은 상급자의 어깨 위에 존재했다. 신용과 비난이 상급자의 문밖에 나란히 서 있었다.
- 책임을 나눈 후 : 의사결정은 현안에 맞는 전문성을 가진 하급자와 공유한다. 업무완수에 대한 칭찬을 받고, 실수는 비난이 아니라 학습과 향상을 위한 기회가 된다.

- 책임을 나누기 전 : 정보는 상급자에게 귀속되어 있었다.
- 책임을 나눈 후 : 정보는 하급자를 포함한 전 직원들 사이를 흘러 다닌다. 최고의 의사결정과 행동은 모든 이가 필요한 정보에 접근할 때 이루어진다는 점을 알고 있다.
- 책임을 나누기 전 : 상급자는 하급자들에게 신뢰할 만한 유일한 사람이 되어야 한다는 점 때문에 부담을 느꼈다.
- 책임을 나눈 후 : 상급자에게 지워진 짐은 가벼워졌다. 상급자와 하급자들 간의 신뢰는 커진다.
- 책임을 나누기 전 : 상급자는 항상 현장에 있기를 강요받는다. 항상 문제 해결사로 존재해야 하고 어느 때라도 문제에 대한 해답이 준비되어 있어야 한다.
- 책임을 나눈 후 : 상급자는 문제에 대한 해결책을 찾는 직원들의 능력에 확신이 있으며, 그들의 파트너이자 컨설턴트로 존재한다. 이와 같이 권한과 책임은 따로 움직일 수 있는 것이 아니라 권한을 위임할 때 책임은 자동적으로 공유되는 것이다.

임파워먼트는 한 사람의 리더보다는 소규모 조직이나 팀의 구성원들에게 리더십 책임이 공유될 때 향상될 수 있다(Yukl, 2014). 따라서 권한을 위임할 때는 책임을 명확하게 구체화해야 하며, 권한을 위임할 때 새로운 책임을 이해하도록 하는 것은 절대적으로 중요하다. 따라서 위임된 과제에 대해 기대하는 결과를 설명해 주고, 목표와 우선순위를 명확히 하며, 달성기한에 대해 알려 주어야 한다. 부하에게 상급자의 기대를 다시 진술하도록 요구하거나 과제의 중요한 측면에 대해 질문하여 이해 여부를 확인해야 한다.

결론적으로 임파워먼트 조직에서 부하가 자신의 역할을 충분히 수행할 수 있도록 발전시키기 위해서 상급자는 그들에게 책임을 부여하고 지휘할 수 있는 여건을 만들어 주어야 한다. 또한 하급자에게 임무를 위임했다고 해서 업무수행 기준을 낮출 필요는 없다. 계산된 실수는 허용한다. 실수는 곧바로 시정하면 되기 때문이다.

권한위임에 따른 하급자의 부담감을 최소화시키면서 책임을 공유할 수 있을지에 대해 케네스 머렐과 미미 메레디스는 다음과 같이 제시했다. 첫째, 작게 시작한다. 책임감을 공유할 수 있는 하나의 업무를 고르고, 그 업무의 요구 조건에 맞는 기술을 가진 사람을 선택하는 것이다. 둘째, 임무를 부여한 후 이해가 되었는지 확인한다. 그리고 선택한 부하와 임무를 달성하는 데 필요한 정보, 사용할 자원에 대해 토론하는 것이다. 셋째, 누가 무엇을 언제 할 것인지에 대해 결정한다. 업무, 정보, 자원 등 각자가 임무달성에 공헌할 수 있는 기술을 파악하여 구성하라. 그리고 어떤 것이 다른 무언가에 선행되어 완료되어야 한다면 누가 그것을 언제 할지 정하는 것이다. 넷째, 적어 내려간다. 부하가 부여받은 임무에 대해 '이해'한 사항들을 바라는 결과와 함께 적어 내려가도록 하라. 그러나 길게는 쓰지 말고 명확하고 완결된 형태로 적어 가도록 하라. 다섯째, 이정표를 만든다. 각자가 다른 사람과 접촉하고, 자신의 업무가 잘 진행되고 있음을 보장할 시간과 사건에 대해 동의하라. 여섯째, 계획을 재검토하는 것을 두려워하지 않는다. 정보와 의무를 공유한다면 당신의 프로젝트에 새로운 기회를 제공하게 될 것이다. 가지 않은 길이 적당해 보이든 모험처럼 보이든 그 길을 탐험할 수 있는 결합된 힘을 사용하라. 일곱째, 계획을 재검토하지 않는 것을 두려워하지 않는다. 기존의 계획을 수정하지 않고 만족스럽게 완수할 수 있으며 이 공유된 책임감이

3일이면 비행기 한 대를 뚝딱 만들어 낸다는 보잉사는 신입사원이 들어오게 되면 별도의 공간에 모아 놓고 연구개발 과제를 하나 주면서 이렇게 말한다고 한다. "별로 어려운 과제는 아니니, 한 번 해결해 보세요."

과제를 받은 신입사원은 처음에는 당황하지만 별로 어려운 과제가 아니라는 말에 안심하면서 과제해결에 몰입한다. 그리고 일주일 정도의 시간이 흐르면 많은 신입사원이 부여된 과제의 솔루션을 찾는 데 성공한다고 한다.

사실 신입사원들에게 주어진 과제는 그동안 보잉에서 해결하지 못한 난제라고 한다. 그런데 어떻게 경험이나 지식이 부족한 신입사원들이 해결할 수 있었을까? 그들이 난해한 과제를 해결할 수 있었던 가장 큰 핵심은 자신에게 주어진 과제가 지금까지 아무도 해결하지 못한 과제라는 것을 알지 못했기 때문이라고 한다.

출처 : 곽숙철, 펌핑크리에이티브, 틔움, 2016.

여전히 약간은 두렵게 느껴진다면 기존 계획을 밀고 가라. 모험은 다음번에도 할 수 있다. 여덟째, 임무가 끝나면 그 단계를 반복한다. 그리고 자축하는 것이다. 업무가 끝나면 당신이 한 것, 당신이 그것을 한 이유, 그것이 미친 영향을 되새겨라. 업무 그 자체가 아니라 업무 수행 중 고유된 역할과 책임을 되새겨 보라는 말이다. 당신이 배운 것, 특별히 잘 된 것, 다음번에는 바꾸고 싶은 것을 서로 공유하라. 그리고 자신이 한 행동에 대해 잘했다고 자축하라.

부하의 실수를 허용하되 실수의 허위범위를 정하라

권한을 위임하는 리더는 부하와 책임을 공유하고 있기 때문에 부하의 실수를 허용해야 한다. 그러나 부하의 실수는 순수하게 임무를 수행함에 있어 충분히 일어날 수 있는 계산된 실수여야 한다.

임파워링 리더는 부하가 임무를 수행하는 데 있어 자유를 보장함으로써 창의적이며 모험적으로 업무를 추진할 수 있도록 여건을 보장하는 것이다. 그런데 상급자가 부하에게 실수하면 안 된다는 등의 말을 한다면 누가 모험을 하고자 하겠는가? 상급자가 임무수행에 있어 완벽성을 요구하게 되면 하급자는 실수에 대한 두려움으로 임무를 수행함에 있어 창의적인 생각과 모험을 하려고 하지 않을 것이다. 따라서 임무수행 간 일어날 수 있는 정당한 실수에 대해서는 허용해야 한다.

1990년대 중반 하버드대학원에서 재학 중이던 에이미 에드먼슨은 조직행동 분석에 관한 졸업논문을 쓰기 위해 병원 팀의 역학을 알아보고 있었다. 연구의 핵심 질문은 "동료 관계가 좋은 간호사일수록 실수를 적게 하는가?"였다. 그녀는 불을 보듯 뻔한 일이라고 생각했다. 협동이 잘되는 환경에서 일하는 간호사들이 업무에 더 잘 집중할 수 있기 때문에 당연히 실수도 적을 것이라 생각했다. 그런데 그게 아니었다. 오히려 정반대의 경향이 나타났다. 즉 동료들과 관계가 좋은 간호사일수록 실수가 더 많은 것이다. 이렇게 나타난 이유가 도대체 무엇일까? 처음에 그녀는 어리둥절했다. 하지만 서서히 답이 드러났는데, 친밀한 그룹 안에 놓인 간호사들이 실수를 더 많이 한 것이 아니라 친밀하지 않은 그룹에 비해 상대적으로 실수를 더 많이 솔직하게 드러내고 보고한 것이었다.

이 연구에서 주는 교훈은 무엇일까? 실수나 실패에 대해 관용적이지 못한 조직일수록 구성원은 자신의 실수를 숨긴다는 것이다. 여기서 더 큰 문제는 자신의 실수를 숨기는 것에서 끝나는 것이 아니다. 상급자가 실수를 허용하는 것은 부하들로 하여금 자율을 통해 창의적으로 능력을 발휘함으로써 조직성과를 극대화하는 것이다. 그런데 자신의 실수를 숨김으로써 조직을 어렵게 만들 수도 있다는 것이다. 따라서 권한을 위임하는 리더는 다음과 같은 내용을 실천하여 조직 구성원의 실패를 학습의 기회로 삼아야 한다(곽숙철, 2016).

첫째, 리더가 실패의 가치를 적극적으로 인정해야 한다. 대부분 기업은 실패라는 부정적인 면을 강하게 부각한다. 이런 조직의 구성원은 실패를 좌절감, 조직에 미치는 손실과 피해, 이로 인한 책임의 추궁으로 받아들인다. 이처럼 조직 내에 실패하면 처벌받을 것이라는 두려움이 존재하면 구성원은 도전하지 않는다. 실패에 대한 인식을 바꾸려면 무엇보다 실패의 가치를 적극적으로 인정하고 이를 실천하는 리더의 노력이 앞서야 한다.

20세기 최고의 경영자로 불리는 GE의 전 회장 잭 웰치는 자신의 자서전에서 다음과 같이 말했다. "1963년 내가 담당한 실험실에서 폭발 사고가 발생했다. 실험실 지붕이 날아갔고 유리창은 모두 산산조각이 났다. 나는 어떻게 책임을 져야 할지 걱정이었다. 곧이어 직속 상사인 찰리 리드가 사무실로 찾아왔다. 찰리는 나를 보자 '자네, 이번 폭발에서 배운 게 많았을 거야. 우리 회사의 센서 프로그램을 고칠 수 있겠나?'라고 말했다."

즉 이미 일어난 실수는 돌이킬 수 없기 때문에 하급자를 질책하기보다는 실수에 대한 경험을 통해 새롭게 성장할 수 있도록 격려해야 한다. 그래야 실패를 숨기거나 두려워하지 않고 적극적으로 도전할 수 있기 때문이다.

둘째, 사람의 실수와 구조적 실수를 구분해야 한다. 실수의 원인은 다양하기 때문에 이를 잘 살펴 용인하되 그것을 교훈으로 삼아야 한다. 문제가 생겼을 때 무작정 "누구 때문에 실패했는가?"가 아니라 "왜 이런 일이 발생했는가? 어떻게 하면 다음에는 같은 실수를 막을 수 있을 것인가? 이와 비슷한 일이 다른 곳에서도 일어나고 있지는 않은가?" 등을 물어보는 것이 바람직하다. 어떤 조직은 문제가 생기면 그 원인을 찾고 근본대책을 수립하기보다 "누가 잘못했고, 누가 책임을 져야 할 것인가?"를 따지는 데 더 많은 시간과 노력을 소비한다. 이렇게 해서는 결코 도전적이고 창조적인 문화를 만들 수 없다. 셋째, 용인할 수 있는 실수와 용인할 수 없는 실수를 구분해야 한다. 실수에는 좋은 실수가 있고, 나쁜 실수가 있다. 실수를 두려워하지 않고 도전하는 조직을 만들기 위해 실수를 허용하는 것은 좋지만 그것이 용인할 수 있는 실수인지 아닌지를 구분해서 적절한 대응책을 찾아야 한다. 정도正道에 어긋난 행동으로 인한 실수, 의도적인 태업이나 부주의에 의한 실수, 학습 부족에서 오는 반복적인 실수, 그리고 은폐 등의 경우에는 해당 구성원에게 책임을 물어야 한다. 반면 새로운 가치를 제공하기 위해 실험과 시도를 하는 과정에서 발생한 창조적인 실수, 예측하지 못한 통제 밖의 범위에서 생긴 실수, 적절한 절차를 밟아 제대로 실행했음에도 불구하고 어쩔 수 없이 생긴 실패 등은 용인해 주어야 한다.

부하를 감싸는 마음

한나라의 무제 때 장탕이라는 사법관이 있었다. 그는 중요한 사건의 판결문을 작성할 때 유학 경전에 따라 세밀하고 근거를 명확히 하여 작성하였다. 그리고 자신의 판결문이 황제로부터 마음이 들지 않는다고 하면 즉시 황제의 뜻에 따라 바로잡았다. 그러면서 장탕은 "지금 지적받은 사항은 부하들이 저한테 똑같이 지적을 한 사항인데 제가 어리석게도 이를 무시했습니다." 하며 책임을 자신에게 돌렸다. 그리고 판결문이 훌륭하다고 칭찬을 받으면 "저는 자신의 판단이 아니라 부하들이 올린 의견입니다."라고 하며 부하에게 공을 돌렸다.

출처 : 홍사중, 리더와 보스, 사계절출판사, 1998.

2. 누가 공식적이고 누가 비공식적인가

권한을 위임한 후 리더는 어떠한 역할을 해야 하는가? 하급자가 위임받은 임무를 수행하기 위해서는 대내적 또는 대외적으로 공식적·비공식적 역할을 하게 된다. 그리고 권한을 위임한 리더 또한 하급자가 임무를 성공적으로 수행하기 위해 공식적·비공식적 행동을 하게 된다. 즉 권한을 위임한 리더는 부하들의 트레이너로서, 조언자로서, 컨설턴트로서 역할을 해야 한다.

리드할 것인가, 말 것인가

상급자는 하급자에게 권한을 위임한 후에는 하급자가 자신이 부여한 임무를 성공적으로 달성할 수 있도록 지원을 해야 한다. 그러나 상급자가 권한위임을 한 후에도 상급자로서의 역할을 하고자 하면 권한을 위임받은 하급자는 자신의 역할에 적극적이지 못하고, 자신의 임무에 대해 책임지려고 하지 않을 것이다. 즉 사람들은 스스로 결정할 수 있는 권한과 책임이 있을 때 남의 일이 아닌 내 일을 한다고 느끼고 적극 참여한다.

예를 들면 다음과 같은 것이다. 많은 시간을 내서 대표와 본부장 등이 어떠한 임무수행을 위해 회의를 했고, 어떻게 할 것인가에 대한 방법도 결정하여 업무를 추진하기로 했다. 그런데 다음날 본부장이 업무지시를 하려고 하니 벌써 대표의 지시가 내려간 상태이다. 이러한 상황에서 본부장은 '대표가 직접 지시했으니 내가 다시 이야기할 필요가 없겠다.'라고 생각할 것이다. 이러한 대표의 행동은 사소한 것이라 생각할 수 있지만 '권한과 책임'의 문제에서 많은 차이가 발생할 수 있다. 자신이 임무를 부여받았지만 하급자들에게 대표가 직접 지시하였기 때문에, 본부장의 입장에서는 '알아서 하겠지'라고 생각하여 하급자들에 대한 관심과 지원이 소홀해질 것이다. 또한 대표가 본부장의 하급자에게 임무를 직접 지시한 상태에서 만약 본부장이 "이 임무는 내가 책임자이기 때문에 내 말만 잘 들으면 된다."라고 한다면 과연 하급자는 누구의 말을 들어야 할지 고민하게 될 것이다. 따라서 상급자가 하급자에게 임무를 부여하고 권한을 위임했을 때는 그 사람이 자신의 하급자에 임무를 부여하고, 업무에 대한 책임을 질 수 있도록 여건을 보장해야 한다. 즉 권한을 위임하는 리더는 임무와 관련된 조직 구성원에게 이 임무와 관련 책임자에 대해 공개할 필요가 있다.

권한을 위임한 리더는 하급자가 임무를 성공적으로 달성할 수 있도록 피드백을 통한 지휘가 필요하다. 피드백이란 상급자와 하급자 간의 정보와 영향력을 교환하는 과정에서 하급자에게 임무를 부여하고, 업무행동에 있어 상급자가 평가하고 지도하는 것을 말한다. 조직에서 이러한 피드백이 많아질수록 하급자의 파워는 더욱 증대될 수 있다. 그렇다고 상급자가 하급자에게 피드백을 하기 위해 너무 간섭한다는 느낌을 가지게 해서는 안 된다. 피드백이 잘 이루어지기 위해서는 반드시 자율적이고 구조화되어야 한다. 자율적이란 스스로 원해서 능동적으로 임하는 것이고, 구조화란 나름대로 틀과 제한이 있어야 하는 것으로 다음 네 가지가 고려되어야 한다(Kinlaw, 1995).

먼저, 시기적절성이다. 업무를 추진함에 있어 일이 잘못되지 않도록 또는 임무수행에 제한이 되는 방해요소를 제거할 수 있도록 적절한 시기에 필요한 피드백이 이루어져야 한다. 옛말에 "버스 지나간 다음에 손 흔든다."는 속담이 있다. 즉 모든 일에는 때가 있고, 피드백 또한 필요한 시기가 있는 것이다. 따라서 상급자는 하급자의 실수를 최소화하고 성공적으로 임무를 달성할 수 있도록 피드백 타이밍을 놓쳐서는 안 된다.

둘째, 명확성과 구체성이다. 피드백을 할 때는 업무와 관련된 구체적이고 명확한 피드백이 중요하다. 상급자가 피드백을 하는 데 있어 구체적인 사항을 파악하지도 못한 상태에서 자신이 가진 선입견이나 견해, 또는 제삼자에 의견을 가지고 잘잘못을 논하는 것은 부하를 자극하게 되고, 이는 임무를 수행하는 데 전혀 도움이 되지 못한다. 그리고 구체적인 피드백을 주어야 하는데 두리뭉실하게 전달하면 하급자는 무엇을 어떻게 해야 할지 모르는 상황이 발생할 수 있다. 막연하고 모호한 피드백은 권한위임에 도움이 되지 않는다. 따라서 피드백은 명확성과 구체성 있게 해야 한다.

셋째, 360도 피드백이다. 피드백은 위에서 아래로만 가는 것이 아니고, 위로나 옆으로 모두 흐를 수 있다. 따라서 상급자가 하급자에게 피드백을 할 때는 임무수행과 관련하여 종합적인 피드백이 필요하다.

넷째, 제한성이다. 모든 내용에 대해 피드백이 많으면 좋으나 과도하게 넘치면 개인의 자율성과 창의성을 해칠 우려가 있기 때문에 문제가 될 수 있다. 따라서 임무수행과 관련하여 도움이 되는 몇 가지로 제한하고 구조화하여 피드백을 해야 한다.

권한위임은 권한의 창조적 분배이며 상호작용이다

리더가 권한위임에 대해 정확하게 이해하지 못하면 자신의 역량에만 의존하게 되고, 조직의 성과를 극대화할 수 없다. 권한위임이란 권한의 분배가 아니라 권한의 확장이다. 따라서 리더가 자신의 권한을 하급자에게 위임했다고 해서 자신의 권한이 없어지고 하급자에게 새로운 권한이 생기는 것이 아니다. 또한 자신의 책임이 없어지고 자신이 비공식적 리더가 되며 하급자가 모든 책임을 지고 공식적인 리더가 되는 것이 아니다. 권한위임은 상급

표 5.1 권한에 대한 세 가지 진화적 견해

권한에 대한 견해	내가 하는 것	당신이 하는 것	전체 값
분배 (상실/획득)	권한을 위임한다. (값 : −1)	권한을 위임받는다. (값 : +1)	−1+1=0
창조 (획득/획득)	내가 당신과 정보를 공유한다. (값 : +1)	당신이 나와 정보를 공유한다. (값 : +1)	+1+1=2
창조적 분배 (획득/획득/공유)	우리는 서로 그리고 타인들과 영향을 주고받는다. (값 : >1)	우리는 서로 그리고 타인들과 영향을 주고받는다. (값 : >1)	>1+>1=무한대

출처 : Kenneth L. Murrell 저, 김기쁨 역, 권한위임의 기술, 지식공작소, 2004.

자가 권한을 주고, 하급자가 권한을 받는 제로섬$^{zero-sum}$ 게임이 아니라 권한위임을 하면 할수록 조직 구성원 간의 협력과 권한이 확장되는 포지티브섬 $^{posituve-sum}$ 게임이다.

이와 관련하여 케네스 머렐과 미미 메레디스는 권한위임의 기술에서 권한위임에 대한 의견을 〈표 5.1〉과 같이 제시하였다(Murrell & Meredith, 2004). 첫 번째 견해는 분배의 개념으로 권한을 '주어지는' 것으로 인식하는 것이다. 즉 권한을 위임하게 되면 권한을 주는 사람은 하나의 권한이 상실되게 되고, 권한을 위임받는 사람은 하나의 권한을 획득하게 되어 합이 제로가 되는 것이다. 두 번째 견해는 창조의 견해로 상급자와 하급자가 서로 다른 정보나 권한, 책임을 공유하게 되면 값이 합산되어 나타난다는 것이다. 세 번째 견해는 창조적 분배의 개념으로 상급자가 하급자에게 권한을 위임하게 되면, 결국 상급자와 하급자 간에 상호 영향을 받아 권한이 무한대로 성장한다는 것이다.

지금까지 많은 사람들이 권한위임에 대해 많이 가진 사람이 적게 가진 사죄수의 딜레마는 범죄자의 자백을 유도하려는 경찰의 회유로 시작한다. 2명의 범죄자가 체포되어 왔다. 경찰은 2명의 공범을 기소하기 위한 증거가 부족한 상황이다. 경찰은 이들에게서 자백을 받아 범죄를 입증할 계획을 세우고 각각 독방에 수감한다. 경찰은 독방에 수감된 두 공범에게 동일한 제안을 한다. 공범 둘 다 묵비권을 행사한다면 양쪽 모두 6개월만 복역하면 된다. 반면에 둘 다 자백하는 경우 모두 2년 징역형에 처한다. 하지만 어느 한쪽만 자백하고, 다른 한쪽이 묵비권을 행사할 경우에는 자백한 사람은 풀려나고 묵비권을 행사한 사람은 징역 5년을 살아야한다.

결과적으로는 경찰의 제안에 두 범죄자는 모두 자백을 하게 된다. 상대방이 묵비권을 행사하고 자신이 자백하면 자신이 유리하지만 상대방이 자백하고 자신이 침묵하면 자신에게 불리하기 때문이다. 서로 자백하지 않을 것을 믿고 협력하면 6개월만 살면 되지만, 서로를 믿지 못하고 자신에게 유리한 조건만을 선택할 경우 최선의 결과는 발생하지 않는다는 것을 보여 주는 상황이다.

출처 : 다음 백과사전, http://100.daum.net/encyclopedia/view/47XXXXXXb554, 2017.

람에게 일방적으로 나누어 주는 것으로 생각하였다. 그러나 권한위임이란 상급자가 하급자에게 권한을 위임해 줌으로써 파워가 전숙 방향으로 퍼져나갈 수 있는 것이다. 즉 권한을 위임하게 되면 조직 구성원들이 서로 협력하게 되어 파워가 위에서 아래로, 아래에서 위로, 양옆으로 퍼져나가 조직 전체에 영향을 미치는 것이다.

3. 윤리의식은 임파워링 리더십의 기초이다

윤리적 리더십은 오늘날과 같은 가속의 시대, 자아의 실현의 시대, 감성의 시대, 융합의 시대, 평등의 시대를 맞이하여 매우 중요하다. 최근 기업의 사회적 책임과 윤리경영이 강조되면서 기업경영을 책임지는 최고경영자와 리더에 대해서도 윤리적인 역할과 책임의식이 크게 요구되고 있다(박보식, 2012). 특히 상급자와 하급자 간의 신뢰를 바탕으로 하는 권한위임 리더십에서 윤리적 리더십은 매우 중요한 역할을 한다.

윤리적 리더십^{ethical leadership}은 학자마다 다양한 형태로 정의하고 있다. 시울라(2003)는 윤리적 리더십이란 올바른 이유를 위해 올바른 방식으로 올바른 일을 하도록 다른 사람들 움직이는 도덕적인 인간의 영향력이라고 정의하였다. 즉 윤리적 리더십이란 한 좋은 사람이 다른 이들에게 바르게 영향을 미쳐서 그들이 어떤 공공의 이익을 달성하게 만드는 과정으로 본 것이다. 경영자들에게 윤리적인 리더에 대해 기술하라고 질문했을 때 다양한 행동양식과 가치관 및 동기들(정직성, 진실성, 이타주의, 공정성 등)을 기술하였다(Trevino, Brown, & Hartman, 2003). 바스와 스테이들메이어(1999)는 윤리적 리더십을 세 가지 관점에서 정의하였다. 첫째, 리더의 도덕적 특성을 강조하는 관점, 둘째, 부하들이 수용하거나 거절할 수 있는 윤리적 가치에 관심을 갖는 관점, 셋째, 리더와 부하들의 윤리적인 선택이나 행동과정에서의 도덕성 관점이다. 또한 지니(1997)는 윤리적 리더십은 리더의 의사결정, 행동 등 다른 사람에게 영향을 미치게 하는 방법에 있어서 사회적 권력의 사용법에 초점이 있는 것으로 보고하였다.

지금까지의 개념을 살펴보았을 때 윤리적 리더십은 〈그림 5.1〉과 같이 여섯 가지로 분류할 수 있다(Northouse, 2016).

먼저, 리더의 인격은 윤리적 리더십의 근본적인 측면이다. 어떤 리더가 훌륭한 인격을 지녔다고 말할 때, 그 리더는 훌륭하고 존경할 만한 인간으로 비추어지는 것이다.

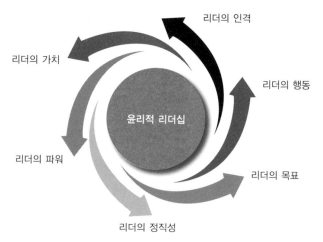

리더의 인격

리더의 가치

리더의 행동

윤리적 리더십

리더의 파워

리더의 목표

리더의 정직성

그림 5.1 윤리적 리더십 구성요소

인격의 요소로는 신뢰성, 존중, 책임감, 공평성, 배려가 있는데 이 특성들이 권한위임에 어떻게 영향을 미치는지 살펴보면 다음과 같다.

① 신뢰성은 상급자와 하급자 간의 신뢰를 바탕으로 하는 권한위임 리더십에서 매우 중요한 역할을 한다. 이덕진(2013)은 군 조직에서 리더의 신뢰가 조직신뢰에 미치는 영향을 분석한 결과, 리더에 대한 신뢰가 높으면 조직의 신뢰도 높아지고, 상급자와 하급자 간의 신뢰도도 높아지는 것으로 나타난다고 보고했다. 상급자는 하급자에게 권한을 위임 후 하급자에게 하급자가 임무를 성공적으로 달성할 수 있다는 무한신뢰를 보여 주어야 한다. 그리고 하급자는 상급자로부터 임무와 권한을 위임받은 후 성공적은 임무를 완수할 수 있다는 신뢰를 보여 주어야 한다. 업무를 추진함에 있어 상급자에게는 업무진행에 관련된 사항을 거짓됨이 없이 보고해야 한다. 또한 함께 근무하는 하급자뿐만 아니라 동료들로부터도 좋은 평판을 쌓아 상급자로부터 신뢰를 받을 수 있도록 노력해야 한다. ② 권한위임 리더십에서 상급자는 하급자가

위임받은 권한을 잘 수행할 수 있도록 간접적으로 지원을 해야 한다. 상급자가 하급자의 위치를 존중하지 않고 자신이 직접 나서서 업무를 처리하다 보면 하급자는 자신의 직무에 소극적으로 대처할 수밖에 없다. 또한 상급자는 업무를 추진함에 있어 하급자와 의견차이가 발생할 때도 하급자의 의견을 존중해 줄 필요성이 있다. 하급자는 상급자를 존중하면서 상급자의 지시를 적극적으로 수용하는 자세가 필요하다. 상급자가 임무를 부여하는 상황에서 자신의 의견과 차이가 있다고 하여 상급자의 앞에서 직접적으로 이야기하는 것은 신중할 필요가 있다. ③ 윤리적인 리더는 자신의 행동에 책임을 지고, 우수성을 추구하며, 자제력을 행사함으로써 책임감을 보여 준다. 권한위임 리더십에서 상급자는 하급자에게 권한을 위임할 때 임무에 대한 책임감을 명확하게 설명해 주고, 하급자는 자신이 부여받은 임무에 대해 책임감을 가지고 행동해야 한다. ④ 공평성은 자신의 감정이나 암시와 관련 없이 균형 잡힌 공정성 기준을 지키는 것을 의미한다. 권한을 위임하는 리더는 하급자들에 대해 능력을 정확히 진단하고, 공정하게 판단하여 권한을 위임해야 한다. 권한을 위임하는 리더가 공정한 기준 없이 자신의 주관적인 판단에 의해 권한을 위임하게 되면 임무를 실패하기 쉽다. 따라서 자신의 편견을 없애고 정확한 기준과 원칙에 따라 권한위임을 해야 한다. 권한을 위임받은 하급자는 임무를 수행함에 있어 상급자나 동료, 하급자를 탓하지 말고, 자신만의 기준을 정하여 공정하게 일을 처리해야 한다. ⑤ 배려란 상대방을 도와주거나 보살펴 주려고 마음을 쓰는 것이다. 권한을 위임하는 리더는 하급자들이 그 임무를 잘 수행할 수 있도록 필요한 정보 및 자원 등을 적극적으로 지원해야 한다. 그리고 하급자의 실수를 최대한 예방하기 위해 지속적인 관심과 피드백을 해주고, 성실히 임무를 수행하다 발생하는 정당한 실수에 대해서는 관용을 베풀어야 한다.

윤리적 리더십의 두 번째 구성요소는 리더의 행동이다. 행동[action]은 리더가 목표를 이루기 위해 하는 방식을 가리킨다. 윤리적 리더는 자신의 목표를 성취하기 위해 도덕적 수단을 사용한다. 리더가 자기 일을 하는 방식은 그가 윤리적 리더인지 아닌지를 알 수 있는 중요한 결정요인이다. 최성림(2006)은 경영자의 유형에 따른 윤리적 리더십의 차이를 연구하기 위해 50개 제조업에 근무하는 85명의 경영자를 대상으로 설문조사를 진행하였다. 그 결과, 조직 구성원 중에서 10% 정도가 경영자의 리더십이 비윤리적이라고 인식하고 있으며, 전반경영자[1] 계층이 직능경영자[2] 계층보다 윤리적 리더십 수준이 높다고 했다. 윤리적 리더는 조직의 목표를 달성하기 위해 도덕적으로 적절한 행동을 해야 한다.

권한을 위임하는 리더는 하급자에게 임무를 부여할 때 윤리적 리더십을 강조해야 한다. 권한을 위임받는 하급자는 어떻게 해서든지 상급자의 임무를 달성하기 위해여 수단과 방법을 가리지 않고 업무를 수행할 수 있다. 따라서 권한을 위임받은 하급자가 윤리적 리더십을 발휘하기 위해서는 상급자가 윤리적 가치의 소중함을 인식시키고, 원칙의 중요성을 강조해야 한다. 또한 권한을 위임하는 리더 스스로가 원칙을 실천하고 모범을 보이며 감동과 신뢰가 바탕이 될 때 하급자가 윤리적 리더십을 제대로 발휘할 수 있다.

윤리적 리더십의 세 번째 구성요소는 리더의 목표이다. 리더가 조직의 목표 또는 조직의 목표를 설정할 때 윤리적으로 정당화되어야 한다. 조직의 차

---

1 어느 한 부분만이 아니라 기업 전체를 총체적인 차원에서 경영하는 사람이다.
2 부분경영자라고도 불리는데, 생산, 마케팅, 인사, 재무 등 기업의 어느 한 부문활동에만 책임을 지고 있는 경영자를 말한다.

원에서 봤을 때 아무리 좋은 목표를 가졌다 하더라도 그 목표가 다른 사람들에게 나쁜 영향을 미친다면 결국 조직의 성장에 좋지 않은 결과를 초래할 것이다. 따라서 권한을 위임하는 상급자는 목표의 상대적 중요성과 가치를 분석해서 임무와 관련된 모든 구성원이 동의할 수 있는 목표를 제시해야 한다. 그러면 어떻게 목표를 제시할 것인가에 대해 폴 태핀더(2002)는 다음과 같은 질문에 대답하는 훈련이 필요하다고 했다.

① 각 기간별로 나는 무엇을 성취하고 싶어 하는가?
② 왜 목표가 중요한가?
③ 목표를 향해 가는 길목에서 우리는 지금 어디에 와 있는가?
④ 우리는 어디서 출발했는가? 여기 오기까지 무슨 일이 발생했는가?
⑤ 목표에 도달했다는 것을 어떻게 알 수 있는가? 미래의 목적지, 목표, 목적은 과연 어떻게 보이고, 어떻게 느껴질까?
⑥ 나는 누구를 리드하는가? 나의 관객은 누구인가? 누구를 참여시켜야 하는가?
⑦ 그들의 기대는 무엇인가? 그들은 무엇을 두려워하는가?
⑧ 목적지에 도착하는 데 방해가 되는 것은 무엇인가?
⑨ 업무를 착수하는 데 혹은 목적지에 다다르는 데 있어 방해되는 사람은 누구인가?
⑩ 나는 어떻게 첫걸음을 내디뎌야 하는가?

윤리적 리더는 타인을 섬길 줄 알아야 한다. 즉 리더의 목표를 설정하는 데 있어 외부적 고객을 생각하는 조직시민행동이 필요하다. 피터 센게는 학습조직에서 리더의 중요한 과업 중 하나는 조직 비전의 청지기^{steward}(비전을 만들어 섬기는 사람)가 되는 것이라고 주장한다. 청지기가 되는 것은 자기 자신의 것보다 더 중요한 조직의 비전을 교육해야 한다는 것을 의미한다. 이 것은 자기중심적으로 행동하는 것이 아닌 조직 내의 다른 사람들의 비전과 자신의 비전을 통합하는 것을 의미한다. 즉 더 큰 목적을 향해 자신을 헌신 하는 것이다(박보식, 2012).

윤리적 리더십의 네 번째 구성요소는 리더의 정직성이다. 정직성^{honesty}이 란 지킬 수 없는 약속을 하지 않고 상황을 왜곡해 전달하기 않으며 숨기거나 변명하지 않고 책임을 회피하지 않는 것이다. 이러한 정직성은 권한위임을 실천하는 데 매우 중요한 역할을 한다. 상급자가 하급자에게 권한을 위임하 기 위해서는 하급자가 정직해야 한다. 평상시부터 하급자가 약속을 잘 이행 하지 못하거나 언행일치가 되지 않으며 상급자를 속이는 사람한테는 권한위 임을 할 수 없기 때문이다. 따라서 권한을 위임하고자 하는 상급자는 하급자 의 정직성으로 고려하여 권한위임을 해야 한다.

상급자 또한 정직해야 한다. 리더가 정직하지 못하면 하급자는 리더를 더 이상 신뢰하지 않는다. 그의 주장도 더 이상 믿지 않으며 리더에 대한 존경 심이 사라진다. 하급자들이 상급자에 대해 믿지 못하고 존경하지 않으면 상 급자의 영향력은 사라지게 된다.

권한위임에 있어 정직은 단지 진실만을 말하는 것은 아니다. 정직은 하급 자에게 자신이 생각하고 있는 마음을 있는 그대로 표현하는 것이다. 권한위 임에 있어 정직은 쉬운 것이 아니다. 왜냐하면 권한위임을 실천하는 데 있어 완전한 진실이 파괴적이고 역효과를 나타낼 수 있기 때문이다. 따라서 권한 을 위임하는 리더는 하급자에 대한 생각에 개방적인 것과 솔직함에 있어 균

표 5.2 파워의 다섯 가지 원천

구분	내용
준거적 파워	리더의 인격에 대한 사람들의 호감에 근거함 (예 : 학생들이 매우 우러러보는 대학교수)
전문적 파워	리더의 유능함에 대한 사람들의 지각에 근거함 (예 : 어떤 소프트웨어 프로그램에 대한 강력한 지식을 가진 사람)
합법적 파워	지위를 지니는 것 또는 공식적인 직무 권한과 연관됨 (예 : 법정 소송사건을 주재하는 판사)
보상적 파워	다른 이들에게 이득을 제공하는 능력을 가지는 것에서 파생됨 (예 : 직원들에게 보너스를 지급할 수 있는 상사)
강압적 파워	다른 이들을 처벌하거나 벌 줄 수 있음에서 파생함 (예 : 결석한 학생의 점수를 깎을 수 있는 교사)

출처 : Peter G. Northouse 저, 이용철·리상섭·김기흥·김진웅 역, 리더십 입문, 시그마프레스, 2016.

형 있게 행동할 필요가 있다.

윤리적 리더십의 다섯 번째 구성요소는 리더의 파워 또는 권한이다. 파워 power는 다른 사람에게 영향을 미치거나 충격을 주는 능력을 말하며, 권한은 판단과 행동 및 지휘를 위해 위임된 능력이다. 군에서의 권한은 지휘권을 사용하고 형법에 의해 복종을 강요할 수 있는 권리와 자유가 포함된다.

파워에 관해 가장 많이 인용되고 있는 연구는 프린치와 레이븐(1959)의 사회적 파워의 원천에 대한 연구이다. 프린츠와 레이븐은 〈표 5.2〉에서 보는 바와 같이 가장 흔하고 중요한 다섯 가지 파워의 원천을 확인했다. 이는 준거적 파워, 전문적 파워, 합법적 파워, 보상적 파워, 강압적 파워로 구성되어 있다.

이러한 파워는 각각의 다른 사람에게 영향을 미치는 리더의 능력을 증가시킨다. 또한 모든 종류의 파워는 오용될 가능성을 가진다(Northouse, 2016). 특히 권한을 위임하는 조직에서 파워는 긍정적인 방식으로 사용될 수도 있지만 다른 사람을 해치는 파괴적인 방식으로 사용될 수 있기 때문에 신중하게 권한행사를 해야 한다. 권한을 위임하는 리더는 자신의 권한을 명확하게 파악하고 있어야 하며, 권한을 위임할 때는 자신의 권한 내에서 권한과 책임을 위임해야 한다.

권한을 위임받은 하급자는 자신이 부여받은 권한 범위 내에서 영향력을 행사해야 하며, 명확하지 않은 상태에서 자신이 임의대로 해석하거나 부정적인 방식으로 사용해서는 안 된다. 권한을 위임하는 상급자나 권한을 위임받는 하급자가 잘못된 권한을 사용하지 않는 방법은 지속적으로 스스로를 경계하고 자신의 행동이 다른 사람에게 미치는 영향을 인식하는 것이다. 윤리적 리더는 권한을 휘두르거나 지배하지 않으며, 구성원 모두가 상호의 목표를 성취하기 위해 권한을 사용한다.

윤리적 리더십의 여섯 번째 구성요소는 리더의 가치이다. 가치value는 사람들이 보람 있거나 바람직하다고 여기는 생각, 믿음 및 행동 방식을 말한다. 학자 제임스 맥그리거 번스는 리더십 가치에는 세 종류가 있다고 제안했다. 친절과 이타심 같은 윤리적 가치, 의무와 책임 같은 수단 가치, 그리고 정의와 공동체 같은 목적 가치이다(Giulla, 2003). 윤리적 가치ethical value는 인격의 개념과 같으며, 수단 가치modal value는 리더가 취하는 수단이나 행동과 관계된다. 그리고 목적 가치end value는 리더가 추구하는 결과물이나 목표를 설명한다.

권한위임이 실천되는 조직에서 리더와 하급자의 생각을 일치시키고, 조직의 핵심가치를 내재화시키는 것은 매우 중요하다. 상급자가 하급자를 신뢰하여 권한을 위임했는데도 임무에 대한 성과가 기대에 미치지 못하는 경우가 많다. 그 이유는 첫째, 리더가 하급자의 역량과 자질을 고려하여 위임해야 할 것과 그렇지 않은 것을 명확하게 구분하지 않고 위임했기 때문이다. 어떤 것을 위임하고, 어떤 것을 위임하지 말 것인가를 중요성과 시급성 등을 고려한 후 개인의 특성과 역량을 고려하여 책임과 권한을 명확히 설정해 주어야한다. 둘째, 권한을 위임받는 하급자에 대해 조직의 핵심가치를 내재화시키지 못한 상태에서 단순하게 권한만 위임했기 때문이다. 따라서 권한을 위임하는 상급자는 조직의 핵심가치가 무엇인지 명확하게 인식시키고, 의사결정의 우선순위로 삼아야 할 것이다.

제 6 장

조직문화를 고려하여
임파워링하라

1. 조직문화 유형의 특징
2. 유형별 조직문화에서 권한위임하기

문화란 우리 사회 여러 조직 분야에서 사용되고 있으며, 기업에서는 기업문화, 행정조직에서는 행정문화로, 학교에서는 학교문화, 군 조직에서는 군대문화로 상용되고 있다. 즉 조직문화는 문화의 개념을 미식적인 조직수준에 적용한 것을 말한다(Parsons, 1977).

조직문화는 구성원들 간의 공유된 가정, 신념 그리고 가치로 구성된다(Schein, 1992; Trice & Beyer, 1993). 밑바탕을 구성하고 있는 신념과 가치는 외부환경에서의 생존문제와 내적인 통합문제를 해결하는 데 있어서 구성원들에게 도움을 제공한다. 문화는 강할 수도 있고 약할 수도 있으며 조직 내에서 하나의 주도적인 문화가 존재할 수도 있고 하위부서들 내에 서로 다른 문화들이 존재할 수도 있다. 조직문화는 리더들에게 상황적 영향요인이 되지만, 시간이 지나면서 리더들 역시 문화에 영향을 미치게 된다(Yukl, 2013). 이러한 조직문화는 급변하는 사회환경에 적시적으로 대응해야 하는 조직에 많은 영향을 미친다는 인식의 확산으로 그 중요성이 더해지고 있다. 조직문화를 이해하지 못하면 조직의 정체성을 올바르게 판단할 수 없으며, 조직문화를 이해할 때에야 비로소 조직에서 일어나는 현상에 대해 올바르게 대처할 수 있기 때문이다(Schein, 1985).

조직문화의 유형은 학자들마다 다소 상이하게 구분하고 있는데, 해리슨(1972)은 조직이념을 기준으로 권력문화, 역할문화, 과업문화, 인간문화로 구분하고 있으며, 핸디(1978)는 이념지향을 기준으로 클럽문화, 역할문화, 과업문화, 실존문화로 구분하였다. 또한 딜과 케네디(1952)는 모험수용도 활동결과 피드백을 기준으로 모험문화, 근면문화, 투기문화, 관료문화로 구분하고, 퀸과 맥그레스(1985)는 정보처리 관점을 기준으로 합의문화, 개발문화, 합리문화, 위계문화로 구분하였다.

이와 같이 조직문화의 유형은 학자에 따라 다양하게 구성하고 있지만, 이 장에서는 가장 많이 활용하고 있는 퀸과 맥그레스의 조직문화 유형을 사용하였다. 즉 조직문화 유형에 따라 각 유형별 조직성과에 미치는 영향을 알아보고, 조직문화 유형과 각 조직성과의 관계에서 권한위임의 효과 및 활용방안을 알아보고자 한다.

1. 조직문화 유형의 특징

퀸과 맥그레스의 조직문화 유형의 특성을 살펴보면 〈그림 6.1〉과 같다.

먼저, 합리문화rational culture는 지시와 명확한 목표, 생산성, 임무수행 등이 강조되는 합리목표 모형rational goal model이라 하며(이동수, 2015), 현실에 대한 확실성을 높게 지각하고 즉각적으로 반응할 때 나타날 수 있는 문화 유형

그림 6.1 퀸과 맥그레스(1985)의 조직문화 유형

이다. 조직의 분위기는 과업수행에 있어서의 생산성을 강조하고, 결과지향적으로 환경변화에 적극적으로 대처해 나간다.

이러한 조직문화는 목표달성을 중시하고, 끊임없는 생산성 향상을 강조하며, 경쟁을 장려하기 때문에 조직 구성원의 직무만족과 심리적·정서적 몰입을 떨어뜨릴 수 있다. 리더십 스타일은 지시적·목표지향적이며, 구성원에 대한 평가는 구체적 성과를 기초로 한다(신유근·이춘우, 2014).

두 번째, 개발문화developmental culture는 혁신과 적응, 성장, 자원 확보 등이 강조되는 개방체계 모형open system model이라 하며(이동수, 2015), 현실에 대한 확실성을 낮게 지각하고 즉각적인 반응이 필요할 때 나타날 수 있는 문화 유형이다. 조직의 분위기는 고도의 유연성을 강조하고 역동적이며, 구성원들에게 기업가 정신과 창의성을 바탕으로 도전을 강조하고, 변화에 대해 자율적으로 수행하여 조직과의 일체감을 촉진시킨다(한주희·황원일, 1996).

이러한 조직문화는 업무환경에서 조직 구성원들이 긍정적인 태도로 업무를 수행하기 때문에 직무만족이 높아지고, 자율적 업무수행과 위험을 감수하는 도전정신을 갖게 되므로 조직몰입도 향상된다. 리더십 스타일은 창의적이고 모험지향적으로, 자원의 획득을 통해 새로운 것에 대한 도전을 강조한다(신유근·이춘우, 2014).

세 번째, 위계문화hierarch culture는 문서기록과 정보관리, 안정, 통제 등이 강조되는 내부과정 모형internal process model이라고 하며(이동수, 2015), 환경적 확실성을 높게 지각하고 즉각적인 반응이 불필요한 경우에 나타나는 문화 유형으로 규정의 집행을 목적으로 한다. 조직의 분위기는 안정 및 통제를 강조하고 안정적인 기반 위에서 조직내부의 효율성을 중시한다.

조직 구성원들은 공식적이고 구조화된 관료제적 가치를 반영하고 규칙과 방침의 준수를 중시한다. 또한 조직의 영속성 유지라는 목적을 가지고, 변화를 추구하기보다는 안정과 통제 그리고 규칙을 중시하므로 환경에 대한 불확실성이 낮다.

이러한 조직문화는 빠르게 변화하는 외부환경에 대해 위기의식이 적고 창의성이나 혁신을 요구하지 않으므로, 매너리즘에 빠지기 쉬워 조직 구성원의 직무만족과 조직몰입 수준이 낮아질 수 있다(도윤경, 2001). 리더십 스타일은 보수적이고 신중하며, 안정이 동기부여의 요인이 된다(신유근·이춘우, 2014).

네 번째, 합의문화consensual culture는 참여와 개방, 결속, 사기 등이 강조되는 인간관계 모형human relation model이며(이동수, 2015), 현실에 대한 확실성을 낮게 지각하고 즉각적인 반응이 불필요한 경우에 나타날 수 있는 문화 유형이다. 조직의 분위기는 유연성과 배려를 강조하고 조직 내 구성원 간 가족적인 인간관계 유지를 중시하며, 친교를 통해 동기와 사기를 유발하며 조직에 전념토록 하고, 충성심과 전통을 중시하는 구성원의 태도를 강조한다.

이러한 조직문화는 조직 구성원 간의 상호관계성이 좋고, 협조와 신뢰감이 높아 조직효과성을 증진시킨다(Parker & Bradley, 2000). 또한 구성원들의 인간적 배려는 조직 신뢰의 기초(Ouchi, 1981)가 되어 직무만족을 향상시킨다. 리더십 스타일은 지원적이고 구성원의 평가는 상호관계적이며, 친교가 동기부여의 주요 요인이 된다(신유근·이춘우, 2014).

이와 같은 4개의 조직문화의 특성을 종합 정리하면 〈표 6.1〉과 같다.

표 6.1 유형별 조직문화의 특징

구분	합리문화	개발문화	위계문화	합의문화
지향 방향	목표지향	창의혁신지향	내부과정지향	인간관계지향
문화적 특성	경쟁, 생산성, 충성, 능력, 즉각 반응	변화, 도전, 모험, 창의, 즉각 반응	안정, 통제, 구조화, 시스템, 즉각 반응 불필요	참여, 개방, 토의, 배려, 즉각 반응 불필요
리더십 스타일	명료한 지시, 목표지향적	유연성, 기업가 정신	보수적, 신중함	지원적, 상호관계적

2. 유형별 조직문화에서 권한위임하기

권한위임이란 상급자가 하급자에게 권한위임을 통해 조직성과를 극대화하는 것으로 조직의 특성에 따라 적용 방법과 성과는 차이가 있을 것이다. 따라서 임파워먼트가 각 조직 유형에 미치는 영향을 확인하기 위해 국내에서 선행연구 된 논문 200여 편을 살펴보고자 한다.

기업 조직문화를 한마디로 정의하기는 쉽지 않으나 기업이 무엇을 추구하고, 어디로 가고자 하는지, 원칙은 무엇인지, 고객은 누구인지 등에 따라 달라진다(유필화·신재준, 2002). 그리고 이춘우(2014)는 국내 많은 선행연구를 분석하여 기업 조직문화를 다음과 같이 분류하였다. ① 유교적 가치관이나 전통적 가치관을 중심으로 기업문화 특성을 제시하는 경우 유교문화, 전통문화, 인·의·예, 명분주의, 조화 등으로 구분할 수 있다. ② 가족주의 속성을 기업문화 특성으로 강조하는 경우 가족주의, 가부장적, 인화, 온정주의 등으로 구분할 수 있다. ③ 집단주의 성향을 기업문화 특성으로 제시하는 경우 집합주의, 공동체 중시 등으로 구분할 수 있다. ④ 조직의 효율성보다 종업원에 대한 배려를 기업문화 특성으로 강조하는 경우 인간중심, 규모보다 인간미, 인간중심사상 등으로 구분할 수 있다. ⑤ 조직에서의 행동규범이나 덕목 측면을 기업문화 특징으로 제시하는 경우 근면성, 성실성, 전인주의 등으로 구분할 수 있다. ⑥ 도전적 자세나 동기부여 현상을 기업문화로 제시하는 경우 '하면 된다', '신바람', '낙관주의', '돌격 앞으로' 등으로 구분할 수 있다. ⑦ 사회적 관계 속성을 조직문화적 특성으로 제시하는 경우 상·하 위계적, 연공주의, 상명하복의 지시적 불평등, 상사중시, 순응, 복종, 상사에 말대꾸 안 됨, 국가권력 중시 등으로 구분할 수 있다. ⑧ 최고경영자의 리더십 스타일을 기업문화의 특성으로 제시하는 경우 현장중심, 솔선수범 등으로 구분할 수 있다. ⑨ 성과규범을 기업문화의 특징으로 강조하는 경우 외형주의, 단기업적주의, 수익성 중시 등으로 구분할 수 있다. ⑩ 조직 내 의사결정 및 커뮤니케이션 패턴에 기업문화의 특징을 두는 경우 독단적, 통제적, 권위적, 타율적, 관료제적, 중앙집권적 등으로 구분할 수 있다. ⑪ 경쟁행태를 특징으로 기업문화로 제시하는 경우 타사에 지면 안됨, 최고 제일주의 등으로 구분할 수 있다. ⑫ 변화혁신에 대한 태도를 기업문화 특징으로 강조하는 경우 보수주의, 안정적, 장기지향적, 미래중시 등으로 구분할 수 있다. ⑬ 업무행태 관련 특징을 기업문화로 제시하는 경우 복장 깔끔, 환경 청결, 좋은 작업환경, 타이트한 업무수행 등으로 구분할 수 있다. ⑭ 노동에 대한 태도를 기업문화 특징으로 제시하는 경우 생산직 경시, 노동자 존중, 협상문화, 노동규율 엄격 등으로 구분할 수 있다. ⑮ 공식화에 초점을 기업문화 특징으로 제시하는 경우 공식주의, 원칙에 의거한 공식적 규범적 공사구분 등으로 구분할 수 있다.

이와 같이 기업 조직문화는 무엇을 추구하고, 무엇을 원칙으로 두느냐에

그림 6.2 한국 고용 직업분류

따라 다양하게 정의할 수 있다. 그러므로 권한위임의 적용 방식과 성과 또한 다양하게 나타날 수 있으므로, 기존의 국내 연구결과를 〈그림 6.2〉와 같은 한국 고용 직업분류에 맞추어 정리하였다.

회계, 사무 관련 조직에서 권한위임의 관계

⚓ **팀제를 운영하는 사기업 조직에 대한 연구**

허갑소와 변상우(2007)는 부산 및 경남 지역의 팀제를 운영하고 있는 사기업을 대상으로 임파워먼트(권한위임)가 조직몰입에 미치는 영향에서 교환관계

LMX의 조절 역할을 연구한 결과, 임파워먼트가 조직몰입에 긍정적인 영향을 미치는 것으로 나타났다. 그리고 상사와 부하의 높은 수준의 교환관계가 낮은 교환관계보다 임파워먼트의 효과가 더 있는 것으로 나타났다. 즉 팀제를 운영하는 조직에서도 권한위임을 통해 조직 구성원이 기업에 충성할 수 있도록 할 수 있으며, 상사와 부하의 교환관계[1]를 향상시킴으로써 권한위임의 효과를 강화할 수 있다.

따라서 팀제를 운영하는 기업에서는 권한위임을 통해 조직 구성원이 회사에 대한 애착을 강화함과 동시에 상사와 부하의 질 높은 교환관계를 가질 수 있는 분위기가 조성되어야 한다. 특히 권한위임을 할 때 자기결정권을 많이 위임하게 되면 정서적 몰입(자신이 속한 조직에 노력과 충성을 기꺼이 바치려는 의지)을 높일 수 있으며, 영향력을 행사할 수 있는 기회를 많이 부여하게 되면 지속적 몰입(조직에 계속 남아 있으려는 태도)을 높일 수 있고, 직무에 대한 의미성을 많이 부여하게 되면 규범적 몰입(조직에 머물러 있어야 한다는 심리적 부담이나 의무감)을 높일 수 있다.

⚓ 일반기업 조직에 대한 연구

이용탁(2004)은 부산 및 경남 지역에 위치하고 있는 대표적 기업 20개를 대상으로 변혁적 리더십과 직무만족과의 관계에서 임파워먼트의 역할을 연구한 결과, 변혁적 리더십[2]은 임파워먼트에 긍정적인 영향을 미치고, 임파워먼

---

1 상사-부하 교환관계 모델은 상사가 부하인 구성원 개개인과 서로 다른 유형의 관계를 맺고 있으며 상사와 부하 간의 개별적인 관계를 만들어 가는 것을 의미한다(Phillips & Bedeian, 1994).

2 리더가 부하들에게 과업성과의 중요성을 인식시키며 조직과 팀의 이익을 개인의 이익보다 우선하게 하여 더욱 상위의 욕구를 활성화시킴으로써 부하들에게 동기를 부여하고 변화를 가져오는 리더십을 의미한다(Bass, 1985a). 그리고 변혁적 리더십의 구성요소는 카리스마(리더에 대한 부하들의 신뢰와 부하들에게 비전과 사명감을 부여함)와 동기부여(목표달성을 위한 상징성 부여 및 정감적 호소), 지적 자극

트는 직무만족 자체, 임금, 승진, 감독자 관계, 동료관계 등에 긍정적인 영향을 미치는 것으로 나타났다. 또한 변혁적 리더십이 직무만족에 미치는 영향에서 임파워먼트가 매개 역할을 하는 것으로 나타났다.

즉 권한위임 리더십은 새롭게 변화하고자 하는 조직에서 꼭 필요한 리더십이며, 하급자에게 권한위임을 많이 부여하게 되면 직무 자체뿐만 아니라 직무 관련된 모든 요인에 긍정적인 영향을 미칠 수 있다. 따라서 새로운 변화를 추구하거나, 하급자들의 직무만족을 향상시키기 위해서는 조직 구성원에게 적극적인 권한위임이 필요하다.

이정윤 등(2010)은 서울에 있는 외국계 4개 기업을 대상으로 셀프리더십이 조직 구성원의 임파워먼트, 자기효능감 및 혁신성에 미치는 영향을 분석하였는데, 그 결과, 셀프리더십[3]의 리허설(어떤 일을 실행하기에 앞서 미리 연습하는 태도)과 자기존중은 임파워먼트에 긍정적인 영향을 미치고, 임파워먼트는 혁신성에 긍정적인 영향을 미치는 것으로 나타났다. 즉 자신의 직무에 대해 미리 준비하는 자세와 자신에 대한 존중감이 강한 사람일수록 권한위임의 실천도 강함을 알 수 있다.

이호선과 권명은(2007)은 서울 지역에 근무하는 남녀 직장인을 대상으로 임파워먼트와 조직유효성과의 관계에서 셀프리더십의 조절효과를 검증한 결과, 임파워먼트가 직무만족과 조직몰입, 직무몰입에 긍정적인 영향을 미치고, 셀프리더십이 조직유효성의 조절 역할을 하는 것으로 나타났다. 즉 하급자들에게 권한을 위임해 줌으로써 자신의 직무에 대한 만족과 몰입, 조직

(하급자의 창의성과 혁신성을 자극), 개별적 배려(하급자의 개인적 욕구에 관심)로 구성되어 있다.

3 셀프리더십은 구성원들은 책임감과 능력이 있고 리더나 규칙 혹은 외부통제 없이도 솔선수범한다는 것이며, 스스로 자기 자신에게 영향을 미치기 위한 일련의 과정으로 자기영향력을 행사하기 위해 사용되는 인지전략 및 행위전략을 의미한다(Manz & Sims, 1991).

에 대한 충성심 등을 강화시킬 수 있고, 셀프리더십을 강화시킴으로써 권한위임의 효과를 더욱 증대시킬 수 있다.

따라서 기업 조직문화에서 권한위임을 강화하기 위해서는 조직 구성원의 셀프리더십을 강화시킬 필요가 있다. 특히 셀프리더십의 리허설과 자기존중감을 키우는 것은 권한위임 실천에 매우 중요한 역할을 한다.

류정헌과 신형덕(2011)은 국내 중소기업현황 정보시스템에 등록되어 있는 500개 기업을 대상으로 유연한 조직문화와 임파워먼트가 인지된 조직 유효성에 미치는 영향을 분석한 결과, 유연성을 강조하는 조직문화가 통제를 강조하는 조직문화보다 임파워먼트에 더 큰 영향을 미치는 것으로 나타났다. 즉 위계적 구조보다 수평적이고 자율성과 혁신지향적 구조에서 권한위임의 효과가 크게 나타남을 알 수 있다. 따라서 권한위임이 실천되는 조직을 만들기 위해서는 통제보다는 자율적이고 창의성 등을 강조하는 조직문화가 필요하다.

🔖 비서 조직에 대한 연구

원희정과 박경옥(2016)은 수도권 소재 국내외 기업의 비서직 근로자에 대해 교환관계^{LMX}, 과업성과, 적응성과에 대한 심리적·구조적 임파워먼트의 효과를 검증한 결과, 여성 사무직 근로자와 여성 비서직 근로자가 지각하는 심리적 임파워먼트와 구조적 임파워먼트[4]에는 차이가 있는 것으로 나타났다.

---

4 구조적 임파워먼트는 조직차원에서 개인의 파워구조에 대한 접근성을 높임으로써 개인 임파워먼트를 촉진시키는 것으로 기회접근성, 정보접근성, 지지접근성, 자원접근성, 공식적 파워, 비공식적 파워로 구분된다(Vogt & Murrell, 1990). 첫째, 기회접근성은 승진의 기회 및 지식과 기술을 개발할 수 있는 기회를 제공하는 것이고, 둘째, 정보접근성은 과업을 효과적으로 수행하기 위해 필요한 자료, 기술적 지식 및 기술에의 접근이며, 셋째, 지지접근성은 조직 내 상사, 동료, 부하직원으로부터 받는 피드백 또는 지도, 칭찬과 격려, 자신의 직무를 판단하는 기회 및 조직에서 중요한 위치에 있는 사람들로부터

심리적 임파워먼트의 의미성과 자기결정성, 영향력에서 사무직 직원이 비서직 직원보다 높게 나타났으며, 구조적 임파워먼트의 기회접근성, 정보접근성, 지지접근성, 공식적 파워, 비공식적 파워에서도 사무직 직원이 비서직 직원보다 높게 나타났다.

상사와 부하의 교환관계^{LMX}에 미치는 심리적·구조적 임파워먼트의 효과는 각각 60.2%와 63.6%로 큰 차이가 나지는 않았다. 그러나 여성 사무직 근로자의 경우 심리적 임파워먼트(13.7%)에 비해 구조적 임파워먼트(26.6%)가 LMX에 대해 대략 2배 정도의 더 큰 설명력을 보이는 반면, 여성 비서직 근로자의 경우 심리적 임파워먼트(46.8%)가 구조적 임파워먼트(12.4%)에 비해 거의 4배 정도 높게 나타났다. 즉 여성 사무직 근로자의 경우는 상사와의 관계에서 구조적 임파워먼트가 많은 영향을 미치지만, 여성 비서직 근무자는 심리적 임파워먼트가 많은 영향을 미친다는 것이다.

금융, 보험 관련 조직에서 권한위임의 관계

⚓ 보험 조직에 대한 연구

이헌철과 채순화(2011)는 보험업에 해당하는 국내 9개 대기업을 대상으로 변혁적 리더십이 다중조직몰입에 미치는 영향에서 임파워먼트의 매개효과를 검증한 결과, 임파워먼트가 다중조직몰입(감정적 몰입, 지속적 몰입, 규범

의 상호작용을 말한다. 넷째, 자원접근성은 조직의 목표를 달성하기 위해 필요한 자금, 물품, 장비 등 물적 자원은 물론 시간과 인적자원까지도 포함한 개념이며, 다섯째, 공식적 파워는 조직 내에서 공식적 지위에 따른 직무활동과 관련된 것으로 융통성이 있고 창조적이며 적극성이 요구되는 직무, 위험을 감수하거나 혁신적인 행동이 명백하게 인정되는 직무, 조직의 목표달성을 위해 기여하는 핵심적인 직무활동에 의해 획득되는 것을 말한다. 여섯째, 비공식적 파워는 조직 내에서 개인의 관계망과 관련된 것으로 조직 내부와의 관계(후원자, 동료, 부하직원, 타 부서와의 관계) 및 조직 외부와의 관계를 통해 획득되는 것이다.

적 몰입)에 긍정적인 영향을 미치는 것으로 나타났다. 그리고 변혁적 리더십이 다중조직몰입에 미치는 영향에서 매개 역할을 하는 것으로 나타났다.

즉 보험업과 제조업은 조직 구성원에게 권한을 위임해 줌으로써 조직 구성원이 기업에 오랫동안 근무할 수 있게 만들 수 있다. 특히 보험업과 제조업에 근무하는 구성원에게는 자기결정권을 많이 부여하고, 조직 구성원의 능력을 인정해 줄 때 더 큰 효과가 있다.

⚓ 은행 조직에 대한 연구

박동수와 김수희(2011)는 대구광역시와 경상북도에 소재한 NH은행 72개 영업점을 대상으로 팀 내의 임파워먼트가 조직시민행동과 조직몰입에 미치는 영향에서 상사에 대한 신뢰의 조절효과를 검증한 결과, 임파워먼트가 조직시민행동과 조직몰입에 긍정적인 영향을 미치는 것으로 나타났다. 그리고 상사에 대한 신뢰의 조절효과는 나타나지 않았지만, 상사에 대한 신뢰가 임파워먼트에 긍정적인 효과가 있는 것으로 나타났다.

여기서 이야기하는 조직시민행동이란 개인 본연의 직무는 아니지만 전반적인 조직성과를 제고하는 데 기여하는 직무 외 행동을 일컫는 개념으로, 직무기술서상에 명시되어 있지는 않지만 양심적인 시민으로서 타인에 대한 배려와 조직에 대한 애정에 기초한 시민의식의 자발적 발현을 통해 협력적인 분위기를 고취하는 행동을 말한다.

은행에 근무하는 구성원들은 많은 시민들을 대상으로 직무를 수행하기 때문에 많은 권한위임을 통해 조직시민행동을 향상시킬 필요가 있다. 또한 권한위임은 상급자에 대한 신뢰가 많은 영향을 미치기 때문에 평상시부터 하급자가 상급자에 대한 신뢰를 가질 수 있도록 해야 한다.

교육 관련 조직에서 권한위임의 관계

⚓ 유치원 및 보육시설 조직에 대한 연구

김민정 등(2016)은 수도권 소재 유치원 교사를 대상으로 임파워먼트와 조직
공정성이 직무만족과 경력몰입[5]에 미치는 영향을 분석하였다. 그 결과, 임파
워먼트의 영향력과 자기효능감은 경력몰입에 긍정적인 영향을 미치는 것으
로 나타났다. 즉 권한위임을 통해 하급자에게 조직에 대해 영향력을 행사할
수 있는 기회를 부여하고, 자기효능감을 향상시켜 주면 자신이 선택한 직업
에 열심히 하고자 하는 동기부여가 높아지게 된다는 것이다. 송영호(2012)
는 경상남도에 등록된 국공립, 법인 및 민간 어린이집에 근무하는 교사를 대
상으로 어린이집 원장의 변혁적 리더십과 조직문화, 의사소통, 임파워먼트
가 조직효과성에 미치는 영향을 연구한 결과, 조직문화는 임파워먼트에 긍
정적인 영향을 미치고, 임파워먼트는 조직효과성에 긍정적인 영향을 미치는
것으로 나타났다. 그리고 조직문화의 특성은 혁신문화-집단문화-위계문화-
합리문화 순서로 나타났으며, 임파워먼트의 설명력은 의미성-영향력-수행
능력-결정력 순서로 나타났다. 이러한 결과는, 어린이집은 혁신문화가 높은
조직으로 교사들에게 권한위임을 적극적으로 해줄 경우 조직효과성을 극대
화할 수 있음을 나타낸다.

김정희(2009)는 경상북도 지역의 유치원과 보육시설에서 근무 중인 교사
를 대상으로 유아교육기관 원장의 리더십이 조직효과성에 미치는 영향에서
교사의 임파워먼트의 매개효과를 검증한 결과, 원장의 거래적 리더십[6]과 조

---

5 자신이 선택한 직업에서 일하고자 하는 동기부여의 정도를 말한다(Hall, 1971).

6 리더가 행동, 보상, 인센티브를 사용해 구성원들로부터 바람직한 행동을 만드는 과정이다. 즉 거래적
리더 행위는 종업원의 노력에 대한 대가로 리더가 보상을 제공하는 것과 같은 교환 과정에 그 기반을

직효과성의 관계에 있어 임파워먼트는 조직헌신성, 직무만족에는 부분 매개 효과를, 직무성과에는 완전 매개효과를 가지는 것으로 나타났다. 그리고 원장의 변혁적 리더십과 조직효과성의 관계에 있어 임파워먼트는 조직헌신성과의 관계에서 부분 매개효과를 가졌으며, 직무만족 및 직무성과와의 관계에서는 완전 매개효과를 보였다. 즉 유치원이나 보육시설을 운영하는 원장이 조직 구성원에 대해 보상과 인센티브 등에 의한 리더십을 보일 때, 교사들의 조직헌신과 직무만족에는 긍정적인 효과가 있지만 직무성과에는 효과가 없는 것이다. 그리고 원장이 교사들에게 권한위임을 부여할 때는 조직헌신과 직무만족이 더 커질 수 있으며, 직무성과에서도 긍정적인 효과가 있는 것으로 나타났다. 또한 원장이 보상적인 측면보다 조직 구성원에 대한 배려와 동기부여 등을 통한 리더십을 발휘할 때는 조직헌신성에 긍정적인 영향을 주지만 직무만족과 직무성과에는 영향을 미치지 못하는 것으로 나타났다. 그리고 원장이 조직 구성원에게 권한을 위임할 때는 조직헌신성을 더욱 강화할 수 있으며, 직무만족과 조직성과도 향상시킬 수 있음을 나타냈다.

이 연구결과를 통해 알 수 있는 것은 유치원이나 보육시설에 근무하는 교사들에게는 변혁적 리더십보다 거래적 리더십이 더 많은 영향을 미치고, 교사들에게 권한을 위임해 줄 때에는 다양한 분야에서 긍정적인 효과를 얻을 수 있다는 것이다.

🕴 중등학교 조직에 대한 연구

오진명 등(2014)은 전라북도에 제직하고 있는 중등체육 교사를 대상으로 학

둔다(Burns. J. M,, 1978).

교 조직문화와 임파워먼트, 직무만족, 조직몰입과의 관계를 분석한 결과, 학교의 조직문화는 임파워먼트에 긍정적인 영향을 미치고, 임파워먼트는 직무만족과 조직몰입에 긍정적인 영향을 미치는 것으로 나타났다. 즉 중등학교 교사가 인식하는 학교 조직문화가 강해지면 권한위임도 커지고, 중등교사에게 권한위임을 많이 부여하게 되면 자신의 직무만족과 조직에 대한 충성심이 커지는 것으로 나타났다.

박유찬(2012)은 광주광역시 및 전라남도에 위치한 중·고등학교 교사를 대상으로 체육교사가 지각하는 학교 조직문화와 직무특성이 임파워먼트 및 조직효과성에 미치는 영향을 연구한 결과, 임파워먼트의 자기결정성에는 집단문화와 혁신문화가, 역량에는 혁신문화가, 영향력에는 집단문화 및 혁신문화, 위계문화가, 의미성에는 집단문화와 혁신문화가 긍정적인 영향을 미치는 것으로 나타났다. 그리고 직무특성 중 직무자율성, 기능다양성, 피드백, 과업중요성, 과업정체성이 임파워먼트의 자기결정성에 긍정적인 영향을 미치고, 역량에는 피드백, 기능다양성, 과업중요성, 직무자율성이, 영향력에는 과업중요성, 직무자율성이, 의미성에는 직무자율성, 기능다양성, 피드백, 과업중요성, 과업정체성이 긍정적인 영향을 미치는 것으로 나타났다. 즉 체육교사가 인식하는 학교 조직문화는 혁신문화가 많은 것으로 나타났으며, 직무특성에 따라 권한위임의 효과가 있는 것으로 나타났다.

🏛 초등학교 조직에 대한 연구

최경민과 김규태(2016)는 초등학교 교사를 대상으로 초등교사가 지각한 학교조직문화와 조직효과성 관계에서 임파워먼트, 조직몰입의 다중매개효과를 연구한 결과, 조직문화의 모든 하위요인인 관계지향 문화와 혁신지향 문화, 위계지향 문화, 관계지향 문화는 임파워먼트에 긍정적인 영향을 미치고, 학교조직문화가 학교조직효과성에 미치는 영향에서 임파워먼트의 관계문화와 과업문화가 매개 역할을 하는 것으로 나타났다. 즉 초등학교 교사들이 인식하는 학교 조직문화에는 관계, 혁신, 위계, 과업지향 문화가 모두 존재하고 있으며, 이러한 조직문화는 권한위임에 긍정적인 영향을 미치는 것으로 나타났다. 그리고 임파워먼트에 미치는 영향은 관계지향, 혁신지향, 과업지향, 위계지향 순으로 나타났다.

박장웅(2017)은 초등학교의 협동적 학교 조직문화[7], 교사 임파워먼트, 학교 조직효과성 간의 구조적 관계를 분석한 결과, 협동적 학교 조직문화는 교사 임파워먼트에 긍정적인 영향을 미치고, 임파워먼트는 학교 조직성과에 긍정적인 영향을 미치며, 학교 조직문화가 학교 조직성과에 미치는 영향에서 임파워먼트의 매개효과가 있는 것으로 나타났다. 즉 교사들이 불협화음을 방지하고, 목적의 일치를 위해 서로 협력하는 조직일수록 권한위임의 효과가 증대되며, 교사들에게 권한위임을 많이 해줌으로써 학교 조직성과도 증대시킬 수 있다는 것이다.

법률, 경찰, 소방, 교도 관련 조직에서 권한위임의 관계

⚓ 경찰 조직에 대한 연구

김기용(2011)은 전국의 244개 경찰서에 근무하는 경찰을 대상으로 리더십 유형과 심리적 임파워먼트, 직무만족 및 조직몰입의 관계를 연구하였는데

---

7 '선택과 집중'을 통한 학교 조직의 혁신적 업무수행이다. 이는 조직의 불협화음을 적극적으로 방지하고, 목적의 일치를 통해 업무를 신속하고 명확하게 수행해 나가는 것을 의미한다(Fullan, 2001).

그 결과, 첫째, 경찰서장의 변혁적 리더십과 거래적 리더십은 부하경찰관의 직무만족에 정(+)의 영향을 미치나 그 영향력은 거래적 리더십이 더 큰 것으로 나타났다. 둘째, 경찰서장의 변혁적 리더십과 거래적 리더십은 부하경찰관의 조직몰입에 정의 영향을 미치나 그 영향력의 차이는 크지 않은 것으로 나타났다. 조직몰입을 세분하여 정서적 조직몰입과 규범적 조직몰입으로 나누어 영향을 분석한 결과, 변혁적 리더십은 규범적 조직몰입에는 정의 영향을 미치나, 정서적 조직몰입에는 영향이 확인되지 않았으며, 거래적 리더십은 반대로 정서적 조직몰입에는 정의 영향을 미치나 규범적 조직몰입에는 영향이 확인되지 않았다. 셋째, 경찰서장의 변혁적과 거래적 리더십이 부하 경찰관의 심리적 임파워먼트에 미치는 영향은 거래적 리더십은 정의 영향을 미치나 변혁적 리더십은 유의한 영향이 확인되지 않았다. 넷째, 부하직원의 심리적 임파워먼트가 직무만족에 어떤 영향을 미치는지에 대한 검증결과는 유의한 정의 영향을 미치는 것으로 확인되었다. 다섯째, 부하직원의 심리적 임파워먼트가 조직몰입에 정적인 영향을 미치고, 심리적 임파워먼트는 조직몰입의 하위변수인 정서적 몰입과 규범적 몰입에 정적인 영향을 미치는 것으로 나타났다. 여섯째, 경찰서장의 변혁적 리더십이나 거래적 리더십이 부하직원의 직무만족에 영향을 미치는 데 있어서 심리적 임파워먼트가 매개적 영향을 미치는지 검증한 결과, 심리적 임파워먼트는 변혁적 리더십과 거래적 리더십이 직무만족에 영향을 미치는 과정에서 각각 부분 매개효과가 있음을 확인하였다. 일곱째, 경찰서장의 변혁적 리더십이나 거래적 리더십이 부하직원의 조직몰입에 영향을 미치는 데 있어 심리적 임파워먼트가 매개적 영향을 미치는지 검증한 결과, 각각 부분 매개효과가 확인되었다. 조직몰입을 정서적 조직몰입과 규범적 조직몰입으로 구분하여 검증한 결과에서도 심리적 임파워먼트는 마찬가지로 부분 매개효과를 확인할 수 있었다.

이와 같은 연구결과를 통해 경찰조직에서는 임무형 지휘와 같은 변혁적 리더십보다 통제형 지휘와 같은 거래적 리더십이 강하며, 경찰관들의 조직성과를 향상시키기 위해서는 권한위임이 필요함을 시사한다.

⚓ 지방 관료 조직에 대한 연구

김대원(2012)은 부산시 산하 동사무소에서 근무하는 지방관료를 대상으로 셀프리더십과 조직시민행동과의 관계에서 심리적 임파워먼트의 매개효과를 검증한 결과, 첫째, 셀프리더십이 심리적 임파워먼트의 역량성과 자기결정성 순으로 정적인 영향을 미치고, 의미성과 영향력은 유의한 영향을 미치지 않는 것으로 나타났다. 둘째, 심리적 임파워먼트의 의미성은 개인 수준의 시민행동에 정적인 영향을 미치나 조직 수준의 시민행동에는 유의하지 않은 것으로 나타났다. 역량성은 개인 수준 및 조직 수준의 시민행동에 모두 유의한 영향을 미치고, 자기결정성 역시 개인 수준과 조직 수준의 시민행동에 모두 유의한 영향을 미치며, 영향력은 개인 수준의 시민행동에 유의한 영향을 미치나 조직 수준의 시민행동에는 유의하지 않은 것으로 나타났다. 셋째, 셀프리더십은 개인 수준 및 조직 수준의 시민행동에 모두 정적인 영향을 미치는 것으로 나타났다. 이러한 연구결과를 통해 지방정부 공무원의 역량을 인정하고, 자신이 결정할 수 있는 권한을 위임할수록 셀프리더십이 강화될 수 있으며, 개인 및 조직 시민행동을 향상시킬 수 있음을 시사한다.

⚓ 지방 국세청과 세무서 조직에 대한 연구

홍순복(2010)은 경남 지역의 지방 국세청과 세무서에서 근무하는 세무공무원을 대상으로 셀프리더십이 임파워먼트와 조직몰입에 미치는 영향을 분석한 결과, 첫째, 행동지향 전략과 자연보상 전략, 건설적 사고전략은 임파워먼트에 정적인 영향을 미치고, 임파워먼트가 조직몰입에 정적인 영향을 미치는 것으로 나타났다. 둘째, 임파워먼트의 매개효과를 검증한 결과 ① 행동지향 전략→임파워먼트→조직몰입, ② 자연보상 전략→임파워먼트→조직몰입, ③ 건설적 사고전략→임파워먼트→조직몰입에서 매개효과가 있는 것으로 나타났다.

이러한 연구결과는 지방 국세청과 세무서 조직에서 권한위임이 실천되기 위해서는 셀프리더십을 향상시키고, 세무공무원에게 권한을 위임해 줌으로써 조직에 대한 충성심을 향상시킬 수 있음을 시사한다.

🏛 교도소 조직에 대한 연구

김학범과 최은하(2012)는 전국의 교정 조직에 속해 있는 공무원들을 대상으로 임파워먼트에 관한 연구하였다. 그 결과, 첫째, 교정공무원이 인식하는 교정 조직의 조직문화 유형은 위계문화가 가장 높고, 다음은 집단문화가 높게 나타났으며, 합리문화와 발전문화는 평균 이하의 수준으로 낮게 나타났다. 둘째, 집단문화가 전체 임파워먼트의 수준에 가장 큰 영향을 미치고, 다음으로 발전문화와 위계문화 순으로 영향을 미치는 요인으로 나타났다. 셋째, 집단문화와 발전문화 모두 임파워먼트의 의미성에 긍정적인 영향을 미치고, 발전문화와 위계문화가 의미성에 긍정적인 영향을 미치는 것으로 나타났다. 그리고 집단문화가 임파워먼트의 능력에 긍정적인 영향을 미치고, 집단문화와 위계문화가 능력에 긍정적인 영향을 미치는 것으로 나타났다. 또한 집단문화와 발전문화가 자기결정력에 긍정적인 영향을 미치고, 임파워먼트에 있어서는 집단문화와 발전문화가 영향력에 긍정적인 영향을 미치는 것으로 나타났다.

이러한 연구결과는 교정 조직에서는 위계문화가 가장 높게 존재하고, 교정 조직과 같은 위계문화에서 권한위임이 실천되기 위해서는 현재의 위계문화를 집단문화로 변화시킬 필요가 있으며, 교정직 공무원에게 자신의 직무에 대한 의미성과 능력을 강화할 필요가 있다.

⚓ 소방 조직에 대한 연구

추재엽(2017)은 충청북도 소방본부 본청 및 사업소에 근무하는 소방공무원을 대상으로 조직문화와 조직공정성이 조직효과성에 미치는 영향에서 조직 커뮤니케이션과 임파워먼트의 매개효과를 검증하였다. 그 결과, 첫째, 조직문화는 조직 커뮤니케이션에 합의문화, 위계문화, 발전문화가 정적인 영향을 주는 것으로 분석되었으며, 임파워먼트는 합의문화, 합리문화, 발전문화가 정적인 영향을 주는 것으로 분석되었다. 조직효과성에는 합의문화만이 직무만족에 정적인 영향을 주는 것으로 분석되고, 상호작용 공정성이 임파워먼트에 정적인 영향을 주는 것으로 분석되었다. 둘째, 임파워먼트가 조직효과성 요인인 직무만족과 조직몰입에 정적인 영향을 주는 것으로 나타났다. 셋째, 조직문화는 조직효과성에 대해서는 직무만족에 합의문화만이 영향을 주고, 임파워먼트에는 합의문화, 합리문화, 발전문화가 영향을 주며, 임파워먼트는 조직효과성인 직무만족과 조직몰입에 모두 영향을 주는 것으로 분석되었다. 넷째, 상호작용 공정성이 임파워먼트에 정적인 영향을 주고, 절차공정성과 상호작용 공정성은 임파워먼트를 매개로하여 조직효과성에 영향을 주는 것으로 나타났다.

이러한 연구결과는 소방 조직에는 합의문화, 위계문화, 발전문화가 존재하며, 권한위임에 긍정적인 영향을 주는 것으로 나타났다. 그리고 소방공무원에게 권한을 위임해 줌으로써 자신에 대한 직무만족과 조직에 대한 충성심을 향상시킬 수 있음이 나타났다.

보건, 의료 관련 조직에서 권한위임의 관계

김호선(2013)은 경기도에 있는 지역보건의료기관에서 근무하는 종사원을 대상으로 서번트 리더십[8]과 임파워먼트가 조직효과성에 미치는 영향을 분석한 결과, 서번트 리더십의 내재화된 도덕관점, 관계적 투명성, 균형적 정보처리, 시설장에 대한 인식은 임파워먼트의 영향력에 긍정적인 영향을 미치고, 임파워먼트의 영향력과 의미성은 조직몰입에 긍정적 영향을 미치는 것으로 나타났다. 그리고 임파워먼트는 진정성 리더십이 조직유효성에 미치는 영향에서 매개 역할을 하는 것으로 나타났다. 즉 다른 사람을 도와주고자 하는 마음이 높을수록 권한위임의 효과가 크고, 조직 구성원에게 권한위임을 부여할수록 조직성과를 향상시킬 수 있음을 시사한다.

남경희와 박정호(2016)는 서울 소재 의료기관에 근무하는 간호사를 대상으로 임파워먼트와 직무만족, 조직몰입과의 관계를 연구하였고 그 결과, 임파워먼트는 직무만족에 긍정적인 영향을 미치고, 조직몰입에는 영향을 미치지 못하는 것으로 나타났다. 즉 의료기관에서 간호사의 직무만족을 향상시키기 위해서는 권한위임을 강화할 필요가 있다. 그리고 이윤미와 김복미(2008)도 B시의 진료기관에 근무하는 간호사를 대상으로 변혁적 리더십이

---

8 타인을 위해 봉사에 초점을 두며 종업원, 고객 및 커뮤니티를 우선으로 여기고 그들의 욕구를 만족시키기 위해 헌신하는 리더십이다.

조직몰입에 미치는 영향에서 임파워먼트의 매개효과를 검증한 결과, 변혁적 리더십이 임파워먼트에 긍정적인 영향을 미치고, 변혁적 리더십이 조직몰입에 미치는 영향에서 임파워먼트가 매개역할을 하는 것으로 나타났다. 즉 간호사들에게 권한위임을 많이 부여함으로써 조직에 대한 충성심을 강화할 수 있음을 나타냈다.

심재훈 등(2008)은 서울시 및 수도권에 소재하고 있는 의료기관의 물리치료사를 대상으로 임파워먼트와 직무만족, 조직몰입과의 관계를 연구하였다. 그 결과, 물리치료사의 임파워먼트의 수준은 의미성, 자기결정성, 역량, 효과성 순으로 나타났으며, 물리치료사의 성, 연령, 교육수준, 결혼여부, 근무형태, 총근무경력에서 임파워먼트의 수준 차이가 있는 것으로 나타났다. 구체적으로 살펴보면, 성별의 경우 남자가 여성보다 높고, 연령의 경우 35세 이상이 이하보다 높으며, 교육수준의 경우 대학원을 졸업한 경우가 이하보다 높고, 결혼여부의 경우 기혼자가 미혼자보다 높았다. 병원 유형의 경우 복지관이 높고, 근무부서의 경우 병동치료실이 높으며, 근무 형태에서 정규직 종사자가 계약직이나 인턴 등의 비정규직에 비해서 임파워먼트 점수가 높고, 총근무경력의 경우 10년 이상 근무한 치료사가 10년 미만의 근무경력을 가진 치료사에 비해 임파워먼트 수준이 높게 나타났다.

최승혜 등(2014)은 서울권, 충청권, 경상권 지역의 종합병원에 근무하는 간호사를 대상으로 간호조직문화, 셀프리더십, 임파워먼트가 종합병원 간호사의 직무만족과 이직의도에 미치는 영향을 분석하였다. 그 결과, 간호사가 인식하는 조직문화는 관계지향문화(47.6%), 위계지향문화(35.7%) 순으로 나타났고, 혁신지향문화는(7.7%)로 가장 낮은 것으로 나타났다. 혁신지향문화일 경우 직무만족이 가장 높았고, 관계지향문화일 경우 이직의도가 가장 낮았다. 그리고 셀프리더십이 직무만족과 정의 관계를 나타내고, 임파워먼트는 직무만족과는 정(+)의 관계를, 이직의도와는 부(−)의 관계를 나타냈다. 즉 권한위임을 향상시키기 위해서는 간호사의 셀프리더십을 강화할 필요가 있고, 간호사에게 권한을 위임해 줌으로써 간호사의 직무에 대한 만족과 조직에서 이탈하려는 것을 예방할 수 있음을 시사한다.

심재훈 등(2009)은 서울, 경기 지역에 위치한 개인병원, 종합병원, 대학병원, 재활전문병원에서 근무하는 간호사를 대상으로 임상 작업치료사가 지각하는 임파워먼트와 직무만족, 조직몰입에 미치는 영향을 분석하였다. 그 결과, 임파워먼트와 직무만족, 조직몰입과 정의 상관관계가 있으며, 임파워먼트의 구성요소 중 의미성이 효과성에 비해 높고, 역량과 자기결정성은 비슷한 수준으로 나타났다. 즉 작업치료사에게 권한위임을 많이 부여할수록 자신의 직무에 대한 만족과 조직에 대한 충성심이 키울수 있음을 시사한다.

사회복지, 종교 관련 조직에서 권한위임의 관계

이준희(2014)는 대구, 경북 소재 10개 사회복지시설에서 근무하는 종사자를 대상으로 임파워먼트와 조직효과성과의 관계를 연구하였다. 그 결과, 사회복지시설종사자가 인식한 임파워먼트 수준은 보통 이상의 수준이었으며, 종사자의 임파워먼트의 하위요인별로 나타난 결과를 살펴보면, 의미성, 역량, 결정성, 영향력 순으로 조사되었다. 그리고 성별, 연령, 결혼여부, 근무경력에 따라 임파워먼트 수준 차이가 있는 것으로 나타났는데, 성별에 따른 차이는 여성이 조금 높으나 큰 차이가 없으며, 연령은 40대 이상이 40대 이하보다 높게 나타났고, 학력은 4년제 대학 졸업이상 보다 전문대학 졸업자가 높게 나타났다. 또한 결혼여부에 따른 차이는 미혼이 기혼보다 높고, 월수입에 따른 차이는 월수입이 낮은 사람이 높은 사람보다 더 높게 나타났다.

　김헌주와 장혁란(2015)은 대구, 경북 지역의 사회복지사를 대상으로 임파워먼트가 직무만족, 조직몰입, 이직의도에 미치는 영향을 분석하였다. 그 결과, 사회복지사의 임파워먼트는 직무만족과 조직몰입에 정적인 영향을 미치는 것으로 나타났으나 이직의도에는 영향을 미치지 못하는 것으로 나타났다. 즉 사회복지사에게 권한을 위임할 경우 자신의 직무에 대한 만족과 조직에 대한 충성심을 향상시킬 수 있으나 조직을 떠나려는 생각에는 영향을 미치지 못함을 시사한다.

　김창태와 곽경자(2012)는 한국 노인 및 장애인복지시설협회에 등록된 노인 및 장애인 요양시설에 근무하는 사회복지사를 대상으로 임파워먼트가 직무만족에 미치는 영향을 분석하였고 그 결과, 직무특성(기능 다양성, 피드백)은 임파워먼트에 부적인 영향을 미치고, 조직특성(직원개발, 보상, 리더십)은 임파워먼트에 정적인 영향을 미치는 것으로 나타났으며, 임파워먼트는 직무만족에 정적인 영향을 미치는 것으로 나타났다. 즉 노인 및 장애인 요양시설에 근무하는 사회복지사의 경우 직무특성상 자신이 해야 할 일에 대해서는 직접 해야 할 필요가 있고, 조직 구성원에 대한 보상과 배려는 권한위임에 효과가 있으며, 조직 구성원에게 권한을 위임하게 되면 자신의 직무에 더 만족할 수 있음을 시사한다.

　윤송자(2016)는 인천 지역 장기노인요양기관에 소속된 요양보호사를 대상으로 장기요양 시설장의 진정성 리더십[9]이 요양보호사의 조직유효성에 미치

9　긍정적 역량과 윤리적 분위기를 가진 구성원들과 함께 일하는 리더들이 더 높은 수준의 자아인식, 내재화된 도덕관점, 균형 잡힌 정보처리, 관계적 투명성을 통한 긍정적인 자기개발 리더의 행동 유형을 보인다고 한다.

는 영향에서 임파워먼트의 매개효과를 분석했다. 그 결과, 장기요양 시설장의 진정성 리더십은 조직 구성원의 임파워먼트에 긍정적인 영향을 미치고, 임파워먼트는 조직유효성에 정적인 영향을 미치는 것으로 나타났다. 그리고 임파워먼트는 진정성 리더십이 조직유효성에 미치는 영향에서 매개 역할을 하는 것으로 나타났다. 즉 진정성 리더십을 향상시킬수록 권한위임의 효과가 향상되고, 권한위임을 함으로써 조직 구성원의 조직성과를 더욱 향상시킬 수 있음을 시사한다.

김용희와 한창근(2016)은 서울시 소재 지역아동센터의 법적 종사자를 대상으로 종사자의 전문성이 조직몰입에 미치는 영향에서 임파워먼트와 직무만족의 매개효과를 검증했다. 그 결과, 종사자의 전문성은 임파워먼트에 정적인 영향을 미치고, 임파워먼트는 직무만족과 조직몰입에 정적인 영향을 미치는 것으로 나타났다. 즉 지역아동센터에서 권한위임을 강화하기 위해서는 전문성을 적극 향상시킬 필요가 있으며, 조직 구성원에게 권한을 위임할 경우 자신의 직무에 대한 만족과 조직에 대한 충성심을 향상시킬 수 있음을 나타낸다.

김영춘과 정민숙(2012)은 전국의 사회복지시설 중 이용시설에 근무하는 사회복지사를 대상으로 조직문화, 임파워먼트와 신뢰와의 관계를 연구한 결과, 집단문화, 발전문화 순으로 신뢰에 영향을 미치고, 임파워먼트 중 과업의미성과 자기결정력 순으로 신뢰에 긍정적인 영향을 미치는 것으로 나타났다. 즉 사회복지시설 중 이용시설의 조직문화는 집단문화 및 발전문화 순으로 존재하고, 사회복지사에게 자신의 직무에 대한 중요성과 자기결정권을 많이 부여할수록 신뢰수준이 향상될 수 있음을 시사한다.

문화, 예술, 디자인, 방송 관련 조직에서 권한위임의 관계

김성필과 이민순(2011)은 서울 및 경기도 소재 광고대행사에 근무하는 종사자를 대상으로 임파워먼트가 직무만족, 조직몰입, 이직의도에 미치는 영향을 분석한 결과, 임파워먼트의 의미성은 직무만족과 조직몰입에 정적인 영향을 미치고, 이직의도에는 부적인 영향을 미치는 것으로 나타났다. 그리고 역량성은 직무만족에 정적인 영향을 미치고, 자기결정성은 직무만족에 부적인 영향을, 조직몰입에 정적인 영향을 미치는 것으로 나타났다. 또한 영향력은 직무만족에 정적인 영향을 미치는 것으로 나타났다. 즉 광고대행사에 종사하는 구성원에게 권한위임의 형태에 따라 긍정적인 영향과 부정적인 영향을 미치는 것으로 나타났다.

운전, 운송 관련 조직에서 권한위임의 관계

이정아와 이기종(2016)은 특정 항공사를 대상으로 리더와 구성원 교환관계가 임파워먼트, 조직몰입, 고객만족, 고객지향성에 미치는 영향을 연구한 결과 임파워먼트가 조직몰입과 직무만족에는 긍정적인 영향을 미치지만 고객지향성에는 유의한 영향을 미치지 못하는 것으로 나타났다. 즉 항공사란 비행기를 이용하는 고객들을 상대하는 기업으로, 고객을 상대할 때는 기업에서 정해진 매뉴얼에 의해 고객을 상대하기 때문에 권한위임을 하더라도 자신이 융통성을 발휘할 수 있는 내용에서 효과가 있는 것이다. 따라서 항공사에서는 조직성과를 좀 더 향상시키기 위해서는 고객응대 매뉴얼에 있어 조직구성원이 어느 정도 융통성을 발휘할 수 있는 권한을 위임할 필요가 있음을 시사한다.

정태연 등(2013)은 국내 대형항공사에 근무하는 객실승무원을 대상으로 셀프리더십과 심리적 임파워먼트 및 직무만족의 구조관계를 분석한 결과, 셀프리더십[10](건설적 사고전략, 행동지향적 전략, 자연적 보상전략)이 심리적 임파워먼트에 정적인 영향을 미치고, 심리적 임파워먼트는 셀프리더십이 직무만족에 미치는 영향에서 매개 역할을 하는 것으로 나타났다. 즉 조직 구성원의 셀프리더십 향상은 권한위임에 증대시킬 수 있으며, 조직 구성원에 대한 권한위임을 통해 직무만족을 향상시킬 수 있음을 나타낸다.

경비, 청소 관련 조직에서 권한위임의 관계

김의영과 이종환(2011)은 경찰청에 등록된 천안과 아산시 소재 시큐리티 회사의 시큐리티 요원을 대상으로 심리적 임파워먼트가 서비스 지향성 및 조직 성과에 미치는 영향을 분석하였다. 그 결과, 심리적 임파워먼트의 의미성과 자기결정성이 높을수록 서비스 인적자원관리, 서비스 리더십, 서비스 접점 관리 수준이 높아진다고 하였다. 그리고 영향력과 의미성이 높을수록 시큐리티 요원이 조직몰입과 직무만족, 성과의 수준이 높아짐을 나타냈다. 즉 시큐리티 요원들이 자신의 업무에 대한 보람, 중요도와 같은 개인적인 의미의 경험, 업무에 대한 자기결정권이 종업원 훈련과 서비스 제공에 대한 적절한 보상, 서비스관리자 리더십과 서비스비전, 고객초점과 종업원의 권한 및 협

---

10 집단이나 개인이 자신의 인지적, 행동적인 측면에 영향력을 행사하는 포괄적인 개념으로 건설적 사고 전략, 행동지향적 전략, 자연적 보상전략 등 세 가지 핵심전략으로 이루어진다(Houghton & Neck. 2002). 첫째, 건설적 사고전략은 명확하지 않은 가정이나 바람직하지 않은 생각들을 수정 보완하고 업무수행에 긍정적인 영향을 주는 습관적인 사고방식과 적극적이고 구체적인 사고패턴의 형성을 용이하게 하는 전략이다. 둘째, 행동지향적 전략은 자신의 업무뿐만 아니라 어렵고 꺼리는 일까지도 기꺼이 수행하는 등 한 개인이 자신의 업무처리를 용이하게 하기 위해, 자아인식을 높이기 위해 행하는 노력을 목적으로 한 전략이다. 셋째, 자연적 보상전략은 주어진 업무나 활동이 가지고 있는 즐거운 측면만을 강조하는 것으로 사람은 과업 자체가 갖는 자연적인 즐거움에 의해 동기부여되고 보상받게 되며 의도적으로 업무활동을 즐기려는 행위까지 포함하는 것을 말한다.

력에 긍정적인 관계가 있다는 것이다. 이는 시큐리티 요원들에게 자신의 직무에 대한 중요성을 인식시키고 조직의 업무에 대한 참여 기회를 부여할 때 조직성과가 향상될 수 있음을 시사한다.

김찬선(2014)은 수도권 소재 시큐리티 요원들을 대상으로 시큐리티 조직의 조직문화와 임파워먼트 및 조직 애착도에 관한 연구하였다. 그 결과, 합리개발문화는 임파워먼트의 역량, 자기결정력과 의미성, 영향력에 정적인 영향을 미치고, 합의적 문화는 역량, 자기결정성에 정적인 영향을, 위계문화는 의미성에 정적인 영향을 미치는 것으로 나타났다. 즉 시큐리티 요원들에게 합리적이며, 미래를 위한 개발문화가 형성될 경우 권한위임 전 분야에서 증대될 수 있고, 상호협조적인 문화가 조성될 경우에는 자기결정력이 강화되며, 지나치게 규칙과 규율을 강조하게 되면 자신의 직무에 대한 의미성이 감소될 수 있음을 시사한다. 또한 시큐리티 조직의 조직문화와 조직애착도의 관계를 분석한 결과, 합리개발적문화는 정서적 애착[11]에 정적 영향을 미치고, 위계문화는 지속규범적 애착[12]에 정적 영향을 미치는 것으로 나타났다. 이와 같은 결과는 시큐리티 요원들에게 새로운 도전의 정신을 바탕으로 생산성과 효율성을 증대시킬 수 있는 문화를 정착 및 활성화시켜 준다면 조직에 대한 정서적 애착심은 높게 고취될 수 있음을 의미한다. 그리고 위계문화는 지속규범적 애착에 정적 영향을 미치는 것으로 나타났는데, 이는 민간경비 조직에서 업무수행 시 정해진 규칙과 규율을 엄격히 준수하여 체계적인 조직문화를 형성한다면 지속규범적 애착은 증대될 수 있음을 의미한다.

---

11 태도적 애착이라고도 한다. 조직애착은 정서적 애착을 일컫는 경우가 많으며, 직장인이 자기 자신을 조직과 일체화시키고, 그 조직의 구성원임을 기쁘게 생각하는 것을 말한다(Allen & Meyer, 1990).

12 개인이 조직을 떠날 경우 얻게 되는 이익과 그동안 조직에 투자한 물질적·정신적 노력의 손실 정도를 평가하여 손실이 더 클 경우 조직에 계속 머물러 있고자 하는 경향을 의미한다(Allen & Meyer, 1990).

다시 말해서 업무의 공정성을 바탕으로 일관성 있는 조직문화를 형성한다면 현재 종사하고 있는 시큐리티 조직에 대한 애착심은 높게 작용할 수 있음을 시사한다. 마지막으로 임파워먼트는 조직문화가 조직애착에 미치는 영향에서 매개 역할을 하는 것으로 나타났다. 이는 수직적인 시큐리티 조직에서 권한위임을 통해 조직 구성원의 애착심을 길러 줄 수 있음을 시사한다.

김학범(2013)은 서울, 인천, 경기 지역의 민간경비원을 대상으로 조직문화가 민간경비원의 임파워먼트에 미치는 영향을 분석하였다. 그 결과, 첫째, 민간경비원들이 인식하는 조직문화 유형은 집단문화, 위계문화 순으로 높게 나타났다. 반면에 합리문화는 가장 낮은 평균을 나타냈으며, 발전문화는 전체 조직문화의 평균에 비하여 낮게 나타났다. 둘째, 전체 임파워먼트에 대하여 집단문화의 상대적 영향력이 가장 높았으며, 합리문화가 두 번째로 큰 영향을 미치는 요인으로 나타났다. 셋째, 조직문화 유형이 임파워먼트 하위요소별로 어떠한 영향을 미치는지 분석한 결과, 먼저 집단문화와 발전문화가 의미성에 긍정적인 영향을 미치고 있는 것으로 나타났으며, 집단문화는 영향력에 긍정적으로 발전문화는 영향력에 부정적으로 영향을 미치고 있었다. 자기결정력은 집단문화와 합리문화가 긍정적인 영향을 미치고 있었고, 마지막으로 능력의 경우에는 집단문화가 긍정적인 영향을 미치고 있었다. 이상의 결과를 볼 때, 민간경비원이 인식하는 민간경비 조직문화는 집단문화가 가장 높고, 위계문화, 발전문화, 합리문화 순으로 존재함을 알 수 있다.

미용, 숙박, 여행, 오락, 스포츠 관련 조직에서 권한위임의 관계

⚓ 숙박시설 조직에 대한 연구

박병길(2014)은 서울 지역 객실이 100개 이상인 레지던스호텔 종사원을 대상으로 임파워먼트, 직무만족, 조직몰입 및 고객지향성[13]의 구조적 관계를 연구하였다. 그 결과, 임파워먼트의 하위요인인 자기결정성과 영향력, 의미성, 역할이 높을수록 조직몰입이 높아지고, 자기결정성과 영향력은 직무자체와 승진보상에 정의 영향을 미치며, 의미성과 역할은 직무자체, 승진보상, 동료관계에 정의 영향을 미치는 것으로 나타났다. 그리고 임파워머트의 의미성과 역할이 고객지향성에 정적인 영향을 미치는 것으로 나타났다. 즉 호텔 종사원에게 권한위임을 강화할수록 조직에 대한 충성심이 강해지고, 자신의 직무에 대해 더욱 집중하며, 승진에 대한 보상, 동료관계, 외부 고객과의 관계가 좋아진다는 것이다.

김희진(2013)은 부산 시내 특급호텔에 근무하는 종사원을 대상으로 임파워먼트가 조직후원인식[14], 조직몰입 및 직무만족에 미치는 영향을 분석한 결과, 임파워먼트의 하위요인(결정력, 영향력, 의미성, 유능감) 모두가 조직후원인식과 조직몰입, 직무만족에 긍정적인 영향을 미치는 것으로 나타났다. 즉 하급자에게 권한위임을 많이 해줄 경우 조직생활에 애착과 행복을 느끼며, 자신의 직무에도 만족하고, 조직후원인식에 강한 영향력을 보인다는 것이다. 따라서 서비스기업의 특징에 맞게 조직 구성원에 대한 기술습득과 능

---

13 판매원과 외부고객과의 상호작용 수준에서 외부고객의 욕구에 만족을 주는 것이다(Kelly, 1991).

14 조직을 의인화하여 조직도 개인에게 몰입할 수 있다는 주장이며, 개인이 조직의 보상으로 기대하는 것은 단기간의 교환을 포함하고 있는 금전적인 보상뿐만 아니라 가치에 기초를 두고 있는 장기적인 교환을 포함하고 있다(Einsenberger, 1991).

력, 업무에 대한 역량 구축을 위한 교육 및 프로그램을 운영할 것과 직무에 대한 재량권과 자율성 등 권한부여가 중요하다고 하였다.

임지현과 이애주(2014)는 서울 시내 호텔(그랜드하얏트, 리베라, 롯데월드, JW레리어트, 임페리얼팰리스)에 근무하는 종사자를 대상으로 임파워먼트와 조직공정성이 직무만족과 조직몰입에 미치는 영향을 분석한 결과, 임파워먼트가 조직몰입과 직무만족에 긍정적인 영향을 미치는 것으로 나타났다. 그리고 윤수선 등(2016)은 서울 소재 특1급 10개 호텔 조리직원을 대상으로 임파워먼트와 직무만족, 조직몰입, 이직의도[15]와의 관계를 분석한 결과, 임파워먼트의 의미성과 결정성은 직무만족과 조직몰입에 긍정적인 영향을 미치는 것으로 나타났다. 즉 호텔 조리직원에게도 자신의 직무에 대한 중요성을 인식시키고, 자신스스로가 결정할 수 있는 권한을 위임해 줌으로써 자신의 직무에 충실하고, 조직에 충성할 수 있음을 알 수 있다.

장세준(2011)은 서울 시내 특1급 호텔에 근무하는 종사원을 대상으로 셀프리더십과 리더와 구성원과의 교환관계^{LMX}가 심리적 임파워먼트와 조직시민행동에 미치는 영향을 분석한 결과(10년 이상의 경력직원의 경우), 셀프리더십의 구성요소(내적보상, 자기관리, 정서적 유대감, 진취적 사고) 중 내적보상이 임파워먼트의 영향력에 정적인 영향을, 내적보상과 자기관리가 임파워먼트의 의미성에 정적인 영향을, 내적보상이 임파워먼트의 역량에 정적인 영향을 미치는 것으로 나타났다. 즉 호텔에 근무하는 종사자들은 내적보상에 대한 인식이 높을수록 심리적 임파워먼트의 영향력과 의미성, 역량에 대해 높게 인식하고, 자기관리에 대한 인식이 높을수록 자신의 일에 대한 의미

---

[15] 구성원이 조직으로부터 결속력 있는 구성원으로서의 자격을 종결하는 것이다(Michaels & Spector, 1982).

를 높게 인식한다는 것이다. 또한 경력 10년 미만의 종사원을 대상으로 한 연구에서는 셀프리더십의 자기관리가 임파워먼트의 영향력에 정적인 영향을, 셀프리더십의 내적보상과 진취적 사고가 임파워먼트의 의미성에 정적인 영향을, 셀프리더십의 내적보상과 자기관리, 진취적 사고가 임파워먼트의 역량에 정적인 영향을 미치는 것으로 나타났다. 즉 호텔직원이 셀프리더십의 내적보상에 대한 인식이 높을수록 심리적 임파워먼트의 의미성과 역량에 대해서도 높게 인식하는 것으로 볼 수 있고, 셀프리더십의 자기관리에 대한 인식이 높을수록 영향력과 역량에 대해서도 높게 인식하는 것으로 볼 수 있다. 그리고 셀프리더십의 진취적 사고는 심리적 임파워먼트의 의미성과 역량에 대해서도 높게 인식하는 것으로 볼 수 있다.

10년 이상의 경력직원에 대한 리더와 구성원의 교환관계LMX가 심리적 임파워먼트에 미치는 영향을 분석한 결과, 리더와 구성원 간의 교환관계가 임파워먼트의 영향력과 의미성, 역량에 정적인 영향을 미치는 것으로 나타났다. 즉 리더와 구성원 간의 교환관계의 질이 향상될수록 하급자에 대한 권한위임이 증대될 수 있는 것이다. 그리고 10년 미만의 경력직원에 대한 리더와 구성원의 교환관계가 심리적 임파워먼트에 미치는 영향을 분석한 결과, 교환관계의 공헌이 임파워먼트의 영향력에 정적인 영향을 미치고, 정서적 유대감이 의미성에 정적인 영향을 미치는 것으로 나타났다. 즉 리더와 구성원 간의 교환관계에서 공헌의 질에 따라 조직 내 구성원의 영향력이 증대되고, 정서적 유대감이 높을수록 구성원의 직무에 대한 의미도 높아질 수 있다.

🔧 미용시설 조직에 대한 연구

김희숙과 강은주(2016)은 서울, 경기, 광주광역시 소재 미용 서비스 종사자를 대상으로 임파워먼트가 직무만족 및 조직몰입에 미치는 영향을 분석한 결과, 임파워먼트가 직무만족과 조직몰입에 긍정적 영향을 미치는 것으로 나타났다. 그리고 이란희와 송연숙(2014)은 대전 지역 소재 헤어디자이너를 대상으로 임파워먼트가 조직몰입과 직무만족에 미치는 영향을 분석한 결과, 임파워먼트가 조직몰입과 직무만족에 정의 영향을 미치는 것으로 나타났다. 특히 임파워먼트의 의미성과 역량, 자기결정력이 직무만족에 많은 영향을 미치는 것으로 나타났다. 즉 미용 서비스에 종사하는 사람들의 경우 자신의 직무에 대한 의미성을 많이 부여하고, 능력을 인정하며, 자기 결정권한을 많이 부여할수록 자신의 일에 만족과 자신이 속한 조직에서 오랫동안 일하고 싶은 생각이 든다는 것이다.

🎎 여행사 조직에 대한 연구

김용구와 윤선영(2009)은 서울 소재 100명 이상인 5개 여행사에 근무하는 종사원을 대상으로 임파워먼트, 직무만족, 조직몰입, 이직의도에 미치는 영향을 연구하였다. 그 결과, 임파워먼트 요소(의미성, 영향력, 자기결정력, 역량) 중 의미성만 이직의도에 부적인 영향을 미치는 것으로 나타났다. 즉 여행사에 근무하는 사람들에게는 상급자가 자신의 업무에 대한 의미를 찾고, 그에 대한 보람을 느낄 수 있도록 할 때, 조직에 충성하고 다른 곳으로 떠나는 것을 방지할 수 있다는 것이다.

김용순과 백현(2010)은 해외 송출객 상위 10개 여행사에서 근무하는 종사원을 대상으로 셀프리더십과 심리적 임파워먼트 및 직무만족의 구조적관계를 연구한 결과, 셀프리더십(행동적 중심전략, 자연적 보상전략, 건설적 사고전략)은 심리적 임파워먼트에 긍정적인 영향을 미치고, 심리적 임파워먼트는 내재적 · 외재적 직무만족에 긍정적인 영향을 미치는 것으로 나타났다.

즉 여행사에서 조직 구성원에 대해 권한위임을 하고자 할 때는 셀프리더십을 제고시켜야 함을 의미한다. 특히 자연적 보상전략이 심리적 임파워먼트에 가장 영향력이 높은 결과를 보임으로써 업무의 즐거움을 통한 내재적 동기유발을 증대시켜야 한다. 또한 심리적 임파워먼트는 내재적 직무만족과 외재적 직무만족에 유의한 영향을 주는 것으로 나타났다. 즉 여행사 종사원들에게 업무량만 증가시킬 것이 아니라 이에 따른 업무상의 역할범위의 확대와 자율성을 증대시킬 필요가 있다.

리조트시설 조직에 대한 연구

우인수(2006)는 경기 및 강원도 소재 7개 리조트에 근무하는 직원들을 대상으로 변혁적 · 거래적 리더십이 종사자들의 임파워먼트 및 조직문화, 조직성과에 미치는 영향을 분석하였다. 그 결과, 변혁적 · 거래적 리더십 모두 임파워먼트에 정적인 영향을 미치나 변혁적 리더십이 더 많은 영향을 미치고, 임파워먼트가 직무만족에 정적인 영향을 미치는 것으로 나타났다. 즉 변혁적리더십이 실천되는 조직에서 권한위임의 효과가 더 크게 나타나고, 권한위임을 통해 직무만족을 더 향상시킬 수 있음을 나타낸다.

스포츠 센터 조직에 대한 연구

이재형 등(2016)은 강원도에 위치한 스키리조트에서 종사하는 스키지도자를 대상으로 조직문화와 임파워먼트 및 조직유효성의 관계를 연구한 결과, 조직문화의 하위요인 중 혁신문화는 영향력, 역량, 자기결정성, 의미성에, 합리문화는 영향력, 자기결정성에, 집단문화는 영향력, 역량, 자기결정성,

의미성에, 위계문화는 역량, 자기결정성, 의미성에 유의한 영향력을 미치는 것으로 나타났다. 심리적 임파워먼트의 하위요인 중 영향력은 조직몰입에, 역량은 직무만족, 조직몰입, 직무성과에, 자기결정성은 직무만족, 조직몰입, 직무성과에, 의미성은 직무만족, 조직몰입, 직무성과에 유의한 영향력을 미치는 것을 나타났다. 즉 스키리조트에는 집단문화와 위계문화가 존재하며, 심리적 임파워먼트의 의미성을 중요하게 생각하며, 스키지도자에게 권한위임을 해줄 경우에는 조직몰입과 직무만족, 조직성과 순으로 향상될 수 있음을 나타냈다.

정지명과 이광용(2007)은 서울 소재 스포츠센터 종사자를 대상으로 변혁적 리더십과 조직유효성의 관계에서 임파워먼트의 매개효과를 검증한 결과, 임파워먼트가 직무만족과 조직몰입에 긍정적인 영향을 미치고, 이직의도에는 영향을 미치지 못하는 것으로 나타났다. 그리고 변혁적 리더십이 조직몰입에 미치는 영향에서 임파워먼트가 매개 역할을 하는 것으로 나타났다. 즉 스포츠센터에 근무하는 종사자에게 권한위임을 할 경우 자신에 대한 직무에 대한 만족과 조직에 대한 충성심을 불러일으킬 수 있음을 나타냈다.

황지현(2012)은 서울 지역 16개 스포츠센터 종사자를 대상으로 변혁적 리더십과 거래적 리더십, 임파워먼트, 직무만족, 조직몰입의 구조적 관계를 연구한 결과, 변혁적 리더십과 거래적 리더십 모두 임파워먼트에 긍정적인 영향을 미치나 변혁적 리더십이 더 많은 영향을 미치는 것으로 나타났다. 그리고 임파워먼트가 직무만족, 조직몰입 순으로 영향을 미치는 것으로 나타났다. 즉 스포츠센터는 개발문화와 같은 변혁적 리더십이 높고, 스포츠센터 종사자에게 권한위임을 할 경우 조직효과성을 향상시킬 수 있음을 시사한다.

임병윤(2012)은 전국의 볼링선수를 대상으로 셀프리더십과 임파워먼트 및 몰입의 관계를 연구한 결과, 셀프리더십이 임파워먼트에 정적인 영향을 미치는 것으로 나타났다. 그리고 이명국(2011)은 축구선수를 대상으로 셀프리더십과 임파워먼트가 조직유효성에 미치는 영향을 분석한 결과, 임파워먼트의 역량성과 의미성이 조직만족과 조직몰입 순으로 영향을 미치는 것으로 나타냈다. 그리고 안창규(2012)는 대한축구협회에 등록된 고교 팀 선수와 N리그에 소속된 팀원을 대상으로 축구지도자의 셀프리더십, 임파워먼트와 조직유효성 간의 연구를 했는데 그 결과, 셀프리더십이 임파워먼트에 긍정적인 영향을 미치는 것으로 나타났다. 즉 셀프리더십을 가진 운동선수나 지도자에서 권한위임을 부여하기 위해 셀프리더십을 강화하거나, 셀프리더십이 강한 선수에게 권한위임을 부여할 때 효과가 향상될 수 있음을 시사하고 있다.

음식 서비스 관련 조직에서 권한위임의 관계

박영배와 조성호(2011)는 국내 브랜드 패밀리레스토랑(세븐스프링스, 일마지오, 마고일치에로, 엘본 더 테이블, 보나베떼, 에슐리) 종사원을 대상으로 임파워먼트가 조직유효성에 미치는 영향에서 신뢰의 조절 역할을 연구한 결과, 임파워먼트의 자기결정성과 역할이 직무만족에 긍정적인 영향을 미치고, 조직몰입에는 자기결정성과 역할, 영향력이 긍정적인 영향을 미치는 것으로 나타났다. 그리고 조직신뢰는 임파워먼트에 긍정적인 영향을 미치며, 임파워먼트가 조직유효성에 미치는 영향에서 조절 역할을 하는 것으로 나타났다. 즉 음식서비스에 종사하는 종사원에게 능력을 인정해 주며, 자기결정권을 위임해 주면 자신의 직무에 더욱 만족하고, 조직에 대한 충성도 높아진다는 것이다. 그리고 조직에 대한 신뢰성을 향상시킬수록 권한위임의 효과는 증대되는 것으로 나타났다.

군 조직에서 권한위임의 관계

양주연(2008)은 군 간호장교를 대상으로 임파워먼트가 직무만족과 조직몰입에 미치는 영향을 분석한 결과, 임파워먼트는 학력과 군에 종사할 기간과 낮은 정적 상관관계를 가진다는 것을 발견했다. 즉 학력이 높을수록 군에 장기적으로 복무하길 희망할수록 임파워먼트가 높은 것으로 나타났다. 그리고 임파워먼트가 간호장교의 직무만족과 조직몰입에 긍정적인 영향을 미치는 것으로 나타났다. 즉 간호장교에게 권한위임을 해줌으로써 자신의 직무에 대한 만족감과 조직에 대한 충성심을 향상시킬 수 있다는 것이다.

김현섭(2013)은 육군교육사령부 군무원과 장교 교관을 대상으로 조직문화가 조직효과성에 미치는 영향을 분석하였다. 그 결과, 첫째, 과업문화를 제외한 혁신문화, 관계문화, 위계문화가 직무만족 및 조직몰입과 유의한 상관관계를 보이고 있으며, 조직효과에 미치는 영향에서는 과업문화와 관계문화가 직무만족에 정적인 영향을 미치고, 혁신문화와 위계문화는 직무만족에 영향을 미치지 않는 것으로 나타났다. 둘째, 조직문화가 조직몰입에 미치는 영향을 분석한 결과, 과업문화를 제외하고, 혁신문화와 관계문화, 위계문화가 조직몰입에 정적인 영향을 미치는 것으로 나타냈다. 즉 군 조직에서 군인들의 직무만족과 군에 대한 충성심을 향상시키기 위해서는 혁신문화로 변화시킬 필요가 있음을 나타낸다.

김문겸(2015)은 육군에 근무하는 장교 및 부사관 등을 대상으로 임무형 지휘가 조직효과성에 미치는 영향에서 심리적 임파워먼트의 매개효과를 검증하였다. 그 결과는 다음과 같다. 첫째, 임무형 지휘의 하위요소를 도출하기 위해 요인분석을 한 결과, 카리스마, 동기부여, 셀프행동지향의 3개 차원을 확인하였다. 그리고 임무형 지휘의 하위요인이 조직효과성에 미치는 영향을 분석한 결과, 임무형 지휘의 하위요소인 동기부여와 셀프행동지향은 직무만족에 정적인 영향을 미치지만, 카리스마는 직무만족에 통계적으로 유의한 영향을 미치지 못하는 것으로 나타났다. 그리고 조직몰입에 미치는 영향에서는 동기유발, 카리스마, 셀프행동지향 모두 정적인 영향을 미치는 것으로 나타났다. 둘째, 임무형 지휘 하위요소가 심리적 임파워먼트의 하위요소에 미치는 영향을 분석해 본 결과, 동기부여는 심리적 임파워먼트의 의미성과 영향성에는 정적인 영향을 미치지만 유능성에는 영향을 미치지 못하고, 셀프행동지향은 심리적 임파워먼트 모든 하위요인에 정적인 영향을 미치는 것으로 나타났다. 그러나 카리스마는 심리적 임파워먼트에 유의한 영향을 미치지 못하는 것으로 나타났다. 셋째, 심리적 임파워먼트의 모든 하위요소는 직무만족과 조직몰입에 정적인 영향을 미치는 것으로 나타났다. 넷째, 임무형 지휘가 조직효과성에 미치는 영향에서 심리적 임파워먼트의 매개효과를 분석한 결과, 의미성은 동기부여가 직무만족과 조직몰입에 미치는 영향에서 부분 매개효과가 있고, 셀프행동지향은 카리스마와 직무만족 관계에서 완전 매개 역할을 하고, 조직몰입에는 부분 매개 역할을 하는 것으로 나타났다. 그리고 영향성은 동기부여가 직무만족에 미치는 영향에서 부분 매개 역할을 하고, 조직몰입에 미치는 영향에서는 완전 매개 역할을 하는 것으로 나타났으며, 셀프행동지향이 직무만족에 미치는 영향에서는 완전 매개 역할을 하고 조직몰입에는 부분 매개 역할을 하는 것으로 나타났다. 유능성은 셀프행동지향이 직무만족에 미치는 영향에서는 완전 매개 역할을 하고, 조직몰입에 미치는 영향에서는 부분 매개 역할을 하는 것으로 나타났다. 그리고 카리스마와 동기부여가 직무만족과 조직몰입에 미치는 영향에서는 매개효과가 없는 것으로 나타났다.

이러한 연구결과는 군 조직에서 임무형 지휘 하위요인으로 카리스마, 동기부여, 셀프행동지향을 선정하였지만 카리스마의 경우 조직효과성에 큰 영향을 미치지 못하는 것을 알 수 있었다. 그리고 임무형 지휘가 실천되는 조직에서 하급자에게 권한을 많이 위임하면 할수록 구성원의 직무만족과 조직에 대한 충성심을 더욱 향상시킬 수 있음을 나타냈다.

제 7 장

개인특성을 고려하여
임파워링하라

1. 권한위임을 위한 조직 구성원의 인지사고 특성 이론

권한위임이 잘 실천되기 위해서는 개인의 특성에 맞는 권한과 책임이 부여되어야 한다. 사람은 각자 타고난 기질적 특성과 길러진 능력의 차이가 있기 때문에 권한위임의 효과를 얻기 위해서는 개인의 특성을 고려한 권한과 책임이 매우 중요하다. 그러면 어떻게 개인의 특성을 고려하여 권한위임을 할 것인가?

일반적 리더십 이론의 발전과정을 보면 전통적 리더십으로 특성 이론trait theory, 행동 이론behavior theory, 상황 이론contingency theory으로 전개되었으며, 현대 리더십 이론으로 거래적 리더십과 변혁적 리더십, 감성리더십, 셀프리더십과 슈퍼리더십 등으로 전개되었다. 즉 지금까지의 리더십 연구는 세분화만 되었지 이론적 차이에 대한 연구는 없었다.

21세기 리더십은 기존의 경험적 결과에 의한 리더십이 아니라 좀 더 과학적인 리더십이 필요하다. 모든 조직 또는 일상생활 속에서 리더십의 대상은 사람이다. 사람은 생각하고 행동하며 사람의 생각과 행동의 원천은 뇌에서 이루어진다.

모든 인간은 외부세계를 내적인 기능들을 통해 조정하고 정돈하는 정신기능을 가지고 있다. 우리는 이 정신기능을 과학적인 과정을 통해 이해하고자 하는 노력의 일환으로 인간의 뇌를 연구하여 왔다. 뇌와 정신과정 기제에 대한 연구들은 인간의 욕구와 계획은 뇌의 어떤 구조에 의해 만들어지고 통제되고 검증되는지, 외부 정보를 수용, 분석, 저장하는 신경계는 어떻게 조직되어 있는지에 관심을 두어 왔다.

100년 전에 뇌는 외부자극을 수용하고 자극에 반응하는 기초체계로 구성되어 있는 수동적 반응도구로만 여겼다. 과거경험에 의해서만 뇌 활동이 결정된다고 믿었다. 그러나 새로운 실증연구들은 뇌가 과거 경험뿐만 아니라 미래의 계획, 계획에 따른 행동도 창조해 내는 능동적이고 적극적인 도구라는 사실들을 발견하면서, 어떤 기제를 통하여 미래에 대한 계획이 현재 행동에 영향을 미치는지를 설명하고자 하는 가설들이 실증적 연구들을 기반으로 제안되기 시작하였다. 뿐만 아니라 국소적인 대뇌 영역들은 특정한 기술을 담당한다고 한다. 즉 각 뇌기능이 국재화되어 뇌 영역마다 담당하는 역할들을 서로 분담하는 연구결과들이 지속적으로 발견되었다. 또한 개인마다 뇌의 발달 영역이 상이하며, 상이한 뇌 발달로 인한 개인의 잠재된 독특성이 어떻게 영향을 미치는가에 대한 연구들이 활발하게 이루어져 왔다. 복잡한 정신작용의 기능체계가 대뇌피질의 특정 영역 내에 위치하지만 이러한 기술들은 단순한 행동이라도 다양한 기본적인 기술을 필요로 하며 다양한 대뇌 영역의 활동을 요구한다. 복잡하고 계층적인 구조를 가진 복잡한 체계 위에 기초하고 있기 때문에 정신과정은 복잡한 기능 체계의 관점에서 이해되어야 한다(Vygotsky, L.S, 1956).

전두엽은 뇌의 4분의 1을 차지하며 전전두엽은 판단, 창의, 문제해결력과 밀접한 관계를 갖고 있다. 나이가 들면 전두엽 세포는 죽는 대신 전전두엽 세포는 만들어진다. 나이 들수록 깜빡깜빡하고 기억을 못하지만, 전체를 보고 핵심을 짚는 판단력은 더 좋아진다(Luria, A.R, Homskaya, E.K, 1966). 전두엽의 역할은 정보를 수용 · 분석 · 저장하고 정신작용과정을 통제하는 것이다. 복잡한 목표지향적인 행동과 주의를 통제하지만 손상 시에는 기대나 지적활동에 장애를 보이며 계획이나 의도를 세우고 스스로 동기를 부여하기가 어려워 희망이나 소원을 전혀 표현할 수 없게 된다. 무엇을 요구하는 일도 거의 없어지며 무관심, 무동기, 무의지가 나타난다.

사람은 각기 성격이 다르고 독특한 능력과 잠재력을 가지고 있다는 것은 누구나 인정하는 사실이다. 또한 서로 다른 영역에서 더 우수한 잠재력을 발휘하고 다른 방식으로 소통하며 다른 방식으로 학습과 경험을 처리한다. 개인마다 서로 다른 인지적 특성이 존재하지만 우리의 학습과 소통방식은 모두에게 똑같이 적용할 수 있는 방법을 제시한다. 그러나 이러한 방식이 모든 사람에게 동일한 효과를 얻을 수 없기 때문에 적절한 학습방식과 사람들의 개인 특성을 고려한 문제해결이 요구된다. 개인마다 상이한 인지처리양식이 존재한다면 어느 일반적인 방식보다 그의 독특성에 맞춰진 방식이 더 효율적이다. 개인의 잠재력을 극대화하고, 의사소통을 더욱 명료화해야 한다. 또 학습능력 효율화를 위한 핵심은 자신과 타인의 잠재적 독특성을 이해하는 데에서 출발해야 할 것이다. 그러므로 권한위임 리더십은 전두엽 기능의 인지사고 특성인 순차적 처리와 변칙적 처리, 구체적 사고와 추상적 사고를 적용하고자 하였다.

전두엽의 네 가지 인지처리 특성은 전두엽의 사고기능과 좌 · 우반구의 기능 편재화를 기반으로 하며 다음과 같다.

- 순차적 처리 : 순서대로 일어나는 연속적인 자극을 분석하는 데 전문화된 뇌 영역으로, 연속적인 기능과 사실을 분석 계열적으로 정보를 처리하는 편재화된 뇌기능이다. 정보를 질서 있게 처리하고 업무를 순차적으로 처리한다.
- 변칙적 처리 : 동시에 제시된 자극을 한꺼번에 분석하는 데 전문화된 뇌로, 종합적으로 정보를 처리하고 말하려는 각 요소를 선택하고 조합해

서 이야기를 '조직화'하는 것에 관여하며 목소리, 억양을 통해 정서를 표현하고 인식하는 기능을 전담한다.

- 구체적 사고 : 눈에 보이는 사실감각을 기반으로 오감을 사용한 사고를 전담한다.
- 추상적 사고 : 정보를 개념별로 나누고 분석하는 개념적 원리적 사고를 전담하는 편재된 기능을 담당한다.

사람마다 전두엽의 인지사고 유형이 어떻게 발달했느냐에 따라 개인의 기질적 특성인 적성과 성격, 학습에 영향을 미친다. 적성과 성격, 학습 성향은 사람이 태어나서부터 죽을 때까지 떼려야 뗄 수 없는 것으로 권한위임 리더십 유형은 전두엽의 인지사고 유형을 기본요소로 하고 있다.

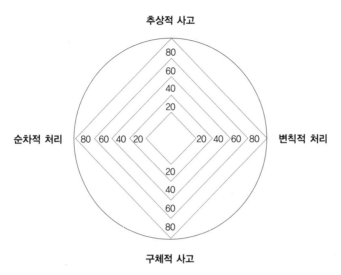

그림 7.1 전두엽의 네 가지 인지처리 유형

순차적 처리 유형의 특징

좌반구 우세형으로 순서대로 연속적으로 처리하는 사고로, 눈에 보이는 사실fact 처리에 강하다.

순차적 처리sequential processing는 외부 자극을 특정한 일련의 순서로 통합하는 정신과정이며, 이러한 순서는 사슬과 같은 연쇄의 형태를 갖는다. 정보를 질서 있게 그리고 순차적으로 사고하며, 업무처리에서 이들은 완벽을 추구한다. 순차적 처리의 순서적 측면은 사물을 계열적으로 지각하는 것과 소리나 동작을 순서대로 형성하는 것을 포함한다. 순차적 처리를 포함하고 있는 과제의 예는, 언어를 순차적으로 조직하는 것과 분리된 것을 연속적인 계열로 종합하는 것이다(Luria, 1966).

루리아(1966)는 연속적 처리는 사물들이 서로 엄격히 정해진 순서를 따르

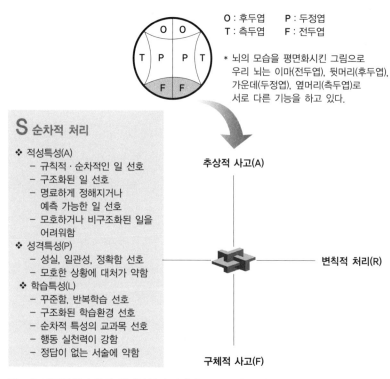

그림 7.2 전두엽의 순차적 처리특성의 발달과 A. P. L의 특성

는 기능이라고 하였다. 특히 전체 이야기의 개별적인 요소가 항상 특정한 연속적인 계열로 조직된 것처럼 작용할 때 그러하다고 하였다. 다시 말하면 이야기의 순차적인 제시가 의미를 이끌어 낸다. 순차적 처리는 자극의 순차적 속성에 대한 지각과 재산출, 구문론적 관계에 기초를 둔 문장의 이해, 그리고 분리된 소리를 연속적인 순서로 조음하는 것에 기능한다.

이러한 인지처리과정은 뇌의 특정한 해부학적 영역과 연결되어 있다. 보겐(1969), 가자니가(1975), 니브스(1974)는 분석적 · 순차적 · 시간적 · 명제적 처리는 대뇌의 좌반구와 연결되고 통합적 · 전체적 · 공간적 · 병렬적 사고는 주로 우반구에서 행하여진다고 하였다. 한편 루리아(1966)는 순차적 처리를 주로 전두-측두 영역의 기능이라고 보고 있다. 순차적 처리의 두드러진 특징은 각 요소가 바로 선행하는 요소에만 관련되고 이러한 자극들이 상호 관련되지 않는다는 점이다.

문제를 해결할 때 정보를 한번에 1개씩 처리하는 기능이 잘 발달되어 있고, 한번에 한 가지 문제에 초점을 두는 행동특성이 나타날 수 있다는 것이다. 분석적으로 순서와 단계가 있는 측정적이고, 비교·대조적 이해 기능이 우수하다. 명료한 것을 좋아하고 집중력이 있으며, 계획적이고 구조화된 업무를 좋아하고, 컴퓨터 프로그램 등과 같은 순차적 직무를 좋아한다. 이와 같이 순차적 처리의 특성이 높으면 체계적이고 단계적으로 일을 처리하는 경향이 있어 성실하고 예측 가능하며 규칙과 질서를 잘 지키고 반복적으로 꾸준히 해야 하는 분야에서 두각을 보일 수 있다. 직무특성은 구조화된 환경을 선호하고, 전체보다 세부 실천과제를 더 잘 수행하며, 집중력과 실천 능력이 좋다.

⚓ 적성특성

강점

순서와 단계가 있는 일, 분석적·측정적 비교, 대조적 이해 기능을 발휘할 수 있는 일에 기능적이다. 정확하고 명료한 것을 좋아하고 모호하고 불규칙한 것에 잘 집중하지 못할 수 있다. 한 가지 일에 집중할 수 있는, 세분화되고 시스템적인 구조화된 직무환경을 선호할 수 있다. 컴퓨터 프로그램과 같은 분석적이고 정확한 순서와 규칙이 있는 일에 집중력이 우수하다. 순차적 처리가 높은 개인은 구조화된 환경과 규칙이 있고 분명하게 정해진 체계적인 일이나 예측 가능한 일을 선호하며 시간을 두고 준비하며 주어진 일에 대해 완성도가 높다.

순차적 처리는 정보를 비교, 분석, 계획, 논리적 사고력이 우수하기 때문에 정확한 방식이 있는 직업에서 능력을 발휘할 수 있고, 직장 내에서 생산성 향상을 위한 전략으로 심리적인 동기부여 전략보다 모호하지 않은 정확한 방법론을 제공하는 것이 좋고, 이랬다저랬다 하지 않는 일관성 있는 시스템 제공이 필요하다.

약점

복잡한 내용은 논리적인 분석과 비교를 통해 이해하고 처리하려는 경향이 높지만, 모호하거나 정확하지 않은 비구조화된 일에 스트레스를 많이 받기 쉽다. 직장 내에서 발생할 수 있는 여러 변수에 유연성 있게 처리하기보다는 공식과 규칙과 같은 원칙 중심의 처리를 한다. 뇌가 크게 편중되어 순차적 특성만 매우 높은 경우 직무에 대한 계획에서 변화보다는 안정을 추구하고, 구조화된 업무에서 실수가 없으며, 정확하고 성실하여 그 능력을 인정받을 수 있다. 그러나 변화가 많은, 즉 사람 조직과 사람들의 눈에 보이지 않는 감성과 직감 또는 유연성이 필요한 직업에서는 큰 스트레스를 받을 뿐만 아니라 두각을 보이기 어렵다.

권한위임에 대한 전략

순차적 처리가 발달된 조직 구성원은 시스템적이고 안정적인 직무특성을 선호하기 때문에 직무배치를 할 때는 변화가 심하지 않은 직무에 배치할 필요가 있다. 그리고 임무를 부여할 때는 한번에 하나씩 처리하는 특성이 있기

한 관리자가 공장을 둘러보는데 한 젊은 청년이 퇴근시간이 이미 한참 지났는데도 기계다루는 일에 몰입해 있었다. 그 이후에도 몇 차례 퇴근시간 이후에 그 성실한 청년을 자주 목격했다. 관리자는 그 청년의 이력에 관심이 가서 살펴보니 명문대에서 공학 석사까지 마친 유능한 인재였다. 그 관리자는 그를 스카우트하여 큰 기대 속에서 조직관리 일을 맡겼다. 그러나 6개월쯤 후 그 청년은 사표를 냈고 회사는 그 사표를 받아들였다.

이 청년은 매우 성실하고 규칙적이고 예측 가능한 일을 잘할 수 있는 잠재 능력을 가졌지만, 규칙보다는 그때그때 문제 상황에 따라 유연성 있게 변화에 대처하는 능력이 약한 사람이었다. 그는 자신이 잘하는 영역에서는 칭찬을 받을 수 있었지만, 재능이 없는 영역에서는 두각을 보이지 못하였다. 즉 사람들이 모여 있는 조직 내에서 예상치 못한 다양한 일이 벌어졌고, 그 변화를 해결할 정확한 공식과 방법이 존재하지 않은 일이 많았다. 이러한 직무에는 해결할 공식에 의존하기보다는 변화에 대한 대처 능력과 해결공식을 만들어서 대처할 수 있는 유연성이 필요하다. 예측 할 수 없는 다양한 상황은 공식이 존재하지 않는 경우가 흔하기 때문에 문제해결 능력에 의존할 수밖에 없다. 그 청년은 A→B→C→D라는 이미 알고 있는 공식 외에 예상치 못한 일들이 벌어질 때 해결책을 새로 만들어 내기 어려워했고, 때때로 부하 직원에게 왜 A→F→C→G로 문제를 해결했느냐고 화를 냈다. 부하 직원들은 유연성이 약한 상사에 불만을 갖게 되고 상사로서의 지도력이 흔들렸다.

때문에 업무를 한꺼번에 주지 않도록 하고, 임무를 부여할 때는 하급자가 부여받은 임무에 대해 스스로 계획을 수립하여 추진할 수 있도록 임무종료 기간을 설정해 주는 것이 좋다.

🎴 성격특성

강점

순차적인 특성이 발달된 개인의 성격특성은 순차적이고 연속적인 사고처리의 영향으로 행동 역시 매우 성실하며, 변화보다는 예측 가능한 일관성이 있는 일을 선호하며, 정확하고 분명한 것을 추구한다. 눈에 보이지 않는 정서에 의해 불쾌한 기분이 촉발되기보다는 정확하지 못한 것에 화를 내고 불쾌하게 여길 수 있다. 눈에 안 보이는 인정욕구나 만족감 등 감정의 문제보다 눈에 보이는 일을 잘해 내지 못하는 것에 대한 불안이 높을 수 있다. 순차적 처리를 하는 사람은 완벽주의적인 성격특성이 높다. 안정적이면 일처리가 정확하여 신뢰감을 줄 수 있는 성격이다. 어린아이들의 경우 말을 잘 들어 매우 키우기가 수월한 편이지만 경우에 따라 마마보이, 마마걸이란 주도적이지 못하다는 의미의 닉네임이 붙여질 수 있다. 성인의 경우 매우 성실하지만 융통성이 없다는 말을 들을 수 있다.

약점

예측하는 일을 어려워하며, 변화가 많은 환경이나 정확하지 않고 모호한 상황에서 스트레스를 받을 수 있다. 대충 또는 유연성 있는 일처리가 약할 수 있어, 정확성을 요구하는 질문을 할 수 있다. 즉흥적인 행동보다는 계획적인 행동을 하는 경향이 있다. 가벼운 형식 없는 대화에 끼기 어려워할 수 있다. 눈에 보이지 않는 감정교류가 약할 수 있다.

권한위임에 대한 전략

순차적 처리가 강한 조직 구성원은 눈에 보이지 않는 분위기를 직감적으로 파악할 수 없어서 사회적 상황에서 적절한 행동을 취하기 어렵기 때문에 당황할 수 있다. 따라서 상급자의 의도나, 상급자가 알고 있는 것을 하급자가 알아서 스스로 할 것이라고 생각하면 안 된다. 그리고 업무를 수행함에 있어 갈등이나 상황 대처에 대한 문제가 있는 경우, 감정적 지지와 이해보다 해결할 공식과 정보를 순차적으로 제공하거나 원리를 설명해 주는 교육이 도움

레지던트 실습 중에 있는 A 씨는 응급실에 급한 환자와 덜 심각한 환자가 내원할 때, 병원에 들어온 순서대로 환자를 대기하도록 하거나 여러 예기치 못한 상황에 순발력 있게 대처하지 못하여 환자나 보호자들이 자주 난동사건을 일으켰다. 지도교수들에게 "너 바보 아니야?" 하고 늘 혼나기 일쑤였던 A 씨는 전공과를 해부병리로 바꾸어 레지던트를 다시 시작했고, 현재 국과수에서 사체 부검 일을 하고 있다. 그는 "신체 조직이나 죽은 사체는 입을 꼭 다물고 있어 골치 아프지 않다."며 만족스러워 했다. 즉 변화에 대처하는 것이 약한 A 씨는 변화가 없는 시체가 속 편하게 느껴질 수 있다.

이 될 수 있다.

⚓ 학습특성

강점

순차적 처리가 발달한 조직 구성원은 순차적이고 연속적인 뇌 발달로 인해 자식의 직무수행이나 자신의 역량개발을 위한 계획을 세워 꾸준히 노력하는 성향이 강하다. 그리고 자신이 세운 계획에 대해서는 차분하게 하나씩 하나씩 완성될 때까지 노력한다.

정확한 방법과 공식이 명료할 때 다음 단계로 진행이 가능하므로 반복학습을 통한 정확성 확보가 효율적이며, 규칙적인 구조화된 학습환경을 선호한다.

약점

순차적 특성이 강하면 모든 일에 대해 계획을 세워 하나씩 하나씩 처리해 가기 때문에 순발력이 떨어져 역량개발이 늦어질 수 있다. 그리고 쉽게 처리할 일도 고민을 많이 하기 때문에 상급자 입장에서는 답답하게 보일 수 있다.

권한위임에 대한 전략

순차적 특성이 강한 조직 구성원은 규칙적이고 구조화된 학습환경을 선호하기 때문에 조직 구성원의 역량을 개발하기 위해서는 체계적인 교육계획을 수립하여 강화할 필요가 있다. 또한 눈치가 없기 때문에 상급자의 의도에 대해 파악하기가 어려울 수 있으므로 상급자는 하급자가 자신의 의도를 정확히 파악하였는지에 대해 질문 및 백브리핑 등을 통해 확인할 필요가 있다.

변칙적 처리 유형의 특징

우반구 우세형으로, 덩어리 형태의 인지처리와 직감적이고 눈에 보이지 않는 사고처리에 관여한다.

변칙적 처리^{random processing}는 일의 전체적인 윤곽을 이해하는 능력이 뛰어나며 애매하고 모호한 자극이나 과제를 접하더라도 추측을 하거나 윤곽만 파악하며 처리하려고 하며 상세한 분석에 취약하다. 가장 효율적으로 문제를 해결하기 위해 자극의 전체적인 통합(대부분의 경우 형태적, 또는 공간적인 통합) 및 전체적 윤곽을 선호한다.

예를 들어 운전 중에 예쁜 아가씨가 지나갈 때 똑바로 1초 이상 바라보지 않아도, 즉 눈치채지 못하게 한번 본 것처럼 힐끗만 봐도 윤곽과 형태를 통합하여 전체 처리가 이미 끝나기 때문에 운전하는 데 지장을 받지 않을 수 있다. 변칙적 처리가 발달될수록 세부적인 처리를 하기 전에 연관성, 목적, 주제 등이 중요하며, 한번에 많은 문제와 일을 처리한다. 빠른 접근성과 직관성, 의미추론, 관련 단서를 가지고 추론하여 세부적인 것까지 질문하지 않

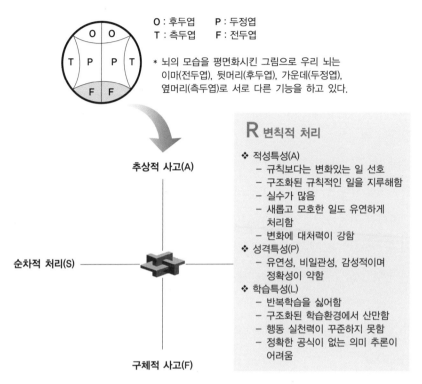

O : 후두엽　　P : 두정엽
T : 측두엽　　F : 전두엽

* 뇌의 모습을 평면화시킨 그림으로 우리 뇌는
　이마(전두엽), 뒷머리(후두엽), 가운데(두정엽),
　옆머리(측두엽)로 서로 다른 기능을 하고 있다.

추상적 사고(A)

순차적 처리(S)

구체적 사고(F)

R 변칙적 처리

❖ 적성특성(A)
　− 규칙보다는 변화있는 일 선호
　− 구조화된 규칙적인 일을 지루해함
　− 실수가 많음
　− 새롭고 모호한 일도 유연하게
　　처리함
　− 변화에 대처력이 강함
❖ 성격특성(P)
　− 유연성, 비일관성, 감성적이며
　　정확성이 약함
❖ 학습특성(L)
　− 반복학습을 싫어함
　− 구조화된 학습환경에서 산만함
　− 행동 실천력이 꾸준하지 못함
　− 정확한 공식이 없는 의미 추론이
　　어려움

그림 7.3 전두엽의 변칙적 처리특성의 발달과 A. P. L의 특성

고 처리하는 능력이 있다. 따라서 세부적인 것까지 질문하는 순차적이고 구
체적인 특성이 많이 발달된 사람에게 '대충하지 왜 저러나?'라고 생각할 수
있다. 이들은 정확하지 않아도 대충 윤곽만 잡는 것과 추론하는 능력이 우수
하지만 정확하지 못한 전달력과 정확하지 못한 일처리를 할 가능성이 크다.

　변칙적 처리는 흩어져 있는 여러 자극들을 하나의 전체 또는 집단으로 통
합하는 정신과정이다(Luria & Tubylevich, 1970). 변칙적 처리는 공간적 측
면과 시각적 심상을 집단으로 지각하는 것을 포함한다. 순차적 처리는 눈에
보이는 것을 비교·분석·계획·논리적 사고와 외부의 지각한 것들의 처리

를 담당하지만, 변칙적 처리는 눈에 보이지 않는 추리·추상·유추·창의 및 추론적 사고와 내부의 직감과 감성적인 것들을 처리한다.

변칙적 처리는 각 요소를 선택하고 조합해서 조직화하는 것에 관여하는 인지처리 방식으로 창의성과 유연성이 높고 직관, 의미추론, 관련 단서를 통한 전체를 추론하는 감수성이 높으며 반복된 과제는 주의를 산만하게 할 가능성이 높다. 동시처리가 높으면 한번에 다양한 일을 처리하려는 경향이 있고 창의적인 활동을 좋아하며 자신의 관심 분야에만 몰입하려는 경향이 있다.

변칙적 처리가 높으면 변칙적이고 직감적으로 일을 처리하는 경향이 있어서 한 가지 일을 꾸준히 해야 하는 영역보다는 문제해결이나 프로젝트중심의 창의성을 발휘할 수 있는 분야에서 두각을 보인다.

⚓ 적성특성

강점

변칙적 처리는 눈에 보이지 않거나 모호한 자극에 대한 구체적인 정보를 제공하지 않아도 추리·추상·유추·창의 및 추론적 사고가 가능하기 때문에, 변화가 있는 직업과 예측할 수 없는 일을 해내는 것에 능할 수 있어, 창의적이고 문제해결 능력이 필요한 일을 잘할 수 있다. 따라서 규칙적인 일보다는 변화가 있는 일을 선호한다. 이들은 눈에 보이지 않는 이러한 사고들을 이용하여 A→B→C→D의 순서대로 일하기보다 D→C→B→A로 기존의 공식에 의존하지 않는다. A→H→C→D처럼 전혀 다른 방식을 끼워 넣기도 하고 A→Z→C로 단축된 방식을 취하기도 한다. 따라서 변화에 다양한 대처가 가능하여 직장 내 여러 변수에 잘 대처하며 예측하지 못했던 일들이 발생할 때 다양한 방식으로 접근하는 것을 선호한다. 또한 변칙적인 뇌기능에서는 내부의 직감과 감성적인 것들을 처리한다. 감성은 눈에 보이지 않는 것들을 눈치 있게 파악할 수 있다는 점에서 대인관계 등 여러 면에서 유용한 점이 많지만 단점은 선호도를 갖는다는 것이다. 즉 하고 싶은 일은 성실하게 하는 사람보다 2~3배 잘할 수 있지만, 하기 싫어하는 일은 여러 번의 시간과 기회가 있어도 하지 않으려 한다. 따라서 심리적으로 하고 싶은 일과 선호도에 따라 선택이 가능한 직업에서 능력을 발휘할 수 있다. 직장에서 심리적 동기부여가 생산성에 큰 영향을 미치기 때문에 직장 내 동기부여 교육이나 팀 활동이 필요하다.

약점

변칙적 처리가 높은 개인은 변칙을 잘 사용할 수 없는 일, 즉 규칙이 있고 순서와 단계가 있는 정해진 반복되는 일을 쉽게 지루해한다. 이미 답이 있어 그대로만 해야 하는 일들은 심리적 호기심을 유발하기 어려워 이런 사람들은 느리고 게으르게 보일 수 있고, 이러한 태도는 신뢰할 수 없는 사람으로 비춰질 수 있다. 심리적 동기가 없는 업무는 마음이 가지 않기 때문에 예민하지 못하여 실수가 많고 성실하지 못하다는 평을 듣기 쉬우며 그 영역에서 두각을 보이기 어렵다. 또한 과제나 업무마감 시간이 충분히 주어져도 미리미리 성실하게 준비하기보다 마감일이 되어 대충대충 하는 특성이 있다.

권한위임을 위한 전략

변칙적인 특성이 강한 개인에게는 해야 할 일에 대한 심리적 동기가 무엇보다 중요하다. 동기가 있을 때는 성실함을 뛰어넘는 열정으로 2~3배의 생산성을 올릴 수 있다. 따라서 방식과 순서가 정확하지 않아도 눈치가 있어 업결혼을 일찍 하게 되어 아이와 부인이 있는 한 공무원은 가족을 먹여 살려야 한다는 책임감 때문에 항상 반복되는 업무를 해야 하는 공무원으로 15년 이상 근무하고 있다. 그는 항상 "아, 다람쥐 쳇바퀴 도는 삶이 신물 난다."며 항상 벗어나고 싶어 한다. 만약 순차 처리의 뇌가 많이 발달된 사람이라면 절대 이런 말을 하지 않을 것이다.

무파악이 빠르다. 초기에는 눈치가 빠르고 호기심이 작동하여 일을 잘하지만, 시간이 갈수록 지루해하고 성실하지 못할 수 있다. 동기가 없으면 모든 것이 갖추어져 있어도 열정을 내지 않을 수 있다.

상급자가 변칙적 처리가 발달한 부하에게 권한위임을 할 때는 반드시 임무수행에 대한 필요성과 왜 해야 하는지 등에 대한 동기를 명확히 심어 주어야 한다. 그리고 임무수행 중에도 쉽게 지루해할 수 있기 때문에 중간중간 지속적인 동기부여를 해주되, 간섭으로 받아들이지 않도록 주의해야 한다.

⚓ 성격특성

강점

변칙적인 특성이 발달된 개인의 성격특성은 공식적이기보다 다양한 상황에서도 눈치 있고 분위기 파악을 잘하여 사회성에 긍정적인 행동을 나타낼 수 있다. 또한 하나의 공식보다는 '이럴 수도 있고 저럴 수도 있지' 하는 유연성이 있어 잘 부딪히지 않으며, 직감과 감성 능력이 있어 눈에 보이지 않는 감성교류가 가능하고, 판에 박힌 방식이나 대화보다는 감성적이고 즉흥적인 대화를 선호하며 행동력에 순발력이 있어 똑같은 모습보다는 다양한 모습을 보여 주는 사람이다. 그러나 순차적 사고를 가진 사람들은 일관되지 못하고 정확하지 못한 것에서 화를 내지만 변칙적 사고를 가진 사람들은 눈에 보이지 않는 감정이 상할 때 화를 내거나 기분이 상할 수 있다.

약점

변칙적 처리가 발달한 조직 구성원은 그때그때 감정에 따라 즉흥적이고 일관되지 못한 특성으로 인해 원칙이 없고 변화가 많으며 일관성이 떨어지고 예측 가능하지 못한 특성을 보일 수 있다. 또한 윤곽만 대충 파악하거나 설명하는 방식이어서 분명하지 못하거나 약속 등을 정확하게 지키지 못하여 신뢰감을 주지 못하는 경우가 있다. 대인관계에서 감정이 상하면 일을 감성적으로 처리하기 쉽다.

권한위임을 위한 전략

변칙적 처리가 잘 발달된 개인을 위해서는 심리적인 것에 초점을 두는 전략을 사용해야 한다. 마음이 움직이면 업무도 열정을 가지고 할 수 있다. 따라서 권한위임이나 갈등 상황에 대한 대처 문제가 있는 경우, 순차적인 해결 방법을 알려 주기보다 눈에 보이지 않는 감정적 지지와 이해가 효과적이다.

⚖ 학습특성

강점

변칙적 처리가 잘 발달된 개인은 이면의 눈에 보이지 않는 의미를 유추하거나 추론하는 능력이 우수하여 요점만 간단히 설명해 주는 방식을 선호한다. 또한 좋아하는 일은 스스로 열정을 낼 수 있는 주도성이 있는 것이 특징이므로, 동기가 생기면 앉아 있는 시간 동안 매우 능률이 높으며 누군가가 밀착해서 도와주지 않아도 스스로 목표한 바를 이루기 위해 노력하여 짧은 시간 동안 큰 성취를 해낼 수 있다. 그러므로 마음이 행동을 조절할 수 있도록 하는 전략이 필요하다. 답이 있는 과제보다 답이 없는 과제를 선호한다.

약점

구조화된 학습환경과 반복적이고 순차적인 방식의 직무환경에서는 주의가 산만하고, 방법을 가르쳐 줘도 심리적 동기가 없으면 적극적으로 하려 하지 않는다. 즉 자신의 임무수행에 필요한 역량개발 또한 자신이 필요하다고 인식하지 않으면 배우려 하지 않는다.

　변칙적 처리가 발달한 구성원은 책을 보더라도 대충 보고, 한번 본 책에 대해서는 다시 보려고 하지 않는다.

권한위임을 위한 전략

변칙적 처리의 조직 구성원은 눈에 보이지 않는 마음이 중요하다. 반복보다는 새로운 것을 선호하고 순차적인 처리 방식에 약하며 심리적인 동기로 행동을 조절해야 하기 때문에 마음에 초점을 둔 전략이 필요하다. 즉 임무를 부여할 때는 어떠한 능력이 왜 필요한지에 대해 명확히 인식시키고, 필요한 역량을 갖출 수 있도록 동기부여시켜야 한다.

구체적 사고 유형의 특징

구체적 사고가 높으면 실제로 오감을 통해 들어오는 사실정보들에 대한 구체적이고 세부적인 반응과 체험과 참여에 대한 관심도가 높다. 심스(1995)는 지각적perceptual 특성으로 설명하였다

구체적 사고fact thinking는 눈에 보이지 않는 사물의 원리를 머리로 추상하는 기능보다 눈에 보이는 사실과 외부에서 오감처리, 과거 축적된 경험과 학습 데이터를 근거로 자극을 처리하는 기능을 한다. 따라서 현실지향적이며 모든 일에 지각적이고 구체적으로 접근하는 태도가 우수하여 눈에 보이는 현상을 오감으로 처리하는 직무에서 유능하게 일할 수 있고, 실제로 만지고 보여지는 실용적인 분야에 대한 관심과 참여도가 높다.

눈에 보이는 현상에 바탕을 두고 오감으로 들어오는 듣고, 보고, 맛보고, 냄새 맡는 사실적이고 지각적인 접근을 선호하여 세부적인 정보를 잘 기억하고 관찰력이 있으며 구체적인 사실들을 잘 구성하고 반응한다. 추상적 기능은 기존 지식보다 원리나 합리성에 근거한 추론과 논리를 적용하는 반면, 구체적 기능은 이론보다 경험을 통해 학습하는 특성이 강하여 선생님, 부모님 또는 책이나 경험을 통해 배운 과거 학습과 경험을 근거로 비교·분석·논리

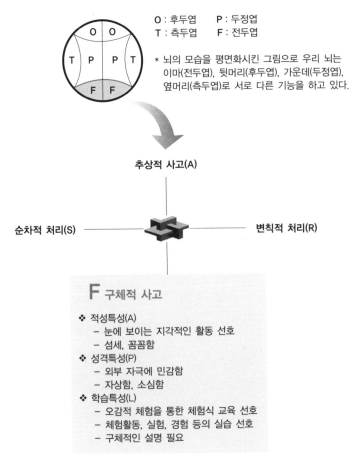

O : 후두엽   P : 두정엽
T : 측두엽   F : 전두엽

* 뇌의 모습을 평면화시킨 그림으로 우리 뇌는
  이마(전두엽), 뒷머리(후두엽), 가운데(두정엽),
  옆머리(측두엽)로 서로 다른 기능을 하고 있다.

추상적 사고(A)

순차적 처리(S)   변칙적 처리(R)

F 구체적 사고

❖ 적성특성(A)
  – 눈에 보이는 지각적인 활동 선호
  – 섬세, 꼼꼼함
❖ 성격특성(P)
  – 외부 자극에 민감함
  – 자상함, 소심함
❖ 학습특성(L)
  – 오감적 체험을 통한 체험식 교육 선호
  – 체험활동, 실험, 경험 등의 실습 선호
  – 구체적인 설명 필요

그림 7.4 전두엽의 구체적 사고특성의 발달과 A. P. L의 특성

를 적용하므로 원리나 개념의 깊이가 피상적일 수 있다. 이는 본래 구체적인
기능은 눈에 안 보이는 이론적 원리에 관여하기보다 눈에 보이는 현상세계의
사실정보들을 잘 처리할 수 있도록 편재되어 있기 때문이다. 더 세부적으로
는 사실자극을 순차적으로 지각하고 처리하느냐, 사실자극들을 직감적이고
변칙적으로 처리하느냐로 다시 구분될 수 있다.

구체적 사고가 높으면 현실을 기반으로 하는 오감을 이용한 구체적인 지시나 방법을 잘 따르며, 실제로 만지고 보여지는 실용적인 분야에 대한 관심과 참여도가 높다.

⚓ 적성특성

강점

눈에 보이는 현상을 듣고 보고 맛보고 냄새 맡고 손으로 조작하는 직무 분야가 적성에 맞을 수 있다. 오감으로 들어오는 자극을 잘 처리할 수 있기 때문에 관여하는 일에 섬세하고 꼼꼼한 일처리 특성을 보일 수 있다. 오감으로 들어오는 지각적인 활동에 뇌기능이 활발하여 눈에 보이지 않는 목표보다는 현상의 과정지향적인 특성을 보인다. 오래 생각하는 일은 머리 아파하며 보이지 않는 추상적인 것을 눈에 보이는 현상으로 구현해 내거나 눈에 보이는 방식으로 설명할 때 더 기능적일 수 있다.

약점

자신의 직무에 대해 세부적인 것까지 질문할 수 있으며, 이론이나 원리 설명이 어렵다고 느낄 수 있다. 전체의 개념을 연결하는 능력보다는 구체적이고 단편적인 특성이 있다. 전체적인 시스템보다는 주어진 일에 한정한 업무 특성을 보이기 때문에 상위의 일은 잘 대처하지 못할 수 있다.

업무파악이나 직무수행 시 간단한 설명 후 "대충 무슨 말인지 알겠지?" 하는 방식은 효율적이지 못하다. 되도록 구체적인 Show(보여주기)→Help(피드백해주기)→Let(이제 혼자 해보기) 순으로, 하는 방법을 구체적이고 체험식으로 보여 줘야 한다. 그리고 샘플 문항을 주고 피드백을 주며 완전히 익

직장 동료들이 함께 식사하는 도중에 구체적인 뇌기능의 발달을 보이는 사람은 김치가 맛있다느니 담는 방법에 대한 정보교환 또는 어제 벌어진 사건에 대한 이야기 등, 현재 또는 과거의 현상이나 사실 관련된 생활 이야기를 주로 하는 반면, 추상적 뇌기능이 발달한 사람들은 그런 대화에 흥미를 보이지 않을 수 있으며, 속으로 '저렇게 시시콜콜한 내용이 주제가 될 수 있나' 하는 생각을 할 수도 있다. 이들은 어느 정도 장단을 맞추다가 시간이 지나면서 생활 이야기보다는 교육, 경제, 사회적인 주제, 문제의식, 대책이 있는 원리적 이야기에 더 생동감을 보인다. 이렇게 되면 구체적 사고를 지닌 사람은 속으로 '잘났어 정말'이라고 생각할지도 모른다.

힐 때까지 봐준 이후에 혼자 할 수 있도록 맡겨야 한다.

권한위임을 위한 전략

구체적 사고가 잘 발달된 조직 구성원에게 임무를 부여할 때는 구체적으로 임무를 부여해야 한다. 구체적 사고가 발달한 조직 구성원은 추상적 사고가 발달한 조직 구성원보다 원리 및 개념 파악이 약하기 때문에 임무달성 기간, 가용자원 등에 대해 설명이 필요하다.

⚖ 성격특성

강점

뇌가 구체적인 처리에 민감하여 오감으로 들어오는 자극에 민감하기 때문에 별것 아닌 일도 섬세하게 신경 쓰는 자상함이 있다. 자원봉사를 할 때도 남들이 관찰하지 못한 세부적인 것까지 처리하며 세심하게 도울 수 있고, 학생들을 가르치는 교사는 누가 도시락을 가져오지 않았는지 관찰하고 자기 도시락을 내밀 수 있다. 부하 직원을 관리하는 상사는 부하를 섬세하고 자상하게 챙겨 줄 수 있다. 다만 구체적이되 순차적인 특성이 강한 경우 눈에 보이지 않는 감정까지 챙기기 어렵다. 그러나 구체적이고 변칙적인 특성이 강한 상사는 따뜻한 말과 행동으로 눈에 보이지 않는 감성까지 챙겨 줄 수 있을 것이다. 그러나 문제의 근본적인 원인보다는 사실적인 말과 행동에만 귀 기울인다면 근본적인 대책 수립이 어려울 수 있다. 또한 오감으로 들어오는 지각적인 구체성으로 인해 소심해지거나 불쾌해질 수 있어 수많은 현상세계의 작은 자극들에 의해 감정이 좌우되어 불쾌해하고 즐거워할 수 있다.

약점

구체적 사고의 뇌기능은 사람의 성격에 섬세함, 관찰력, 자상함과 같은 긍정적인 영향을 매우 많이 주지만 때로는 소심함 때문에 자주 삐치게 하는 작용도 한다.

이들은 불쑥 던진 말이나 행동을 진지하게 사실적으로 받아들일 수 있다. 예를 들어, "봄이니까 꽃 그림을 액자에 넣어 벽에 붙여 놓아도 좋겠다."라는 말에 누군가 "그것도 좋지!"라고 지나가듯 말한다면 실제로 그 그림을 그리기 위한 작업에 들어갈 수 있고, 별것 아닌 말에 화를 내거나 삐쳐서 말을 하지 않을 수도 있다. 추상적 사고를 하는 사람은 오감자극에 대한 관찰력이 약하기 때문에 외부자극으로 인한 스트레스보다는 그것을 합리적으로 해결할 구상이 떠오르지 않을 때 스트레스를 받는다. 반면 구체적 사고를 하는 사람은 오감으로 들어오는 모든 자극을 받아들이는 감각이 민감하기 때문에 그냥 넘겨야 할 것도 넘기지 못하게 되어 다소 소심한 사람이라는 평을 들을 수 있다. 또 합리성보다는 지각에 의존하기 때문에 말투, 표정, 액면 그대로의 사실적인 말과 행동 등이 스트레스로 작용할 수 있다. 합리성을 키울 때

소심함을 줄일 수 있다. 문제의 발생원인으로 거슬러 올라가 구체적인 사건이나 말에 의존하지 않고, 포괄적이고 전체적인 조망으로부터 근본원인을 구상해 내지 못한다면 근본적인 대책을 세우기란 어려운 일일 것이다.

권한위임을 위한 전략

포괄적인 개념보다 오감적이고 구체적인 접근 방식이 소통에 효과적일 수 있다. 포용하고 악수하고 따뜻한 말을 건네는 지각적인 방식을 프로그램에 넣는 전략이 필요하다. 갈등의 문제가 발생했을 때 구체적인 오감적 전략이 대안이 될 수 있을 것이다. 예를 들어 여자친구를 기쁘게 하고 싶을 경우에 '마음'도 중요하지만 눈에 보이는 이벤트를 통해 소홀했던 마음을 돌릴 수 있을 것이다. 추상적 사고를 지닌 여자친구의 경우는 근본적인 대책이 없으면 마음을 돌리기 어려울 수 있다.

따라서 구체적 사고의 성격을 지닌 하급자에게 권한을 위임할 때는 합리적으로 명확하게 설명해 주어야 한다. 그리고 소심한 성격으로 권한위임에 대한 부담감을 많이 가질 수 있기 때문에 권한위임과 함께 지속적인 관심과 피드백이 필요하다.

사람의 성격에 따라 강의평가 기준이 다르다

추상적 사고가 발달한 사람은 강사의 강의를 통해 배운 내용에 만족하고 오감으로 들어왔던 자극은 별로 신경 쓰지 않는 반면, 구체적 사고가 발달한 사람의 경우는 강의의 내용보다는 오감으로 체험되는 그가 하는 말투, 말실수, 외모, 태도 등과 같이 눈에 보이는 현상으로 강의의 질에 대한 평가가 좌우될 수 있다.

⚓ 학습특성

강점

구체적 사고가 발달된 조직 구성원의 학습성향은 구체적인 오감적 체험학습을 선호하며 실습중심의 실험이나 지각적인 활동, 참여적이고 협력하는 모둠활동에서 더 능력을 발휘한다. 이때 더 잘 배우며 더 잘 기억한다.

약점

세부적인 분석이 뛰어나 전체적인 윤곽이나 중심 내용을 파악하는 데 약할 수 있다. 새롭게 익혀야 할 것들을 지도할 때 추상적 사고가 발달한 경우 구체적인 실습을 하지 않아도 강사가 설명하는 원리를 이해하면 집에 돌아가 적용할 수 있지만, 구체적 사고가 발달한 사람은 원리나 이론의 설명만으로는 적용이 어려울 수 있다. 따라서 실제 오감적 방법을 활용하여 체험적 교육을 해줄 때 효과적이다. Show(보여주기)→Help(피드백해주기)→Let(이제 혼자 해보기) 순으로, 하는 방법을 구체적인 체험식으로 보여 줘야 한다. 할 수 있을 때까지 구체적으로 도와줘야 하는 노력이 필요하므로 초기 시간투자가 요구될 수 있다.

권한위임을 위한 전략

구체적 사고의 학습성향이 발달한 조직 구성원에게 권한위임이 실천되기 위해서는 세부적인 설명과 임무수행 과정에서의 지속적인 관심과 피드백이 필요하다. 구체적 사고를 가진 구성원은 업무에 대한 만족도를 굉장히 중요하게 여기기 때문에 업무기일에 차질이 생길 수 있으므로 기간을 설정하여 임무를 부여할 필요가 있다.

추상적 사고 유형의 특징

추상적 사고$^{abstract\ thinking}$는 개념형성과 현상을 추상적 개념으로 다루고 범주화 및 일반화함으로써 머릿속으로 미리 상상하여 계획을 세우거나 오감을 통한 직접적인 자극상황을 넘어서서 상상할 수 있는 능력으로, 해결되어야 할 문제가 주어지는 상황에서 잘 관찰될 수 있다(Goldstein & Scheerer, 1941).

눈에 보이는 현상에 근거하기보다 눈에 보이지 않는 생각을 기반으로 원리나 개념을 추론하는 인지 능력이다. 정보를 머릿속으로 개념별로 나누어 분석하고 연결하며 현실과 추상적 개념의 사고를 공유하는 합리성 및 이성적 사고와 지적인 활동에 관여한다. 심스와 심스(1991)의 인지적 사고, 맥카시의 분석적 사고로 설명하고 있다.

추상적 사고를 하는 사람은 전반적으로 정보를 현상이 아닌 머릿속으로 생각하는 방식으로 논리적 · 분석적 사고하여 추상적 개념이나 현상을 원리적으로 설명하는 철학자나 사상가 및 평론가로서 잠재력을 보일 수 있다. 현재 보이는 대로가 아닌 추상적 사고로 현상에 대한 가능성을 탐색하여 목표에 대한 전략을 구상하고 지향하는 미래지향적인 일에 잘 기능할 수 있다. 눈에 보이는 현상은 서로 공유할 수 있기 때문에 구체적인 특성이 발달한 사람들은 함께 협력하는 일을 어려워하지 않지만, 개인의 생각은 여러 사람과 공유하기 어려운 특성이 있어 추상적인 특성이 강한 사람들은 함께 일하는 것보다 혼자서 일하는 특성을 보인다.

추상적 사고가 높으면 책을 많이 읽는 태도를 보이며, 어려운 책도 원리나 개념을 쉽게 이해하며 읽는 특성을 보인다. 이성적 사고와 지적인 활동을 선호하며, 이론과 논리전개 및 유추 등 보이지 않는 추상적 분야에 대한 관심

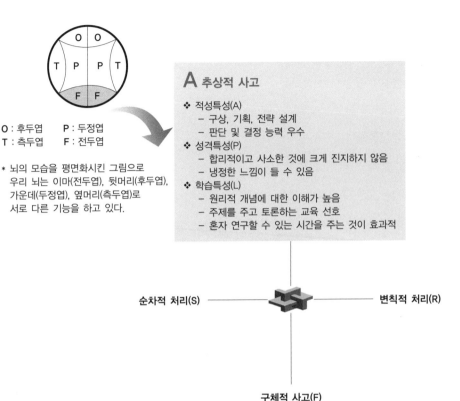

O : 후두엽　　P : 두정엽
T : 측두엽　　F : 전두엽

* 뇌의 모습을 평면화시킨 그림으로
  우리 뇌는 이마(전두엽), 뒷머리(후두엽),
  가운데(두정엽), 옆머리(측두엽)로
  서로 다른 기능을 하고 있다.

A 추상적 사고

❖ 적성특성(A)
  – 구상, 기획, 전략 설계
  – 판단 및 결정 능력 우수
❖ 성격특성(P)
  – 합리적이고 사소한 것에 크게 진지하지 않음
  – 냉정한 느낌이 들 수 있음
❖ 학습특성(L)
  – 원리적 개념에 대한 이해가 높음
  – 주제를 주고 토론하는 교육 선호
  – 혼자 연구할 수 있는 시간을 주는 것이 효과적

순차적 처리(S) —————　　　————— 변칙적 처리(R)

구체적 사고(F)

그림 7.5 전두엽의 추상적 사고특성의 발달과 A. P. L의 특성

과 참여도가 높다. 이 특성이 발달할수록 일을 어떻게 진행할지에 대한 단계
와 방법을 구상하거나 기획하고 판단하고 전략을 세우는 데 우수한 능력을
발휘할 수 있다. 이는 목적하는 바에 대한 원리적 특성을 전체적으로 조망하
고 논리를 통해 분석하여 체계적인 단계를 만드는 능력이 우수하기 때문이
다. 추상적 사고는 우반구 우세형으로, 목표과제에 대한 순차적·논리적인
분석적 사고를 하는 추상적 순차사고 유형과 합리성과 전체적인 사고를 하
는 추상적 변칙사고 유형으로 구분할 수 있다.

추상적 사고가 높으면 깊이 있는 사고를 하고, 이론 및 관념적인 내용에 관심이 있으며, 이론과 논리 전개 및 유추 등 보이지 않는 추상적 분야에 대한 관심과 참여도가 높다.

🏛 적성특성

강점

모르는 것은 구체적인 교육 없이도 스스로 참고자료 등을 통해 원리를 알아가며 연구하듯 알아 가는 방식을 선호한다. 현상이 아닌 머릿속에서 일어나는 원리적 사고 발휘 기능이 우수하여 어떤 일에 대한 구상, 기획, 전략설계, 판단 및 결정 능력이 우수하다. 또한 정보들을 있는 그대로가 아닌 가공할 수 있는 가능성을 탐색하고 목표를 세우고 이루기까지의 기획을 구상하는 능력이 우수하다. 추상적 사고가 우수한 경우 주제에 대해 검토하고 연구할 시간이 주어지면 구체적으로 만들어진 것을 주지 않아도 스스로 자료를 전체적인 조망으로 검토하고, 핵심을 정확히 짚어 효율적으로 자료를 찾아 정리를 하고 토론하는 능력이 우수하다. 즉 스스로 시스템을 구상하여 만들 수 있는 기능이 우수하며 연구직이나 기획가로서의 일이 효율적일 것이다.

약점

핵심 줄기를 정확히 파악하는 능력이 우수하지만 세부적이고 구체적인 실습 능력이 약할 수 있다. 또한 오감으로 들어오는 자극에 민감하지 못한 경우 현상적인 것보다 추상적 또는 목표 및 주제 지향적이어서 주변 동료나 부하직원들의 어려움을 관찰하지 못하거나 혼자 일하는 것을 좋아한다. 자상함이 낮고 현실감각이 떨어질 수 있으며 소소한 대화보다 현학적인 특성을 보일 수 있다.

권한위임을 위한 전략

실제적인 경험보다 지나치게 책만 읽고 머릿속으로만 추론하는 것에 심취한 개인에게는 타인과 어울리고 체험하며 오감으로 들어오는 자극들에도 민감하게 지각하는 듣고 보고 맛보고 냄새 맡고 조작하는 감각에 민감성을 키워줄 필요가 있다. 현실감각이 없으면 눈치가 없다는 느낌을 주어 왕따가 되기 쉽지만 역시 구체적으로 느껴지지 않아 본인은 잘 느끼지 못할 때가 있다.

따라서 추상적 사고를 가진 조직 구성원에게 임무를 부여할 때는 미래지향적인 임무를 부여하고, 그에 따른 책임을 감수할 수 있도록 해야 한다.

⚓ 성격특성

강점

성격은 사소한 작은 사건들에 반응하지 않고 "별로 중요하지 않아. 중요한 것은 이거야."라고 생각하면 그 생각 외의 것은 중요하지 않다고 판단하여 크게 신경 쓰지 않는 특성을 갖고 있다. 합리적이며 작은 것에 크게 진지하지 않아 목표로 여기는 중요한 것에 효율적으로 집중할 수 있다. 타인의 반응에 크게 상처받지 않고 그 반응에 대해 있는 그대로 현상적으로 반응하기보다는 머리로 타당도를 처리하여 생각대로 합리성을 판단하여 움직인다. 때로는 냉정하고 쿨 하다는 느낌을 줄 수 있다.

약점

머릿속으로 생각하는 기능이 더 발달하여 대인관계에서 오감으로 들어오는 지각적 정보를 섬세하게 처리하지 못해 사람들에게 별 관심이 없는 사람으로 보일 수 있다. 관찰력이 약하여 부인이 헤어스타일을 바꾸었는지 집안이 무엇이 달라졌는지 눈치채기 어려울 수 있다.

권한위임을 위한 전략

갈등 문제가 생겼을 때 정서적 지지나 순차적 방법 제시보다는 생각의 전환 전략을 세우는 것이 효과적이다. 생각을 바꿔 주기 위한 원리적 설명을 모색해야 할 것이다.

추상적 사고의 성격을 가진 조직 구성원은 자아실현의 욕구가 많기 때문에 자신의 부여받은 임무를 완벽히 수행하기 위해 다른 사람에 비해 이기적인 생각을 가질 수 있다. 따라서 권한을 위임하는 리더는 권한을 위임받는 하급자에게 윤리적 리더십을 강화할 필요가 있다.

🏛 학습특성

강점

추상적 사고의 학습특성을 가진 사람들은 개념파악이 뛰어나고, 핵심 원리를 잘 찾는다. 그리고 자신이 부여받은 '임무에 대해 무엇을 어떻게 할 것인가'에 대한 개념이 명확하다.

약점

추상적 사고의 학습특성을 가진 사람들은 경우에 따라 자신이 좋아하는 영역에 시간을 너무 많이 쏟게 되어 시간 내에 하지 못하는 경우가 있다.

권한위임을 위한 전략

추상적 사고를 가진 조직 구성원에게 세부적인 내용보다는 큰 구성의 틀을 보여 주는 원리적 교육이 효과적이다. 그리고 임무를 부여할 때는 핵심, 원리 위주로만 간단히 설명하고 자기 스스로 해 볼 수 있도록 해야 한다.

사람의 개인특성에 따라 맞춤식 교육이 필요하다

추상적 사고가 높은 수학 선생님이 원리만 알면 다 풀 수 있다고 학생들에게 말해 주면서 그 시간에 배워야 할 이차방정식 주제에 대한 원리와 개념을 설명해 주었다. 이후 학생들에게 "이 원리를 이용해 밑에 문제를 한번 풀어 보세요."라며 시간을 주었다. 학생들 중 4분의 1만이 문제를 풀어 보려 했고 나머지는 연필을 들고 선생님 눈치만 보면서 푸는 척했다. 원리를 알려 주면 푸는 아이가 있고 푸는 방법을 오감적 단어들을 들어 체험하게 하면서 구체적인 접근을 해주는 접근이 필요한 아이들이 있다.

2. 성취형 리더에게 임파워링하기

성취형 리더의 특징

성취형[SA] 리더는 〈그림 7.6〉에서 보는 바와 같이 순차적 인지처리와 추상적 사고를 하는 특성이 잘 발달되어 있다. 그리고 순차적이면서 추상적인 뇌기능이 잘 발달된 특성으로 인해 이론과 사고를 선호하고 비형식적 분석과 개념을 생각하며 정보나 사건을 구조화하기를 좋아한다. 또한 핵심정보와 아이디어를 쉽게 찾고 이론을 쉽게 이해할 수 있다. 이성적 사고와 지적인 활동을 선호하며, 여러 사람과 함께 일하는 것보다 혼자 일하는 것을 선호한다. 상징적인 문체에 뛰어난 재능이 있고, 듣고 읽고 도표 및 그림을 보고 개념화시키는 능력이 우수하다. 언어적 설명이 합리적이고 논리적이며, 실물을 합리적 · 체계적으로 접근하는 능력이 우수하다. 판단력과 전략설계에 대

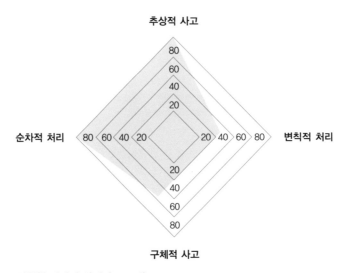

그림 7.6 성취형 리더의 인지사고 모델

추상성이 높은 사고를 가진 수학 선생님이 원리만 알면 다 풀 수 있다고 학생들에게 말해 주면서 그 시간에 배워야 할 이차방정식 주제에 대한 원리와 개념을 설명해 주었다. 이후 학생들에게 "이 원리를 이용해 밑에 문제를 한번 풀어 보세요."라며 시간을 주었다. 학생들 중 4분의 1만이 문제를 풀어 보려 했고 나머지는 연필을 들고 선생님 눈치만 보면서 푸는 척했다. 원리를 알려 주면 푸는 아이가 있고 푸는 방법을 오감적 단어들을 들어 체험하게 하면서 구체적인 접근을 해주는 접근이 필요한 아이들이 있다.

한 통찰력이 우수하며 순차적인 특성으로 성실하고 체계적인 특성이 강하여 리더십이 있고 빠른 판단력과 다른 사람을 설득하는 능력이 우수하다.

성취형 리더에 관련된 선행연구를 보면 성취지향에는 성취욕구, 책임을 기꺼이 떠맡고자 하는 의지, 업적지향성 및 과업목표에 대한 관심 등을 포함하는 가치 및 욕구가 포함된다(Bass, 1990). 따라서 성취지향성이 강한 리더는 과업목표에 대해 강한 관심을 가지고, 과업 관련 문제를 해결하는 데 기꺼이 책임을 떠맡으려고 하며, 문제를 해결하기 위해 과감하게 행동한다(Boyatzis, 1982). 반면에 관리 효과성을 손상시키는 행동을 초래할 수도 있다. 성취욕구가 리더의 지배적인 동기라면 리더는 팀이나 작업단위의 성취보다는 자기 자신의 개인적 성취와 승진에 노력을 쏟게 될 가능성이 높다. 리더는 혼자서 모든 것을 달성하려고 노력하고, 위임하기를 꺼리며, 부하들 사이에 강한 책임감과 과업에 대한 몰입을 발전시키는 데 실패할 우려가 있다(Miller & Toulouse, 1986). 따라서 성취형 리더의 적성 및 성격, 학습 성향 등을 고려하여 적시에 적절한 권한위임이 필요하다.

적성 측면에서의 리더십 특성

성취형 리더는 적성 측면에서 리더십이 있고 추상적 사고력이 우수하여, 합리적 의사결정 능력과 조직 및 작업파악 능력이 뛰어나다. 그리고 협력하는 작업 보다는 개별성을 발휘할 수 있는 일을 선호하는 경향이 높다.

① 리더십이 있고 행동 결정이 신속하다.
② 일 자체보다 경력에 관심이 많다.
③ 팀 리더의 역할을 선호한다.
④ 혼자 일하는 것을 선호한다.
⑤ 합리적 의사결정 능력이 우수하다.
⑥ 조직 및 업무 파악 능력 뛰어나다.

성격 측면에서의 리더십 특성

성취형 리더의 성격은 분석적이거나 현학적이고 논리적 의사소통에 능할 수 있다. 목표지향적이고 진취적인 특성이 있으며 체계적인 특성을 보인다. 원칙을 중시하고, 일에 대한 계획과 꾸준한 실천력 및 추진력을 보이지만, 타인과의 정서적 공감 능력이 약한 편이고 자기주장이 강하다.

① 목표지향적이고 진취적이다.
② 과시적이고 지시적이며 논리적이다.
③ 명예를 중시한다.
④ 통찰 능력이 뛰어나다.
⑤ 원칙을 중시한다.

⑥ 다른 사람과의 공감 능력이 낮은 편이다.

⑦ 추진력이 좋고 인정욕구 강하다.

⑧ 자기주장이 강하다.

⑨ 분석적이고 현학적이다.

⑩ 심사숙고하며 아이디어 개발을 선호한다.

⑪ 논리적 의사소통에 능하다.

⑫ 정확한 비평 능력을 가지고 있다.

학습 측면에서의 리더십 특성

성취형 리더의 학습특성은 핵심파악 능력과 탐구 능력이 우수하며 지적 호기심이 강할 수 있다. 혼자 문제를 해결하려는 노력을 보이며, 새로운 개념과 미래에 관심이 많고, 자신에 대한 동기부여 능력이 우수하므로, 장기 목표설정이 중요하다.

① 목표설정이 명확하고 진취적이다.

② 논리적인 사고를 가지고 있다.

③ 통찰 능력이 뛰어나다.

④ 원칙을 중시한다.

⑤ 다른 사람과의 공감 능력이 낮은 편이다.

⑥ 추진력이 좋고 인정욕구가 강하다.

⑦ 자기주장이 강하다.

⑧ 분석적이고 현학적이다.

⑨ 심사숙고하며 아이디어 개발을 선호한다.

⑩ 논리적 의사소통에 능하다.

⑪ 정확한 비평 능력을 가지고 있다.

3. 자율형 리더에게 임파워링하기

자율형 리더의 특징

자율형^{RA} 리더는 〈그림 7.7〉에서 보는 바와 같이 변칙적 인지처리와 추상적 사고를 하는 특성이 잘 발달되어 있다. 이 유형은 추상적 특성이 강하여 독서를 좋아하고 핵심을 잘 찾아낸다. 그리고 변칙적 특성이 강하여 인간 행위와 마음의 동요에 민감하며, 발언자의 태도, 방법, 개성을 잘 파악한다. 개방적 업무 형태가 적합하며 구조화된 환경보다는 자유로운 업무를 좋아하며, 여러 가지 형태를 통한 업무를 선호하고, 교육은 짧은 시간 강의 후 질의응답을 하는 토론식 학습을 선호한다. 다양한 아이디어 생산이 우수하며 원리나 개념화가 능하다. 창의적이고 직감적인 기획 능력이 우수하여 새로운 가능성을 탐색하길 선호한다. 아이디어가 빠르며 행동 또한 빨라서 글씨

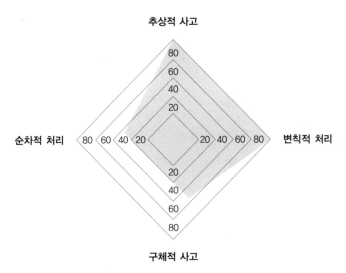

그림 7.7 자율형 리더의 인지사고 모델

나 그림 등을 빨리 휘갈겨 쓰는 태도를 보인다. 비구조화된 환경을 선호하고 예측하기 힘든 행동을 보이며 표현적이고 동기부여를 잘한다.

이 유형은 추상적이면서 변칙적 특성을 공유한 사고를 하며, 전체적이고 논리적이며 분석적인 사고를 한다. 이들은 현실세계와 다른 세계를 동경하며 정서적 변화와 감정에 민감하고 단계적인 문제해결보다 전체적인 조망을 통한 문제해결을 선호한다. 틀에 박힌 교육적 환경을 싫어하며 창의적인 분위기에서 능력을 발휘하고 자신만의 활동세계를 선호한다.

자율형 리더는 민주적 리더십 스타일democratic leadership style과 유사하다. 민주적 리더는 구성원을 자발적으로 자기 일을 하는 능력을 완전히 갖춘 것으로 취급한다. 민주적 리더는 구성원을 통제하기보다는 그들과 함께 일한다. 구성원들 위에 군림하지 않고, 모두를 공평하게 취급하기 위해서 많은 노력을 한다. 본질적으로 민주적 리더는 자신을 명령자보다는 안내자로 보기 때문에 성취형 리더보다 덜 효율적일 수 있다. 따라서 자율형 리더의 적성과 성격, 학습특성을 고려한 권한위임이 필요하다(Northouse, 2015).

적성 측면에서의 리더십 특성

변칙적 처리와 추상적 사고가 발달될수록 표현적이고 타인에게 동기부여를 잘하며 창의적인 일을 선호한다. 적성에 있어서는 사회적·교육적·영업적 능력 및 대인관계 능력이 높으나 섬세한 실무적 사무 능력은 약할 수 있다.

① 새로운 개념과 미래에 대한 관심이 많다.
② 표현적이고 다른 사람에게 동기부여를 잘한다.
③ 혁신적이고 창조적이다.
④ 실무적인 사무 능력 부족하다.

성격 측면에서의 리더십 특성

변칙적 처리와 추상적 사고가 발달될수록 직감이 발달되어 이성적이기보다는 감수성이 있고 대인관계에 유연함을 보일 수 있다. 개방성과 독창성이 있어 틀에 박히지 않는 행동양식을 보이는 경향이 높다. 그러나 선호도가 분명하여 흥미 없는 영역에 대해서는 일관성이 약하고 행동수행력이 약할 수 있다.

① 창의적이고 직관적이다.
② 감성을 중시한다.
③ 자유분방하다.
④ 개방적이고 독창적이다.

⑤ 아이디어를 중시한다.

⑥ 독립적인 행동을 좋아한다.

⑦ 자신의 끼를 발산하는 것을 좋아한다.

⑧ 언어구사력이 뛰어나다.

⑨ 상급자 등으로부터 인정받기를 원한다.

⑩ 상상력이 풍부하다.

⑪ 감수성이 예민하다.

⑫ 혁신적이다.

학습 측면에서의 리더십 특성

변칙적 처리와 추상적 사고가 발달될수록 유추력이 좋고 새로운 것과 변화에 관심이 많다. 그리고 창의성이 있어 응용력이 높지만 반복되는 과제에 동기를 잃기 쉬워 주의력 감소와 산만한 특징을 보인다. 반복을 싫어하고 선행교육이 비효과적일 수 있다. 교육의 지속성을 위해서는 참가자의 동기부여가 중요하다.

① 세부적 정보처리를 잘 못한다.

② 주의가 산만하다.

③ 구조화된 환경에서 적응이 어렵다.

④ 창의적 교육에 관심이 높다.

⑤ 핵심 개념을 간략하게 설명해 주는 것이 좋다.

⑥ 선택 가능한 과업을 선호한다.

⑦ 자유로운 교육환경을 좋아한다.

유명 신문사에서 전설적인 편집기자로 명성을 날리던 사람이 있었다. 그 편집기자는 현장 취재를 나간 기자들이나 정보원들이 보내 온 정보를 바탕으로 기사를 작성하는 일을 한다. 그는 업무 능력이 뛰어났을 뿐만 아니라 자기 일에 만족해서 다른 일을 해보겠다는 생각은 추호도 하지 않았다. 야근도 마다하지 않고 열정적으로 일했다. 동료들과 체스를 두다가도 화재나 지진 등 긴급 속보가 들어오면 바로 컴퓨터로 달려가 기사를 쓸 정도로 무섭게 일에 몰두했다. 그가 쓴 기사는 흠 잡을 데 없이 깔끔했다. 내면의 만족감을 느끼기에는 더할 나위 없이 완벽한 일이었다.

그의 능력을 높이 산 회사는 더 많은 연봉을 주고 '중요한' 자리로 그를 승진시키려고 했다. 하지만 그는 한사코 편집기자 자리를 지켰다. 편집기자 일을 하며 부딪히는 도전적인 상황과 짜릿한 긴장이 좋았으며, 그 상황을 헤쳐 나가며 느끼는 성취감을 즐겼기 때문이다.

출처 : Edward L. Deci 저, 이상원 역, 마음의 작동법, 에코의 서재, 2012.

⑧ 다양한 시청각 자료를 활용한 교육이 효과적이다.

⑨ 상상력을 발휘할 수 있는 과제에 흥미를 보인다.

⑩ 교육목표를 작은 단위로 나누어 제시하는 것이 좋다.

⑪ 동기부여가 교육태도에 큰 영향을 미친다.

⑫ 집단활동을 좋아한다.

4. 관리형 리더에게 임파워링하기

관리형 리더의 특징

관리형^{SF} 리더는 〈그림 7.8〉에서 보는 바와 같이 순차적 인지처리와 구체적 사고가 잘 발달되어 있다.

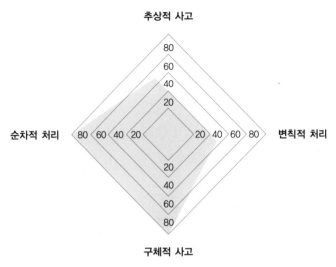

추상적 사고

80
60
40
20

순차적 처리　80 60 40 20　　20 40 60 80　변칙적 처리

20
40
60
80

구체적 사고

그림 7.8 관리형 리더의 인지사고 모델

　논리적·순차적 사고의 특성대로 하나씩 하나씩 단계별로 처리하고 구체적인 특성의 오감을 통한 지각적이고 구체적이며 세부 지향적인 방식을 선호한다. 체계적·오감적 감각기관이 잘 발달되어 있어 직접적이고 실행적이며, 구조화된 업무를 선호한다. 업무처리에 있어 현실적 감각을 기반으로 하는 오감을 이용한 사고를 보이며, 세부적인 정보를 기억하고, 일정한 절차와 과정을 중시하며 구체적인 지시나 방법에 잘 따른다. 공식적인 사실이나 자료를 꼼꼼하고 섬세하게 정확하게 처리하는 일을 잘할 수 있으며 매사에 성실하다. 성실성이란 천명한 가치와 개인의 행동이 일관되며 정직하고 윤리적이며 신뢰할 수 있다는 것을 의미한다. 그래서 관리형 리더는 동료와 상급자, 부하로부터 강한 신뢰를 얻을 수 있다. 반면에 자신이 하는 일에 대해 도전적이지 못하기 때문에 일을 잘 못할 수 있어 적성 및 성격, 학습특성을 고려하여 권한위임 리더십을 발휘할 필요가 있다.

적성 측면에서의 리더십 특성

순차적 처리와 구체적 사고가 발달될수록 통제와 예측이 가능한 일을 선호하며, 언어교류보다 일에 집중하고, 실천력이 우수한 경향을 보인다. 특히 반복과 지시를 잘 따른다.

① 통제와 예측 가능한 것을 선호한다.
② 정리정돈을 잘한다.
③ 지시에 잘 따르고 과제 완성도가 높다.
④ 잘 정돈되고 깔끔한 환경을 좋아한다.
⑤ 실제적인 성취와 인정을 중요시한다.
⑥ 언어적 교류보다 작업이나 운동을 좋아한다.

성격 측면에서의 리더십 특성

순차적 처리와 구체적 사고가 발달될수록 성실하며 근면하고 꼼꼼하며 명료한 것을 선호한다. 예측 가능하며 성실함과 책임감이 우수하여 타인에게 신뢰감을 줄 있다. 다만 타인과의 정서적 공감대 형성이 약할 수 있어 사회적 관계에서 자칫 어려움을 보일 수 있다.

① 성실하고 근면하며 꼼꼼하다.
② 감성적이기보다는 이성적이다.
③ 완벽을 추구한다.
④ 책임감을 중시한다.
⑤ 명확하고 정확한 것을 선호한다.

⑥ 일정한 틀이 정해진 관계를 더 좋아한다.

⑦ 말이 없고 무뚝뚝한 사람으로 보일 수 있다.

⑧ 관례와 원칙을 중시하며 공감대 형성이 약하다.

⑨ 상상력 부족하고 변화를 싫어한다.

학습 측면에서의 리더십 특성

순차적 처리와 구체적 사고가 발달될수록 구조화된 환경을 선호하고, 전체보다 세부적 과제를 잘 수행한다. 인지처리는 사실적 자료나 순서 및 단계가 있는 교육을 선호하고, 규칙을 잘 따르며, 성실하여 자신에게 부여된 임무에 대해 완성도가 높다.

① 전체보다 세부적 교육과제를 더 잘 수행한다.

② 사실적 자료를 좋아한다.

③ 단계적 학습을 선호한다.

④ 규칙과 규율을 중시한다.

⑤ 메모와 기록을 잘하고 현실을 중시한다.

⑥ 자신이 맡은 임무에 대해 철저하게 준비한다.

⑦ 강사중심의 강의식 교육을 선호한다.

⑧ 업무계획표 작성을 도와주면 이를 실천하는 능력이 뛰어나다.

⑨ 예측 가능하고 구조화된 교육상황을 선호한다.

여름방학을 맞아 집에 돌아간 대학생 맷 스미스는 동생의 야구 팀 코치가 그만두게 되면서 그 자리를 맡아 달라는 부탁을 받았다. 팀의 코치가 되기 전에 맷은 연습을 몇 번 지켜보고서 그 팀에 작용하는 규범을 알아보았다. 여러 가지 다른 것들도 있었지만 무엇보다 그는 팀 구성원들이 자주 15~30분 정도 연습에 늦게 오고, 야구화나 글러브 없이 오기도 하고, 훈련 중에도 많이 농땡이를 부린다는 점을 보았다. 전반적으로 아이들은 팀에 대해 별로 관심이 없거나 자신들이 하는 일에 자부심이 없는 것으로 보였다. 맷은 이 팀을 코칭하는 것은 매우 힘든 일이 될 것이라는 것을 알았다.

맷이 코치가 되고 나서 몇 주가 흐른 뒤 팀의 규범은 차차 변화했다. 맷은 지속적으로 연습 시작 시간을 지킬 것을 강조했고, 연습시간에 '자기 물건'을 챙겨 오도록 독려했으며, 훈련을 열심히 하는 선수들을 칭찬했다. 여름이 끝날 즈음이 되자 그들은 다른 팀이 되어 있었다. 선수들은 연습 시간을 즐기게 되었고, 열심히 노력했으며, 경기 결과도 좋았다.

출처 : Peter G. horthouse 저, 이용철 · 리상섭 · 김기홍 · 김진웅 역, 리더십 입문, 시그마프레스, 2016.

5. 관계형 리더에게 임파워링하기

관계형 리더의 특징

관계형^{RF} 리더는 〈그림 7.9〉에서 보는 바와 같이 변칙적 인지처리와 구체적 사고를 하는 특성이 잘 발달되어 있다. 이 유형은 직관적인 사고력이 우세하고, 오감으로 들어오는 자극들에 대한 전체적인 통찰이 강하며 관찰력이 우수하다. 타인을 잘 돌보고 성격이 원만하며, 감성적이어서 즐거운 기분을 좋아하고 의사소통 능력이 있어 대인관계가 좋아 사회성이 좋다.

관계형은 구체적이고 물리적 세계에 민감하게 반응하며, 변칙적이라 덜 구조화되어 있고, 창의적이고 실험적이며 직감적인 특성이 있다. 그러나 시간관리가 잘되지 않고 미리미리 준비하지 않아 업무나 과제의 마감일을 빈

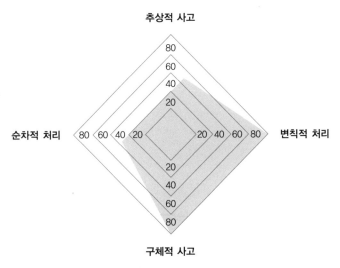

그림 7.9 관계형 리더의 인지사고 모델

번히 놓치는 경우가 생긴다. 대안적 방법과 새로운 체계를 선호하며, 확산적 사고를 한다. 현실에 바탕을 두고 있지만 실험적 사고를 하며, 틀에 박히지 않은 행동양식을 보이며 자신만의 아이디어와 나름대로의 방식을 추구하며, 시간관리가 잘 이루어지지 않고 결과보다 과정을 중시한다.

선행연구를 살펴보면 관계형 리더는 성취형 리더보다 목표지향적이지 않다는 점에서 다르다. 하는 것^{doing}보다는 존재하는 것^{being}에서 의미를 찾는다. 관계형 리더는 임무를 찾아나서는 대신, 사람들과 어울리고 싶어 한다. 즉 관계에서 가져오는 기쁨을 즐긴다. 더 나아가 관계형 리더는 미래의 목적보다는 현재 이 순간에 의미를 찾는다. 업무환경에서도 다른 사람들과 연결관계를 돈독히 하거나 밀착되기를 원한다(Northouse, 2015).

적성 측면에서의 리더십 특성

변칙적 처리와 구체적 사고가 발달될수록 팀플레이를 선호하고 대인관계 기술이 높아 타인의 복지와 사회적 서비스에 능할 수 있다. 현실에 바탕을 둔 실험적 사고의 직무를 선호한다.

① 팀 플레이에 능하다.
② 인간관계 기술은 좋으나 때로는 상처받기 쉽다.
③ 현실에 바탕을 두고 있으나 실험적 사고를 한다.
④ 사회적 · 교육적 · 영업적 능력과 대인관계 능력 좋다.
⑤ 타인의 복지와 사회적 서비스를 중시한다.

성격 측면에서의 리더십 특성

변칙적 처리와 구체적 사고가 발달될수록 사회적 관계에서 유연성이 높고 친밀한 의사소통을 선호한다. 그리고 타인에게 따뜻하고 관대할 수 있고 선호도가 뚜렷하여 흥미가 없으면 열정을 갖지 않으며, 감정기복이 심해 틀에 박히지 않은 행동양식을 보인다. 결과보다 과정을 중시하고 타인의 관심과 사랑 및 정서적 지지에 민감할 수 있다.

① 관계지향적이다.
② 친밀한 의사소통을 선호한다.
③ 남에게는 관대하고 자신에게 여유가 있다.
④ 소신이 뚜렷하고 자극이 없으면 흥미를 갖지 않는다.
⑤ 감정기복이 비교적 심하다.

⑥ 정서적 지지자를 선호한다.

⑦ 틀에 박히지 않은 행동양식을 보일 수 있다.

⑧ 결과보다 과정을 중시한다.

⑨ 사람들로부터의 관심과 사랑받기를 원한다.

⑩ 친구의 부탁을 거절하지 못한다.

학습 측면에서의 리더십 특성

변칙적 처리와 구체적 사고가 발달될수록 주변정리와 시간관리가 어렵고 일마무리를 잘 못할 수 있다. 과정을 중시하고 경쟁적 과제보다 협동적 과제와 친밀감을 선호할 수 있다. 친숙한 친구들과의 소그룹 활동을 선호하며, 동기가 없는 분야는 주의력과 실행력이 약하므로 환경조성과 동기부여가 일의 성취에 중요한 자원이다.

① 주변정리와 시간관리를 어려워한다.

② 일 마무리를 잘 못한다.

③ 단계적 학습 및 세부파악이 약하다.

④ 경쟁적 과제보다 협동적 과제를 선호한다.

⑤ 상급자나 동료에 대한 친밀감을 중시한다.

⑥ 친숙한 동료들과의 소그룹 활동을 선호한다.

⑦ 직무수행에 있어 동기부여가 중요하다.

⑧ 주의집중력과 직무실행력 약하다.

⑨ 일하는 환경조성이 중요하다.

효율적인 관계맺기는 대인관계의 갈등을 피하는 것이 아니다

네덜란드 최대 독립 컨설팅 회사인 트윈스트라 구데[TG]는 CEO 역할을 4명의 매니징 디렉터에게 나눴다. 이런 독특한 구조에선 각 이사들이 서로 관계를 효율적으로 맺는 것이 중요했다. 그들은 각 리더가 특정 이슈에 대해 의견을 낼 때 간단한 규칙을 따르도록 했다. 다수결과 함께 이사들에게 거부권을 주는 것이다.

TG의 최고경영진 모델이 효과를 발휘하려면 각 구성원들은 함께 대화를 나누는 능력을 갖고 있어야 했다. 그들은 계속 잘 듣기와 잘 설명하기를 연습했고, 각 이사가 거부권을 갖고 있기 때문에 자신의 의견이 가진 장점을 바탕으로 다른 이사들을 논리적으로 설득시키기 위해 많은 노력을 쏟았다. 이런 수준의 상호 신뢰와 존경에 도달하기 쉽지 않다. 하지만 시간이 흐르면서 각 팀 구성원들이 다른 이들과 솔직한 관계를 맺고자 노력했고, 이런 리더십이 도입된 후 TG는 더 성장했다.

출처 : Goleman 외 저, 이덕주 역, 조직의 성과를 이끌어 내는 리더십, 매일경제신문사, 2015.

제 8 장

임파워링 리더십
단련하기

1. 나의 임파워링 리더십 수준은
2. 어떻게 임파워링 리더십을 향상시킬 것인가

1. 나의 임파워링 리더십 수준은

나의 권한위임 리더십 평가

권한위임이 실천되는 조직이 되기 위해서는 조직 구성원 스스로가 얼마나 권한위임에 준비가 되어 있는지가 매우 중요하다. 따라서 〈표 8.1〉에서 제시하는 측정요소는 권한위임을 하기 위해 필요한 요소에 대해 설문조사를 실시하여 분석한 결과이며, 권한위임이 실천되기 위해서는 다섯 가지(의사소통, 계획수립, 역량개발, 능력신뢰, 자기결정성) 요소가 잘 실천되어야 함을 제시한다.

〈표 8.2〉의 측정도구는 권한위임이 실천되기 위한 조직을 만들기 위해 상급자와 하급자가 얼마나 준비되어 있는지에 대해 측정도구로 활용하면 된다. 설문구성은 5점 척도 38문항으로 구성되어 있으며, 세부 분야로 의사소

표 8.1 권한위임에 대한 자가진단 설문지 구성요소

구분	내용
의사소통	서로 다른 이해와 사고, 경험과 선호 및 교육적인 배경을 가지고 있는 구성원 간 어떤 특정한 사항에 대해 유사한 의미와 이해를 만들어내기 위한 준비 여부
계획수립	임무가 부여되었거나 또는 장차 임무를 완수하기 위하여 필요한 준비 여부
역량개발	조직 구성원이 임무를 달성할 수 있도록 지속적인 역량개발과 자기개발 기회 부여의 여부
능력신뢰	조직 구성원이 임무를 성공적으로 달성하는 데 필요한 능력과 자질을 가지고 있다는 믿음 정도
자기결정성	조직 구성원이 임무수행을 하는 데 있어 자율성과 재량권을 부여할 수 있는 준비 정도

통이 6문항(1~6), 계획수립이 8문항(7~14), 역량개발이 5문항(15~19), 능력신뢰가 7문항(20~26), 자기결정성이 12문항(27~38)으로 구성되어 있다.

표 8.2 권한위임 설문지

설문 문항	전혀 아니다	그렇지 않다	보통	그렇다	매우 그렇다
1. 나는 업무를 추진하는 데 있어 하급자와 자유롭게 토론한다.	①	②	③	④	⑤
2. 나는 부하와 의사소통 시 부하가 자신의 생각을 충분히 이야기하도록 한다.	①	②	③	④	⑤
3. 나는 하급자와 자유로운 의사소통을 한다.	①	②	③	④	⑤
4. 나는 하급자와 친밀한 인간관계를 형성하고 있다.	①	②	③	④	⑤
5. 나는 하급자가 의사결정에 참여할 수 있도록 한다.	①	②	③	④	⑤
6. 나는 의사결정 시 조직 구성원과 함께하려고 노력한다.	①	②	③	④	⑤
7. 나는 업무부여 시 목표를 명확히 제시한다.	①	②	③	④	⑤
8. 나는 계획수립 시 과업의 목적을 명확히 제시한다.	①	②	③	④	⑤
9. 나는 계획수립 시 하급자에게 나의 의도를 가르쳐 준다.	①	②	③	④	⑤
10. 나는 계획수립 시 명확하고 달성 가능한 목표를 설정한다.	①	②	③	④	⑤
11. 나는 계획수립 시 하급자에게 필요한 전력과 수단을 제공한다.	①	②	③	④	⑤
12. 나는 계획수립 시 나의 상급자의 의도를 가르쳐 준다.	①	②	③	④	⑤
13. 나는 계획수립 시 업무를 잘 설명하고 책임을 부여한다.	①	②	③	④	⑤
14. 나는 부하가 임무를 완수할 수 있도록 전체를 설명해 주고 추진토록 한다.	①	②	③	④	⑤
15. 나는 부하들의 직무수행 워크숍을 강조한다.	①	②	③	④	⑤
16. 나는 부하의 역량개발을 강조한다.	①	②	③	④	⑤

표 8.2 권한위임 설문지(계속)

설문문항	전혀 아니다	그렇지 않다	보통	그렇다	매우 그렇다
17. 나는 하급자에게 업무수행의 전문성을 구비하도록 강조한다.	①	②	③	④	⑤
18. 나는 직무와 관련된 공통의 지식을 구비토록 강조한다.	①	②	③	④	⑤
19. 나는 하급자에게 자기개발을 할 수 있도록 지지해 준다.	①	②	③	④	⑤
20. 나는 하급자의 지식과 능력에 대해 신뢰한다.	①	②	③	④	⑤
21. 나는 하급자의 일하는 방법을 인정한다.	①	②	③	④	⑤
22. 나는 하급자가 부여된 업무보다 더 할 수 있는 능력이 있다고 생각한다.	①	②	③	④	⑤
23. 나는 하급자가 업무를 성공적으로 수행할 수 있다고 믿는다.	①	②	③	④	⑤
24. 나는 하급자가 업무를 수행할 능력이 있다고 생각한다.	①	②	③	④	⑤
25. 나는 하급자가 임무수행을 위한 필요한 지식과 기술을 가지고 있다고 생각한다.	①	②	③	④	⑤
26. 나는 하급자가 업무수행 방식을 결정하는 데 영향력을 행사할 수 있도록 한다.	①	②	③	④	⑤
27. 나는 하급자가 어떻게 임무를 달성할 것인가에 대해 하급자에게 위임한다.	①	②	③	④	⑤
28. 나는 하급자에게 임무수행상의 자유를 보장한다.	①	②	③	④	⑤
29. 나는 하급자에게 계획수립 및 행동의 자유를 최대한 보장한다.	①	②	③	④	⑤
30. 나는 하급자에게 업무와 관련하여 자발적으로 행동할 수 있도록 한다.	①	②	③	④	⑤
31. 나는 하급자가 맡은 일을 스스로 체크해 나갈 수 있도록 위임한다.	①	②	③	④	⑤
32. 나는 하급자에게 업무수행의 독립성과 재량권을 부여한다.	①	②	③	④	⑤

표 8.2 권한위임 설문지(계속)

설문문항	전혀 아니다	그렇지 않다	보통	그렇다	매우 그렇다
33. 나는 하급자에게 업무처리 방법을 스스로 결정할 수 있도록 위임한다.	①	②	③	④	⑤
34. 나는 하급자가 업무를 수행하는 데 필요한 방법을 선택할 수 있도록 한다.	①	②	③	④	⑤
35. 나는 하급자가 업무추진 방법을 잘 생각할 것이라 생각한다.	①	②	③	④	⑤
36. 나는 하급자가 자신에게 닥친 문제를 스스로 해결할 수 있다고 믿는다.	①	②	③	④	⑤
37. 나는 하급자가 조직의 목표설정에 영향력을 발휘할 수 있도록 한다.	①	②	③	④	⑤
38. 나는 하급자가 조직에 발생한 일에 대해 역할을 행사할 수 있도록 한다.	①	②	③	④	⑤

출처 : 김문겸 · 조태명, 임무형지휘 정착 및 활성화 방안 연구보고서, 2017.

나의 권한위임 리더십 수준 평가 방법

권한위임에 대한 설문지 활용 방법은 두 가지로 구분할 수 있는데, 첫 번째, 각 문항에 대해 5점 척도를 기준으로 단순 환산하여 사용하는 방법이다. 예를 들어 의사소통 6문항에 대해 〈표 8.3〉과 같이 진단을 하였을 때, 5점 척도의 점수와 단순 환산점수를 평균값을 구하면 된다.

두 번째, 각 분야별(설문문항별) 가중치를 반영하여 권한위임 리더십 점수를 구할 수 있는데, 〈표 8.4〉와 같이 각각의 문항에는 가중치가 부여되어 있다. 즉 의사소통에 대한 능력을 평가하는 데 있어 미치는 영향이 문항별 차이가 있는 것이다. 따라서 중요하게 영향을 미치는 점수에서 높은 점수를 받을 경우 권한위임 리더십이 향상될 수 있음을 나타낸다.

표 8.3 단순 환산점수를 고려한 권한위임 리더십 평가(예시)

설문문항	진단결과	단순환산
1. 나는 업무를 추진하는 데 있어 하급자와 자유롭게 토론한다.	4점	80점
2. 나는 부하와 의사소통 시 부하가 자신의 생각을 충분히 야기하도록 한다.	3점	60점
3. 나는 하급자와 자유로운 의사소통을 한다.	5점	100점
4. 나는 하급자와 친밀한 인간관계를 형성하고 있다.	3점	60점
5. 나는 하급자가 의사결정에 참여할 수 있도록 한다.	4점	80점
6. 나는 의사결정 시 조직 구성원과 함께하려고 노력한다.	5점	100점
권한위임 리더십 점수	4점	80점

표 8.4 가중치를 고려한 권한위임 리더십 평가(예시)

설문문항	진단 결과	가중치	환산 점수
1. 나는 업무를 추진하는 데 있어 하급자와 자유롭게 토론한다.	4점	.701	75
2. 나는 부하와 의사소통 시 부하가 자신의 생각을 충분히 야기하도록 한다.	3점	.759	50
3. 나는 하급자와 자유로운 의사소통을 한다.	5점	.812	100
4. 나는 하급자와 친밀한 인간관계를 형성하고 있다.	3점	.796	50
5. 나는 하급자가 의사결정에 참여할 수 있도록 한다.	4점	.780	75
6. 나는 의사결정 시 조직 구성원과 함께하려고 노력한다.	5점	.757	100
권한위임 리더십 점수	–	–	75점

가중치에 대한 권한위임 리더십의 수준을 판단하기 위해서는 별도의 계산 방식이 필요하다. 계산하기 복잡할 수가 있으므로 권한위임 리더십 평가 프로그램은 웹사이트(http://blog.naver.com/munkyom/221133064630)에서 다운받아 활용하면 된다.

각각의 설문문항에 대한 가중치는 〈표 8.5〉에서 보는 바와 같다.

표 8.5 설문문항에 대한 가중치

설문문항	가중치
1. 나는 업무를 추진하는 데 있어 하급자와 자유롭게 토론한다.	0.701
2. 나는 부하와 의사소통 시 부하가 자신의 생각을 충분히 이야기하도록 한다.	0.759
3. 나는 하급자와 자유로운 의사소통을 한다.	0.812
4. 나는 하급자와 친밀한 인간관계를 형성하고 있다.	0.796
5. 나는 하급자가 의사결정에 참여할 수 있도록 한다.	0.780
6. 나는 의사결정 시 조직 구성원과 함께하려고 노력한다.	0.757
7. 나는 업무부여 시 목표를 명확히 제시한다.	0.736
8. 나는 계획수립 시 과업의 목적을 명확히 제시한다.	0.771
9. 나는 계획수립 시 하급자에게 나의 의도를 가르쳐 준다.	0.724
10. 나는 계획수립 시 명확하고 달성 가능한 목표를 설정한다.	0.760
11. 나는 계획수립 시 하급자에게 필요한 전력과 수단을 제공한다.	0.721
12. 나는 계획수립 시 나의 상급자의 의도를 가르쳐 준다.	0.707
13. 나는 계획수립 시 업무를 잘 설명하고 책임을 부여한다.	0.786
14. 나는 부하가 임무를 완수할 수 있도록 전체를 설명해 주고 추진토록 한다.	0.756
15. 나는 부하들의 직무수행 워크숍을 강조한다.	0.658
16. 나는 부하의 역량개발을 강조한다.	0.783

표 8.5 설문문항에 대한 가중치(계속)

설문문항	가중치
17. 나는 하급자에게 업무수행의 전문성을 구비하도록 강조한다.	0.788
18. 나는 직무와 관련된 공통의 지식을 구비토록 강조한다.	0.734
19. 나는 하급자에게 자기개발을 할 수 있도록 지지해 준다.	0.733
20. 나는 하급자의 지식과 능력에 대해 신뢰한다.	0.714
21. 나는 하급자의 일하는 방법을 인정한다.	0.735
22. 나는 하급자가 부여된 업무보다 더 할 수 있는 능력이 있다고 생각한다.	0.753
23. 나는 하급자가 업무를 성공적으로 수행할 수 있다고 믿는다.	0.840
24. 나는 하급자가 업무를 수행할 능력이 있다고 생각한다.	0.835
25. 나는 하급자가 임무수행을 위한 필요한 지식과 기술을 가지고 있다고 생각한다.	0.742
26. 나는 하급자가 업무수행 방식을 결정하는 데 영향력을 행사할 수 있도록 한다.	0.706
27. 나는 하급자가 어떻게 임무를 달성할 것인가에 대해 하급자에게 위임한다.	0.621
28. 나는 하급자에게 임무수행상의 자유를 보장한다.	0.697
29. 나는 하급자에게 계획수립 및 행동의 자유를 최대한 보장한다.	0.791
30. 나는 하급자에게 업무와 관련하여 자발적으로 행동할 수 있도록 한다.	0.782
31. 나는 하급자가 맡은 일을 스스로 체크해 나갈 수 있도록 위임한다.	0.765
32. 나는 하급자에게 업무수행의 독립성과 재량권을 부여한다.	0.793
33. 나는 하급자에게 업무처리 방법을 스스로 결정할 수 있도록 위임한다.	0.770
34. 나는 하급자가 업무를 수행하는 데 필요한 방법을 선택할 수 있도록 한다.	0.745
35. 나는 하급자가 업무추진 방법을 잘 생각할 것이라 생각한다.	0.757
36. 나는 하급자가 자신에게 닥친 문제를 스스로 해결할 수 있다고 믿는다.	0.700
37. 나는 하급자가 조직의 목표설정에 영향력을 발휘할 수 있도록 한다.	0.773
38. 나는 하급자가 조직에 발생한 일에 대해 역할을 행사할 수 있도록 한다.	0.791

2. 어떻게 임파워링 리더십을 향상시킬 것인가

무엇을 위임할 것인가

게리 유클(2014)은 권한위임이 실천되는 조직에서 '무엇을 위임할 것인가'에 대한 지침으로 여섯 가지를 제시하였다.

첫째, 부하가 더 잘해 낼 수 있는 과업을 위임하는 것이다. 유클은 다음과 같은 상황에서는 상급자보다 하급자가 책임을 더 잘해 낼 수 있다는 것이다. 개인이 더 많은 전문성을 가지고 있을 때, 문제에 가까이 있어서 적시의 정보를 더 많이 획득할 수 있을 때, 상급자가 과업을 제대로 수행하는 데 필요한 시간이 없을 때에는 부하가 수행하는 것이 더 나을 수 있다. 이러한 책임은 위임의 목적과 무관하게 위임의 훌륭한 대상이 된다는 것이다.

둘째, 긴급하지만 우선순위가 높지 않은 과업을 위임하는 것이다. 위임의 목적이 과도한 업무부담을 줄이는 데 있다면, 위임하기 가장 좋은 과제는 긴급하지만 우선순위가 높지 않은 과업이 된다. 이러한 과업은 신속하게 수행되어야 하며, 과업을 수행할 충분한 시간이 상급자에게는 부족하다. 어떤 과업들은 부하가 상급자만큼 훌륭하게 수행하지 못할 수도 있지만 부하가 수행하는 것이 더 바람직할 수 있다. 이러한 과업을 위임하면 상급자는 더 많은 시간을 갖게 되어 우선순위가 높은 과업에 집중할 수 있다.

셋째, 부하의 경력과 관련된 과업을 위임하는 것이다. 위임의 목적이 부하의 기술을 개발하는 데 있다면, 책임이 부하의 경력목표와 관련되어야 한다. 개발목적을 위한 위임에는 부하에게 도전할 만한 과업과 씨름하고 주도성과 문제해결을 행사할 기회를 허용하는 특별 프로젝트가 포함될 가능성이 많다. 부하가 상급자의 직무를 떠맡거나 다른 부서의 유사 직무로 승진할 준비를 하도록 하기 위해서는 처음에는 상급자만큼 잘해 내지 못할지도 모르는 몇 가지 중요한 관리책임을 위임할 필요가 있다. 이러한 위임 과업들 중 어떤 것은 현재 맡고 있는 직무와 무관할 수도 있으며, 부하의 정규작업과는 별도의 시간이 필요할 수도 있다.

넷째, 적정한 난이도의 과업을 위임하는 것이다. 위임된 과업은 부하에게 도전할 만해야 하지만, 성공적으로 해낼 가능성이 거의 없을 정도로 어려워서는 안 된다. 몇 가지 실수를 범할 정도의 어려운 과제를 위임해야 하는 이유는 실수가 학습경험에서 필수적인 부분이기 때문이다. 그러나 실수를 통해서 부하의 자신감을 해치고 평판에 부정적 영향을 미칠 정도로 과업이 어렵거나 중요해서는 안 된다. 개발목적을 위한 위임은 점진적으로 이루어져야 한다. 부하가 초기의 책임을 처리하는 방법을 배우게 되면, 리더는 다른 책임을 위임할 수 있게 된다.

다섯째, 유쾌한 과업뿐 아니라 불쾌한 과업도 위임하는 것이다. 어떤 상급자들은 유쾌한 과업은 자신이 수행하고 지루하거나 싫증나는 과업은 부하에게 위임하기도 한다. 이러한 과업은 부하의 직무를 풍부하게 만들지 못하며 부하의 직무만족을 증대시키기보다는 감소시킬 것이다. 이와 반대로 어떤 상급자들은 순교자 콤플렉스를 가지고 있어서 유쾌한 과업만을 위임하며 불쾌한 과업은 자신이 수행한다. 이러한 방식은 부하의 개발에 괴리를 남기게 되며, 상급자의 직무에 더 많은 스트레스를 불러일으킬 가능성이 많다. 따라서 유쾌한 과업뿐만 아니라 불쾌한 과업도 위임해야 한다. 업무할당에서 편애와 불공정의 지각을 피하기 위해 불쾌한 과업을 부하들과 공유하거나 순환해서 맡아야 한다.

여섯째, 상급자의 역할 중 중심적이지 않은 과업을 위임한다. 상급자의 역할에 상징적으로 중요하고 중심이 되는 과업을 위임해서는 안 된다. 이러한 책임에는 작업집단을 위해 목표와 우선순위를 설정하고, 부하들에게 자원을 할당하며, 부하들의 성과를 평가하고, 급여인상과 승진에 대한 인사상의 결정을 내리는 일 등이 포함된다(Mintzberg, 1973). 이러한 책임에 관련하여 부하의 기술을 개발할 필요가 있을 때에는 위임보다는 협의나 집단 의사결정과 같은 다른 형태의 참여를 사용해야 한다.

어떻게 위임할 것인가

게리 유클(2014)은 위임의 성공에는 '무엇을 위임할 것인가'만큼 '어떻게 위임을 실행할 것인가'도 매우 중요하다고 하였다. 그리고 '어떻게 위임할 것인가'에 대한 지침으로 아홉 가지를 제시하였다. 첫 번째부터 네 번째까지는 부하에게 책임을 위임하기 위한 초기회의에 대한 것이고, 다섯 번째부터 아홉 번째까지는 위임이 성공적으로 수행되기 위해 나중에 해야 할 것으로 구분하였다.

먼저, 책임을 명확하게 구체화하는 것이다. 위임을 할 때 부하에게 새로운 책임을 이해하도록 하는 것은 절대적으로 중요하다. 위임된 과제에 대해 기대하는 결과를 설명해 주고, 목표와 우선순위를 명확히 하며, 달성기한에 대해 알려 주도록 하라. 부하에게 상급자의 의도를 다시 진술하도록 요구하거나 과제의 중요한 측면에 대해 질문하여 이행여부를 확인하라. 경험이 없는 부하의 경우에는 실행계획을 작성하도록 하고, 실행하기 전에 부하와 함께 이를 검토할 수도 있을 것이다.

둘째, 적절한 권한을 주고 재량권의 한계를 구체적으로 나타내는 것이다. 적절한 자원을 제공하지 않는다면 부하는 위임된 과업을 수행하기 어려울 것이다. 새로운 책임을 할당할 때에는 이를 수행하기 위해 필요한 적절한 권한을 파악하라. 부하의 권한범위와 재량권의 한계를 명확하게 구체화하라. 권한에는 투입할 수 있는 자금, 사용할 수 있는 자원, 사전승인을 받지 않고 내릴 수 있는 결정, 외부인이나 다른 집단들과 직접 협상할 수 있는 권한 등이 포함된다.

셋째, 보고요건을 구체화하는 것이다. 부하는 보고해야 하는 정보의 유형, 기대되는 보고의 빈도, 진행사항을 점검하는 방식(문서보고, 진행검토회의, 부서회의에서 발표, 공식적인 성과평가)을 이해하는 것이 중요하다. 진행검토의 빈도와 시기는 과업의 성격과 부하의 역량에 의해 좌우될 것이다. 과업의 위험수준이 높고 실수로 인한 비용이 높아서 중요하거나 부하에게 경험과 자신감이 부족한 경우에는 더 빈번하게 점검하는 것이 적합하다. 부하가 위임된 과업에 대해 역량을 보임에 따라 보고의 빈도는 줄어들 수 있다. 진행검토 보고에서는 결과를 강조해야 하지만 위임된 과업을 달성하는 수단을 완전히 무시해서는 안 된다. 적법하고 윤리적이며, 조직의 방침과 일치하는 절차를 사용하는 것이 중요하다.

넷째, 책임에 대한 부하의 수용을 확보하는 것이다. 위임이 성공하려면 부하는 새로운 책임을 수용하고 이것을 실행하는 데 동참해야 한다. 어떤 경우에는 할당된 과업이 흥미 있고, 부하의 경력개발에 중요하기 때문에 결정의 수용에 문제가 없다. 그러나 부하는 새로이 할당된 과업에 대해 의구심과 우려에 대해 인정하기를 꺼릴 수도 있다. 어떤 과업을 할당할 것인지, 그리고 얼마나 많은 권한을 위임할 것인지의 결정에 부하의 참여를 허용하는 것이 바람직하다. 개발을 목적으로 하는 위임의 경우에는 위임된 과업이 개인의 경력개발에 어떻게 관련되는지를 논의하는 것이 유용하다. 부하에게 자신감이 부족하다고 판단되면, 일을 잘할 수 있는 부하의 능력에 대한 확신을 표현해 주는 것이 도움이 된다.

다섯째, 알 필요가 있는 구성원들에게 위임 사실을 알려 주는 것이다. 위임된 과업을 수행하기 위해서 협력과 지원을 요청해야 할 사람들에게 부하가 맡게 될 새로운 책임과 권한에 대해 알려 주어야 한다. 위임에 대해 통지받지 못하면 사람들은 부하의 권한을 의심하고 요청이나 지시를 무시할 수도 있다. 통지를 받을 필요가 있는 사람들로는 상급자의 다른 부하들, 부하의 부하들, 다른 집단의 동료들, 고객과 공급자와 같은 외부인들, 그리고 상급자의 상사 등이 있다.

여섯째, 진행상황을 적합한 방식으로 모니터하는 것이다. 모든 과업과 마찬가지로 위임된 과업의 경우에 진행사항을 점검하고 부하에게 피드백을 해주는 것이 중요하다. 통제와 위임 사이에서 최적의 균형을 유지하는 일은 쉽지 않으며, 상급자는 매일 지나치게 세밀하게 감독하지 않고도 진행검토 회의를 통해서 부하의 진행상황을 점검할 수 있다. 간섭을 받지 않고 문제를 처리할 수 있는 상당한 재량의 여지를 부하에게 주는 한편, 필요할 때마다 조언과 지원을 자유롭게 요청할 수 있도록 한다. 권한을 위임할 때 상급자와 부하는 수집할 성과측정치의 유형과 진척상황을 판단할 수 있는 지표에 관해 결정을 내려야 한다.

일곱째, 필요한 정보를 부하가 받을 수 있도록 하는 것이다. 성과 흐름에 대한 모든 상세한 정보를 부하에게 직접 전달되도록 하는 한편, 상급자는 덜 상세한 요약정보를 부하들보다 덜 빈번하게 받는 것이 가장 좋다. 그러나 경험이 없는 부하의 개발을 목적으로 위임을 하는 경우에 상급자는 부하의 진행사항을 면밀하게 점검하기 위해 상세한 정보를 보다 빈번하게 수집할 수도 있다. 부하는 위임된 과업을 효과적으로 수행하기 위해 성과정보뿐만 아니라 다양한 종류의 전문적 및 일반적 정보도 받을 필요가 있다. 부하에게 계획과 일정에 영향을 미치는 변화에 대해 지속적으로 알려 주도록 하라. 가능하다면 관련된 전문기술 정보가 부하에게 직접 가도록 조치를 취하고 부하 스스로 핵심적인 정보 원천을 구축하도록 도움을 주어라.

여덟째, 지원과 도움을 제공하고 위임철회를 피하는 것이다. 상급자는 실망하거나 좌절한 부하에게 심리적 지원을 해주어야 하며, 계속 일하도록 격려해야 한다. 새로 위임한 과업에 대해서는 몇 가지 업무수행 절차에 대해 더 많은 조언과 지도를 해줄 필요가 있다. 그러나 이전에 위임했던 과업에 대한 통제를 다시 주장하게 되는 위임철회를 피하는 것이 중요하다. 부하가 문제에 대한 도움을 요청할 때, 상급자는 부하에게 해결안을 추천하도록 요구해야 한다. 상급자는 부하가 해결안이 가능하고 적합한지를 평가하는 데 도움을 줄 수 있다.

아홉째, 실수를 학습의 경험으로 만드는 것이다. 위임된 과업에서 실수가 발생하는 것이 불가피하다는 것을 인정하는 것이 중요하다. 실수와 실패를 심각하게 다루어야 하지만, 비난과 비판을 해서는 안 된다. 상급자와 부하가 실수에 대한 이유를 논의하고 미래에 유사한 실수가 일어나는 것을 피하기 위한 방법을 찾아냄으로써 실수가 모두에게 학습의 기회가 되도록 해야 한다. 부하가 업무수행 방법으로 알지 못하고 있다는 것이 분명해지면 상급자는 추가적인 교육과 지도를 실시해야 한다.

권한위임을 위한 자기준비

권한위임이 실천되는 조직을 만들기 위해서는 조직의 최고 상급자부터 체계

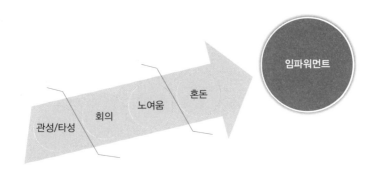

구분	내용
관성/타성	새로운 것을 시작하는 데 힘이 듦 → 차라리 그냥 있는 것이 쉬워 보임
회의감	진정 임파워먼트를 이룩할 수 있을지 회의에 빠짐
노여움	이런 어려움을 거쳐 가게 하는 타인/조직을 원망함
혼돈	임파워먼트로 가는 수많은 갈래의 길이 있음을 알고 혼돈이 일어남

출처 : 박원우, 임파워먼트 실천 매뉴얼, 시그마인사이트컴, 2000.

그림 8.1 임파워먼트는 추구하는 사람이 겪게 되는 문제

적으로 자기 자신과 조직을 준비시켜야 한다. 무엇보다 중요한 것은 권한위임에 대한 상급자의 의지이며, 권한위임에 있어 장애요인이 항상 존재한다는 생각과 장애요인에 부딪쳤을 때 좌절하지 않고 끝까지 이겨 낼 수 있는 자긍심이다.

스콧과 제페(1991)는 임파워먼트를 추구하는 사람이 직면하게 되는 문제는 〈그림 8.1〉과 같이 관성, 회의, 노여움, 혼돈 순으로 나타난다고 했다.

이러한 상황에서 상급자는 자신이 현재 어느 상황에 처해 있는지를 파악하고, 이를 극복하기 위한 준비가 필요하다.

박원우(1998)는 임파워먼트를 실천하기 위해서는 개인(상급자와 부하)과

표 8.6 개인별 권한위임 목표설정

권한위임 실천 방법	관계 증진	직무수행력 증진	조직성과 증진
의사소통			
계획수립			
역량개발			
능력신뢰			
자기결정성			

표 사용 방법

① 권한위임의 대상자를 선정한다.
② 권한위임의 목표와 방법을 고려하여 해당되는 칸을 작성한다. 예를 들면 다음과 같다.
  – 관계 증진의 목표로, 평상시부터 상급자와 하급자가 친밀한 인간관계를 형성한다.
  – 직무수행력 증진을 위한 목표로, 하급자가 직무와 관련된 자신의 생각을 충분히 이야기하도록 한다.
  – 조직성과 증진의 목표로, 의사결정에 참여시키거나 의사결정 시 조직 구성원과 함께한다.
③ 이렇게 세부목표를 적은 후 우선순위를 선정하여 실천해 나간다.

조직의 목표를 분명히 설정하는 것이 우선되어야 한다고 했다. 그러면서 현실에서 많은 사람이나 조직이 임파워먼트에 실패하는 이유 중에 하나가 뚜렷하고 구체적인 목표가 없이 그냥 막연하게 '임파워먼트'를 추구하기 때문이라고 한다.

따라서 박원우(1998)가 킨로(1995)의 책을 인용한 내용을 권한위임 실천요소를 중심으로 변형하여 〈표 8.6〉과 같이 작성하였다.

이상과 같이 권한위임에 대한 목표를 설정하였으면 상급자는 목표가 잘 이루어질 수 있도록 어떤 것을 지원해야 할 것인지를 〈표 8.7〉과 같이 정리해야 한다(박원우, 1998에서 인용). 상급자가 부하에게 어떠한 것을 위임해 줄 것인지에 대해 작성하고 그에 따른 우선순위를 선정하는 것이다. 그리고 추가적인 지원내용이 무엇인지에 대해 METT+R(98쪽 참조)을 고려하여 작성하라.

표 8.7 상급자가 권한을 이전하기 위한 자기준비 I

넘겨 주어야 할 것	우선순위	추가적 지원내용

그리고 권한위임이 제한되는 것 또는 통제가 필요한 사항에 대해 〈표 8.8〉을 작성하면서 권한위임을 준비해야 한다. 먼저, 권한위임이 제한되는 것을 적어 보고, 왜 권한위임이 제한되는지를 적어 보는 것이다. 그리고 권한위임에 따른 부정적 측면과 권한위임을 할 때 긍정적 효과가 무엇인지 생각한다. 그리고 권한위임이 성공하기 위해 어떠한 것을 지원해 줄 것인지 METT+R을 고려하여 작성한다.

표 8.8 상급자가 권한을 이전하기 위한 자기준비 II

넘겨 주지 못할 것	통제력 유지의 이유	통제력 상실의 부정적 측면	통제력 포기에 따른 긍정적 효과	성공적 권한위임을 위해 지원내용

권한위임을 위한 지원과 도움 제공

상급자는 위임된 권한이 아무런 문제없이 실행될 것이라는 착각에 빠지면 안 된다. 목표를 이루기 위해서는 항상 장애요인이 존재하기 마련이다. 따라서 상급자는 장애가 발생되면 하급자가 이에 맞설 수 있도록 도와주어야 한다. 도움을 주는 것은 장애를 피해 갈 수 있도록 돕는 것일 수도 있고, 하급자가 장애를 제거하도록 돕는 것일 수도 있다. 이와 관련하여 하우스(1971, 1996)는 부하가 목표를 달성하는 데에는 일곱 가지 장애요인이 있으며, 상급자는 이를 잘 극복할 수 있도록 도움을 주어야 한다고 한다.

첫 번째 장애요인은 불분명한 목표이다. 목표는 때때로 모르는 경우도 있고, 어떤 때는 불분명할 경우도 있으며, 또 어떤 때는 경쟁하는 다른 목표들과 뒤엉켜 감추어져 있는 경우도 있다. 목표가 명확하게 표현되고 이해되지 않을 경우 사람들이 성공적으로 그것을 성취할 가능성은 낮아지게 된다. 더 나아가 사람들은 자기 일에 대한 흥미와 자신의 성취에 대한 만족을 덜 느끼게 된다. 따라서 상급자가 목표를 명확하고 이해 가능하게 만들어야 한다는 것은 아무리 강조해도 지나치지 않다. 상급자는 자신의 비전을 명확하게 제공해야 할 필요가 있는 것처럼 하급자가 향해야 할 목적을 볼 수 있도록 도와주어야 한다. 목표가 모호할 경우 상급자는 그것을 명확하게 만들 필요가 있다. 또한 목표가 복잡하게 서로 연관된 목표들의 집합 속에 매립되어 있다면 상급자는 부하를 위한 구체적인 목표를 확인하고 그것이 다른 목표들과 어떻게 연관되어 있는지 설명해야 한다.

두 번째 장애요인은 불분명한 지시이다. 상급자는 명확한 지시를 제공함으로써 목표로 향한 경로를 정의해 주어야 한다. 모호하거나 혼란스럽거나 장황하거나 부정확하거나 불완전한 지시는 아무에게도 도움이 되지 않는다. 실제로 불분명한 지시는 부하들을 약화시키는 효과를 가질 수 있다. 부하들은 어떻게 진행해야 할지에 대한 명확한 지시가 없을 때 앞으로 나아갈 능력을 잃게 된다. 어떤 사람들은 지시가 없으면 길을 잃어버린다. 그들은 자신들이 어디로 향하고 있는지에 대한 그림은 있지만 어떻게 그곳으로 갈 수 있는지는 모른다. 따라서 개인의 성격특성을 고려하여 지시 방법을 선택할 필요가 있다. 즉 변칙적 처리가 잘 발달된 부하는 이것저것 여러 가지 지시를 하여도 혼란스럽지 않겠지만, 순차적 처리가 잘 발달한 부하는 혼란스러워 하기 때문에 하나씩 하나씩 설명이 필요하다. 또한 추상적 사고가 잘 발달된 부하의 경우는 핵심원리를 잘 파악하기 때문에 핵심만 간단하게 설명해 주어도 무슨 뜻인지 쉽게 눈치챌 수 있지만 구체적 사고가 발달된 부하의 경우는 구체적으로 설명해 주지 않으면 무슨 뜻인지 파악하기 힘들다.

세 번째 장애요인은 낮은 동기부여이다. 사람들이 동기부여가 안 될 때 리더는 무엇을 해야 할까? 구성원들이 일하고 싶어 하지 않을 때 리더는 그들을 어떻게 격려할 수 있을까? 기대 이론에 의하면 구성원들은 과업에 들이는 노력이 자신들이 중요하게 생각하는 어떤 예상된 결과로 이어질 때 높은 동기부여를 받는다고 한다. 이것은 조직 구성원들이 자신을 유능하다고 느끼고 기대한 대로 얻으며 자기가 하는 일을 가치 있게 여길 때 일어난다. 따라서 상급자는 하급자에 대해 다음과 같은 세 가지 분야에 도움을 주어야 한다. ① 부하들 자신이 유능함을 느낄 수 있도록 도와주는 것이다. 즉 상급자는 부하에게 권한위임에 대한 임무수행에 충분한 역량을 가지고 있으며, 임무를 수행할 수 있는 최적의 부하라는 것 등을 강조할 필요가 있다. ② 부하들이 기대한 것을 얻도록 도와주는 것이다. 즉 부하들은 자신의 기대가 충족될 때 동기부여가 된다. 따라서 상급자는 부하들의 노력으로 기대하는 결과가 성취 가능한 것이나 그렇게 될 가능성이 높은 것을 위임하는 것이 좋다. 또한 상급자는 부하들이 기대하는 결과가 무엇인지 인식하고 그 결과가 현실적인 것인지를 확인해야 한다. ③ 부하가 하는 일이 가치 있게 여기도록 도와주는 것이다. 부하들은 자신이 하는 일에 높은 가치를 둘 때 동기부여를 받는다. 따라서 상급자는 부하들이 하는 업무수행의 가치를 알 수 있게 도와주어야 한다. 이것이 금전적 보상을 통한 것이든, 개인적인 긍정적 피드백을 통한 것이든, 특별공로상 수여를 통한 것이든 상관없이 부하들이 기분 좋게 여기도록 도와주는 것이다.

네 번째 장애요인은 복잡한 과업이다. 때때로 사람들이 맞닥뜨리는 장애는 바로 과업 자체이다. 어떤 과업이 체계가 없다거나 모호하거나 복잡한 경우, 그것은 부하에게 장애가 된다. 부하가 복잡한 과업을 마주했을 때 종종 좌절하고 위기감을 느낀다. 어떤 부하들은 심지어 어쩔 줄 몰라 하기도 한다. 따라서 상급자는 어떤 과업이 복잡한 경우에 지시적으로 행동할 필요가 있다. 즉 '주도권'을 잡고 목표로 가는 경로를 명확히 해주어야 한다. 지시적 리더십^{directive leadership}은 다른 사람들에게 지시를 해주는 데 부하들에게 기대하는 것이 무엇인지, 그것을 어떻게 해야 하는지 그리고 언제 완수해야 할지에 대한 시간표가 포함한다. 지시적이라는 것은 분명한 성과 기준을 설정하고 다른 사람들에게 규칙과 규정을 확실하게 하는 것을 의미한다. 상급자가 복잡한 과업을 단순화시킬 때, 이는 부하들이 자신들의 일에 더 유능하다고 느끼도록 도와준다.

다섯 번째 장애요인은 단순한 과업이다. 때로는 부하들의 임무를 방해하는 것이 복잡성이 아니라 단순함인 경우도 있다. 복잡한 과업과 마찬가지로 단순하고 반복적인 과업도 동기부여에 부정적인 영향을 미칠 수 있다. 같은 일을 계속해서 다시 하는 것은 신나는 일이 아니다. 변화나 미묘한 차이가 없는 단순한 업무는 지루해지고 재미없어진다. 이런 과업에 대해서는 상급자가 지원적 리더십$^{supportive\ leadership}$을 사용하는 것이 중요하다. 지원적 리더십은 부하들이 따분하고 너무 쉬워서 재미가 없는 과업을 할 때 거기서 빠져 있는 것, 인간적 연결감을 제공해 준다. 지원적 리더십은 일상적이고 기계적인 활동에 묶여 있는 부하들에게 인간미를 제공한다.

여섯 번째 장애요인은 낮은 참여도이다. 일어나는 일에 대해 목소리를 낼 수 있는 것은 부하에게 매우 중요하다. 부하가 그룹이나 조직 안에서 관여하지 않을 때 부하의 생산성은 떨어지고, 그룹 또는 조직은 고생을 하게 된다. 부하는 자신만의 정체성을 가지고 싶어 하면서 다른 사람들과 어울리고 싶어 하기도 한다. 다양한 문제에 대한 자신만의 의견을 표현함으로써 부하는 조직에 기여한다는 느낌을 가질 수 있다. 따라서 상급자는 저조한 참여의 문제를 다루기 위해 참여적 리더십$^{participative\ leadership}$을 사용해야 한다. 참여적 리더는 일을 진행하는 방식과 수단에 있어 다른 이들이 공동으로 참여하도록 초대한다. 그는 새롭고 다양한 의견에 열려 있는 환경을 만들기 위해 노력한다. 이런 리더는 부하들로부터 아이디어와 의견을 얻고, 조직이 어떻게 진행할지에 대한 결정에 부하들의 제안을 포함시킨다.

마지막 장애요인은 도전의식의 부족이다. 어떤 부하들은 자신이 하는 일이 도전적이지 않기 때문에 일을 잘 못하기도 한다. 도전의식을 불러일으키는 것이 없을 때 부하들은 일이 흥미롭지 않고 할 만한 가치가 없다고 여기게 된다. 그 결과 부하들은 덜 열심히 일하거나 일을 그만두고 자신들이 더 매력 있다고 생각하는 뭔가로 옮겨 간다. 따라서 리더는 도전을 느끼지 못하는 부하들을 다룰 때 성취지향적 리더십$^{achievement\ oriented\ leadership}$을 가져야 한다. 즉 상급자는 부하의 개인특성을 고려하여 권한위임을 부여할 필요가 있다. 순차적 처리와 추상적 사고가 잘 발달된 성취형 부하는 의욕이 높고, 자아실현의 욕망이 크기 때문에 도전적인 업무를 선호한다. 그러나 상급자가 하급자의 특성 고려하지 않고 시시한 업무를 부여할 때 성취형의 부하는 일에 대한 의욕이 사라지게 된다. 반면에 위계형 부하는 안정적이고 체계적인 업무를 선호하기 때문에 도전적인 업무를 부여하지 않아도 업무를 잘 수행할 수 있다.

참고문헌

1. 단행본

강정애 · 태정원 · 양혜현 · 김현아 · 조은영(2016), 리더십론, 시그마프레스.

곽숙철(2016), 펌핑 크리에이트브, 틔움.

게리 유클(2014), 강정애 · 이상욱 · 이상호 · 이호선 · 차동옥(역), 현대조직의 리더십 이론, 시그마프레스.

김문겸 · 이정화 · 장정기 · 조미숙(2017), PAIR리더십, 창조.

다니엘 골먼 외(2015), 이덕주(역), 조직성과를 이끌어내는 리더십, 매일경제신문사.

데이비드 슈워츠(2001), 리더의 자기암시법, 아름다운 사회.

데이비드 J. 슈워츠(2009), 강성호(역), 크게 생각할수록 크게 이룬다, 나라.

박보식(2012), 리더십 : 이론과 실제, 대영문화사.

박원우(2000), 임파워먼트 실천 매뉴얼, 시그마인사이트컴.

박천오(2013), 조직학의 주요이론 : Douglas McGregor의 X-Y이론, 법문사.

송운석(2012), 신뢰중심의 조직관리, 탑북스.

신유근 · 이춘우(2014), 조직행위론, 한경사.

에드워드 L. 데시 · 리처드 플래스트(2012), 이상원 역, 마음의 작동법, 에코의 서재.

육군교육사령부(2014), 작전실시간 전투지휘, 육군교육사령부.

육군대학(2007), 임무형지휘 : 육군지휘통제, 육군대학.

육군리더십센터(2011), 전장리더십, 육군리더십센터.

육군본부(2011), 임무형지휘.

육군본부(2017), 리더십.

유필화 · 신재준(2002), 기업문화가 회사를 말한다, 한 · 언.

이문열(2002), 삼국지, 민음사.

이봉수(2002), 경영학원론, 형설출판사.

이정화(2004), APL심리평가 해석 매뉴얼, 한국심리평가원.

존 맥스웰(2002), 채천석 역, 리더십의 21가지 불변의 법칙, 청우.

최병순(2016), 군 리더십 : 이론과 사례를 중심으로, 북코리아.

케네스 머렐 · 미미 메레디스(2004), 김기쁨(역), 권한위임의 기술, 지식공작소.

폴 태핀터(2002), 신현승(역), 리더십 훈련 '잭 웰치'를 읽을 것인가 리더십을 '훈련'할
것인가, 넥서스 Books.

피터 드러커 외(2015), 이덕주(역), 조직의 성과를 이끌어 내는 리더십, 매일경제신문사.

피터 G. 노스하우스(2016), 이용철 · 리상섭 · 김기흥 · 김진웅(역), 리더십 입문 : 개념과
실천, 시그마프레스.

홍사중(1998), 리더와 보스, 사계절.

합동참모본부(2010), 합동교범 3-0 합동작전, 합동참모본부.

현대경제연구소(2009), 불확실성 경영 : 미래예측과 대응전략, 21세기북스.

D. J. 슈바르츠(1994), 정순역(역), 크게 생각하는 사람이 크게 성공한다. 문조사.

2. 국내 논문

고형일 · 장길산 · 송정수(2012), 셀프리더십이 심리적 임파워먼트와 조직시민행동에 미
치는 영향, 산업혁신연구, 28(2), pp.161-193.

구연원(2005), 조직문화 유형과 리더십 유형이 조직유효성에 미치는 영향에 관한 연구,
용인대학교 박사학위논문.

김기용(2011), 리더십 유형과 심리적 임파워먼트, 직무만족 및 조직몰입의 관계에 관한
연구 : 경찰서장의 변혁적 리더십과 거래적 리더십을 중심으로, 한성대학교 박사학위
논문.

김대원(2012), 셀프 리더십과 조직시민행동에 관한 연구 : 지방정부 관료들의 심리적 임
파워먼트의 매개역할을 중심으로, 지방행정연구 26(2), pp. 159-182.

김문겸 · 조태명(2017), 임무형지휘 정착 및 활성화 방안 연구보고서.

김민정 · 강수경 · 정미라(2016), 유아교사의 임파워먼트와 조직공정성이 직무만족과 경
력몰입에 미치는 영향, 열린교육연구, 24(1), pp. 127-145.

김성국(2011), 독일 군 리더십의 요체 '임무형 지휘'의 특성과 기업경영에 주는 시사점, 한독경상학회, 경상논총 제29권 3호 pp. 79-100.

김성필·이민순(2011), 광고대행사 종사원들이 인식하는 임파워먼트가 직무만족, 조직 몰입 및 이직의도에 미치는 영향, 한국콘텐츠학회 11(3), pp. 404-417.

김영춘·정민숙(2012), 조직문화, 임파워먼트와 신뢰와의 관계, 한국콘텐츠학회논문지 12(2), pp. 292-300.

김용구·윤선영(2009), 여행사종사원의 임파워먼트, 직무만족, 조직몰입이 이직의도에 미치는 영향에 관한 연구, 한국관광레저연구, 21(1).

김용순·백현(2010), 여행사 종사원의 셀프 리더십과 심리적 임파워먼트 및 직무만족의 구조적 관계, 한국관광·레저학회 22(2), pp. 361-377.

김용희·한창근(2016), 지역아동센터 종사자의 전문성이 조직몰입에 미치는 영향 : 임파 워먼트와 직무만족의 이중매개효과 검증, 사회복지 연구, pp. 227-252.

김의영·이종환(2011), 시큐리티 요원의 심리적 임파워먼트가 서비스 지향성 및 조직성 과에 미치는 영향, 한국경호경비학회지, pp. 9-31.

김정희(2009), 유아교육기관 원장의 리더십과 조직효과성에 대한 교사 임파워먼트의 매 개효과, 생태유아교육연구 8(2), pp. 187-209.

김찬선(2014), 시큐리티조직의 조직문화와 임파워먼트 및 조직애착도의 관계, 융합보안 논문지, 14(1). pp. 33-41.

김창태·곽경자(2012), 요양시설의 조직 구성원의 임파워먼트가 직무만족에 미치는 영 향에 관한 연구, 대한경영정보학회, 경영과 정보연구 34(4), pp. 52-82.

김학범(2013), 조직문화가 민간경비원의 임파워먼트에 미치는 영향에 관한연구, 한국민 간경비학회보, 12(2), pp. 80-110.

김학범·최은하(2012), 교정 조직문화와 교정 공무원의 임파워먼트에 관한연구, 아시아 교정포럼 6(2), pp. 153-190.

김헌주·장혁란(2015), 사회복지사의 임파워먼트가 직무만족, 조직몰입, 이직의도에 미 치는 영향, 한국인사행정학회보 14(3), pp. 167-190.

김현섭(2013), 군의 조직문화가 조직효과에 미치는 영향, 순천대학교 박사학위논문.

김호선(2013), 서번트 리더십과 임파워먼트가 조직효과성에 미치는 영향에 관한 연구 : 지역보건의료기관을 중심으로, 명지대학교 박사학위논문.

김희숙·강은주(2016), 피부미용 서비스 종사자의 임파워먼트가 직무만족 및 조직몰입에 미치는 영향, 한국디자인문화학회 22(1), pp. 89-99.

김희진(2013), 호텔종사자의 임파워먼트가 조직후원인식, 조직몰입 및 직무만족에 미치는 영향, 관광레저연구 25(2), pp. 97-113.

남경희·박정호(2016), 간호사의 임파워먼트와 직무만족, 조직몰입과의 관계, 학호행정학회지, 8(1), pp. 137-150.

도윤경(2002), 비서직 종사자의 분배공정성 지각과 임금만족과의 관계 : 상사에 대한 신뢰의 매개역할, 한국전문대학교육연구학회 논문집, 3(4), pp. 709-719.

류장헌·신형덕(2011), 유연한 조직문화와 임파워먼트가 인지된 조직 유효성에 미치는 영향, 연세대학교 경영연구소 48(2), pp. 213-242.

문지영·남정숙·이상길(2008), 리더의 윤리적 리더십이 조직 구성원의 심리적 임파워먼트와 조직시민행동에 미치는 영향에 관한 연구, 한국인사관리학회 학술대회 발표논문집, 2008, pp. 233-252.

박계홍, 김학준(2004), 조직내에서 상사에 대한 부하의 신뢰 선행요인에 관한 탐색적 연구, 공군조직을 중심으로, 사회과학논문집, 23(1), pp. 59-100.

박동수·김수희(2011), 팀 내의 임파워먼트가 조직시민행동 및 조직몰입에 미치는 영향 : 상사에 대한 신뢰의 조절효과, 한국산업경영학회, pp. 62-82.

박병길(2014), 레지던트호텔 종사원의 임파워먼트, 직무만족, 조직몰입 및 고객지향서의 구조적 관계, Journal of Hote & Resort 13(1), pp. 207-228.

박예린·양수(2008), 간호관리자의 촉진적 의사소통과 간호사의 조직몰입, 직무만족 및 임파워먼트, 17(3), pp. 342-352.

배오식(2000), 임파워먼트 지각에 따른 구조적 특성과 결과변수간의 관계에 관한 연구, 박사학위 논문, 영남대학교 경영학과.

박영배·조성호(2011), 국내브랜드 패밀리레스토랑 종사원의 임파워먼트가 조직유효성에 미치는 영향 : 신뢰의 조절효과, 관광식음료경영연구, pp. 1-28.

박유찬(2012), 체육교사가 지각하는 학교조직문화와 직무특성이 임파워먼트 및 조직효과성에 미치는 영향, 전남대학교 박사학위논문.

박장웅(2017), 초등학교의 협동적 학교조직문화, 교사 임파워먼트, 학교 조직효과성 간의 구조적 관계분석, 동아대학교 박사학위논문.

박찬정·현정석(2017), 추상적 사고수준과 분석력, 통찰력, 변증법적 사고력간의 관계분석, 예술인문사회융합멀티미디어, 3(29), pp. 705-715.

송영호(2012), 어린이집 원장의 변혁적 리더십과 조직문화, 의사소통, 임파워먼트가 조직효과성에 미치는 영향요인 분석, 창원대학교 박사학위논문.

심재훈·김윤신·윤태영(2008), 물리치료사의 임파워먼트와 직무만족, 조직몰입과의 관계, 한국전문물리치료학회지, 15(3), pp. 70-79.

심재훈·차태현·오덕원(2009), 임상 작업치료사가 지각하는 임파워먼트와 직무만족, 조직몰입에 관한 연구, 대한작업치료학회지, 17(3).

양주연(2008), 간호장교의 임파워먼트가 직무만족과 조직몰입에 미치는 영향, 군진간호연구 26(2), pp. 123-138.

에드워드 L. 데시·리처드 플래스트 지음, 이상원 옮김, (2012), 마음의 작동법, 에코의 서재.

오진명·신재문·오연풍(2014), 학교조직문화와 임파워먼트, 직무만족 및 조직몰입의 인과적 관계, 한국체육정책학회지, 12(4), pp. 127-137.

오창환(2007), 리더십 유형이 조직몰입 및 직무만족에 미치는 영향에 관한 연구, 박사학위논문, 호서대학교.

원희정·박경옥(2016), LMX, 과업성과, 적응성과에 대한 심리적·구조적 임파워먼트 효과, 비서학논총, pp. 107-131.

윤송자(2016), 장기요양 시설장의 진정성 리더십이 요양보호사의 조직유효성에 미치는 영향 : 요양보호사의 임파워먼트를 매개효과로, 한영신학대학교 박사학위논문.

이규태·박혜원(2012), 호텔 중간 관리자의 윤리적 리더십과 구성원의 임파워먼트, 직무만족과 조직몰입과의 관계, 관광연구저널, 26(5), pp. 63-80.

이대붕(2011), 리더십 유형이 조직성과에 미치는 영향에 관한 연구, 박사학위논문, 원광대학교 경영대학원.

이덕진(2013), 군 조직에서 리더십 유형이 신뢰에 미치는 영향 : 변혁적·거래적·윤리적 리더십을 중심으로, 가천대학교 박사학위논문.

이동수(2015), 신입사원 조직사회화 과정의 부적응과 정서적 이탈 : A사례를 중심으로, 중앙대학교 석사학위논문.

이란희·송연숙(2014), 헤어미용인의 직무만족과 조직몰입에 대한 임파워먼트의 효과에 관한 연구, 한국미용학회지, 20(1), pp. 19-29.

이병철(1997), 경영자의 종업원 지휘과정에 관한 연구, 사회과학연구 제6호, pp. 218-245.

이용탁(2004), 변혁적 리더십과 직무만족과의 관계에 임파워먼트가 미치는 영향, 대한
경영학회지, 46, pp. 2139-2160.

이윤미 · 김복미(2008), 변혁적 리더십과 조직몰입의 관계에 미치는 임파워먼트의 매개
효과, 대한간호학회지 34(4).

이재경(2002), 역량 기반 교육과정 개발 방법론에 대한 고찰 : 마케팅 역량 강화 교과과
정 체계개발 사례를 중심으로, 교육공학연구, 18(4), pp. 59-90.

이재형 · 김홍백 · 김상태(2016), 스키지도자들의 조직문화와 심리적 임파워먼트 및 조직
유효성의 관계, 한국코칭능력개발원 18(2), pp. 67-75.

이정아 · 이기종(2016), 리더-구성원 교환관계(LMX)가 임파워먼트, 조직몰입, 직무만
족, 고객지향성에 미치는 영향에 관한 연구 : 제주항공을 중심으로, Korea Soc Qual
Manag 44(4), pp. 983-997.

이정윤 · 강은주 · 한주회(2010), 셀프리더십이 조직 구성원의 임파워먼트, 자기효능감
및 혁신성에 미치는 영향, 한국산학기술학회, 11(11), pp. 4273-4281.

이준희(2014), 사회복지시설 종사자의 임파워먼트와 조직효과성의 관계, 대구한의대학
교 대학원 석사학위논문.

이춘식(2006), 조직 구성원의 지각된 변혁적 리더십과 셀프리더십이 혁신행동에 미치는
영향에 관한 연구, 한국외국어대학교 대학원 석사학위논문.

이춘우(2014), 한국기업의 조직문화 : 조직문화적 역량 관점과 공유가치 DNA구조 관점
에서의 한국 대기업의 성장동력 탐색, 인사조직연구, 39-93.

이헌철 · 채순화(2011), 변혁적 리더십이 다중조직몰입에 미치는 영향, 세무회계연구,
pp. 141-166.

이향은(2013), 예측력을 높이기 위한 디자이너의 맥락적 경험과 통찰력의 구성요인에
대한 연구, 기초조형학연구, 14(5), pp. 433.445.

이호선 · 권명은(2007), 임파워먼트와 조직유효성 관계에 셀프리더십이 미치는 조절효
과, 인력개발연구, 9(2), pp. 1-18.

임병윤(2013), 볼링선수의 셀프리더십과 임파워먼트 및 몰입의 관계분석, 한국체육대학
교 석사학위논문.

임지현 · 이애주(2014), 호텔식음료 조직 구성원의 임파워먼트와 조직공정성이 직무만족
과 조직몰입에 미치는 영향, 한국외식산업학회지 10(1), pp. 101-115.

우인수(2006), 리조트 기업의 변혁적 · 거래적 리더십이 종사자들의 임파워먼트 및 조직

문화, 조직성과에 미치는 영향, 단국대학교 박사학위논문.

윤수선 · 권기완 · 우성근(2016), 호텔조리직원의 임파워먼트와 직무만족, 조직몰입과 이직의도의 영향 연구, Journal of Hotel & Resort 15(1), pp. 5-20.

전영평(2017), 제4차산업혁명시대 : 리더십과 국가개혁전략, 한국행정포럼, 156, pp. 13-20.

정태연 · 김미애 · 양희옥(2013), 항공사 객실승무원의 셀프리더십과 심리적 임파워먼트 및 직무만족의 구조관계, 관광경영연구 17(3), pp. 363-388.

장세준(2011), 호텔직원의 셀프리더십과 LMX가 심리적 임파워먼트와 조직시민행동에 미치는 영향, 세종대학교 대학원 박사학위논문.

정지명 · 이광용(2007), 스포츠센터 조직의 변혁적 리더십과 조직유효성의 관계에서 임파워먼트의 매개효과, 한국스포츠산업 경영학회 12(2), pp. 157-169.

최경민 · 김규태(2016), 초등교사가 지각한 학교조직문화와 조직효과성 관계에서 임파워먼트 조직몰입의 다중 매개효과에 대한 구조분석, 교육행정학연구 34(5), pp. 247-267.

최성림(2006), 경영자의 유형에 따른 윤리적 리더십의 차이에 관한 연구, 안양대학교 복지행정연구, 22, pp. 171-196.

최승혜 · 장인순 · 박승미 · 이해영(2014), 간호조직문화, 셀프리더십, 임파워먼트가 종합병원 간호사의 직무만족과 이직의도에 미치는 영향, 간호행정학회지 20(2), pp. 206-214.

추재엽(2017), 조직문화와 조직공정성이 조직효과성에 미치는 영향 : 커뮤니케이션과 임파워먼트의 매개효과를 중심으로, 한양대학교 박사학위논문.

황지현(2012), 스포츠센터 경영자의 변혁적 리더십과 거래적 리더십, 임파워먼트, 직무만족, 조직몰입의 구조적 관계, 한국체육학회지 21(1), pp. 441-452.

허갑수 · 변상우(2007), 심리적 임파워먼트가 조직몰입에 미치는 영향에 대한 LMX의 조절역할에 관한 연구(팀제)를 중심으로, 인적자원관리연구, 14(3), pp. 207-222.

홍순복(2010), 세무공무원의 셀프리더십이 임파워먼트와 조직몰입에 미치는 영향, 한국콘텐츠학회 10(10), pp. 326-333.

홍지영(2014), 의료사회복지사의 가치, 지식, 기술과 임파워먼트의 관계 : 대인의사소통능력의 조절효과를 중심으로, 가톨릭대학교 박사학위논문.

3. 해외 논문 및 저서

Alexander, L. D. (1985). Successfully implementing atraegic decisions Long-Range Planning, 18, 91-97.

Allen, N. J & Meyer, J. P et al. (1990). Affective and Continuance Commitment to the Organization Analysis of Congruent and Time-Lagged Relations, *Journal of Applied Psychology*. 75, 710-720.

Ashforth, B. E., and Mael, F. (1989). Social identity theory and organization, *The Academy of Management Review*, 14(1), PP. 31-50.

Ashour, A. S., & England, G. (1972). Subordinate's assigned level of discretion as a function of leader's personality and situational variables. *Journal of Applied Psychology*, 56, 120-123.

Bandura, A. & R. Wood. (1989). Effect of Perceived Controllability and Performance Standards on Self-Regulation of Complex Decision Making, *Journal of Personality and Social Psychology* 41, pp. 586-598.

Bass, B. M. (1960). *Leadership, psychology, and organizational behavior*. New York : Harper.

Bass, B. M., op. cit., (1985a).

Bass, B. M. (1985). *Leadership and performance beyond expectations*, New York : Free Press.

Bass, B.M. (1990). *Buss Stogdill's handbook of leadership : Theory, research, and managerial applications*(3rd ed). New York : Free Press.

Bass, B. M., and Steidlmeier, P. (1999). "Ethics, Character, and Authentic Transformational Leadership Behavior," *Leadership Quarterly*, 10(2), 181-218.

Bass, B. M. (1990). *Handbook of leadership : A survey of theory and research*. New York : Free Press.

Blake, R. R., & McCanse, A.A. (1991). *Leadership dilemmas : Grid solutions*. Houston, TX : Gulf.

Bogen, J. E. (1969). The other side of the brain : parts I, II, III, Bulletin of the Los Angeles Neurological society.

Boren, R. (1994). Don't delegate-empower, Supervisory Management, 10.

Boyatzis, R. E. (1982). *The competent manager*. New York : John Wiley.

Bradford, D. L., & Cohen, A. R. (1984). *Managing for excellence : The guide to developing high performance organizations*. New York : John Wiley.

Branden, N. (1994). *Our urgent need for self-esteem, Executive Execellence*, May, 15-15.

Burke, R. J., wier, T., & Duncan, G. (1976). Informal helping relationships in work organizations. *Academy of Management Journal*, 19, 370-377.

Bŭhlmann, C. und Braun P. (2010). Auftragstaktik in Vergangenheit, Gegenwart und Zukunft, *Military Power Revue der Schweizer Armee*, pp. 50-63.

Carroll, S. J., Jr., Gillen, D. J. (1987). Are the classical management functions useful in describing managerial work? *Academy of Management Review*, 12, 38-51.

Caruso, D.R., & Wolfe, C.J. (2004). Emotional intelligence and leadership development. In D.V. Day, S.J.Zaccaro, & S.M. halpon(Eds), *Leader development for trans forming organizations : Growing leaders for tomorrow* (pp. 237-266). Mahwah, NJ : Erlbaum.

Chung, A., Chen, I, H., Lee, A. Y. P., Chen, H. C., and Lin, Y. (2011). Charismatic leadership and self-leadership, *Journal of Organizational Change Management*, 24(3), pp.299-313.

Ciulla, J. B. (2003). *The ethics of leadership*, Belmont, CA : Wadsworth / Thomson Learning.

Dane, E., & Pratt, M. G. (2007). Exploring intuition and its role in managerial decision making. *Academy of Management Review*, 32, 33-64.

Deci, E. L., Commell, J. P. & Ryan, R. M. (1989). Self determination in a work organiztion, *Journal of Applied Psychology*, 74, pp. 580-590.

Deci, Edwrd L. & Ryan, Richard M. (1987). Bridging the research traditions of task ego involvement and intrinsic extrinsic motivation : Comment on Butler, *PsycSCAN Developmental psychology*, 11.

Deal, T. E. and Kennedy, A. A. (1982). Corporate Culture. Reading. Mass Addison-Wesley, 107-123.

Drucker, P.F. (1974). *Management : Tasks, responsibilities, practices*. New York :

Harper & Row.

Einsenberger, R., P. Fasolo. & V. Davis-LaMastro (1991). Perceived Organizational Support and Employee Diligence, Commitment and Innovation. *Journal of Applied Psychology*, 75(1).

Etzioni, A. (1961). *A comparative analysis of complex organizations*. New York : Free Press.

Fullan, M. (2001). The new meaning of educational change. NY : Teachers College Press.

Gazzanign, M. S. (1975). recent research on hemispheric lateralization of the human brain : Review of the split-brain. UCLA educator.

Goldstein, G & Scheerer, M. (1941). Abstract and concrete behaviior. Psychological Monographs, 63.

Goleman, D. (1995). *Emotional intelligence*. New York : Bantam Books.

Gregorc, A. F. (1985), *An adult's guide to style*(2nd ed). columbia, CT : Gregorc Associates, Inc.

Hackman, J.R., & Oldham, G.R. (1976). Motivation through the design of work : Test of a theory. *Organizational Behavior and Human Performance*, 16, 250-279.

Haimann, T., Scott, H & Connor, *Management the Moden Organization* (Houghton Mifflin, 1978), p.535.

Handy, C. (1978), *Gods of Management*. London : Souvenir Press, 25-41.

Hall, D. (1971), A theoretical model of career subidentity development in organizational settings, *Organizational Behavior and Human Performance*, 6.

Harrison, R. (1978). Understanding Your Organization's Character. *Harvard Business Review*, 25-43.(1972). Understanding Your Organization's Character. *Harvard Business Review*, May-June, 25-43.

House, R. J. (1971). A path-goal theory of leader effectiveness. *Administrative Science Quarterly*, 16, 321-339.

House, R. J. (1996). path-goal theory of leadership : Lessons, legacy, and a reformulated theory.

Hsieh, T. (2010). Zappos's CEO on going to Extremes for customers. *Harvard Business Review*, July-August.

Johnston, M. A. (2000). Delegation and organizational structure in small businessers : Influences of manager's attachment patterna. *Group and Organizagion Management*, 25, 4-21.

Kahn, W. A. (1990), Psychological condition of personal engagement and disengagement at work, *Academy of Management Journal*, 33, pp. 672-724.

Kast, F. E. & Rozensweig, J. E. (1979). *Organization and Management : A Systems and Contingency Approach*. 3rd ed.. Mcgraw-Hill.

Kanter, R. M. (1968). Commitment and Social Organizational : A Study of Commitment Mechanism in Utopian Communities, *American Sociological Review*, 33(4), pp. 499-517.

Kanz, R. L. (1974). "Skill of An Effective Administrator". *Harvard Business Review*, 52(5), 90-102.

Kanz, R. L. (1995). Skills of an effctive administrator. *Harvard Business Review*, 33(1), 33-42.

Kelly. S. W. (1992). "Developing Customer Orientation among Service Employees", *Journal of the Academy of Marketing Science*, 20(1), 27-36.

Kim, H., & Yukl, G. (1995). Relationships of self repered and subordinate-reported leadership behaviors to managerial effectiveness and advancement Leadership Quaterly, 6. 361-377.

Kinlaw, D. C. (1995). *The practice of empowerment*, Hampshire, England : Gower.

Kipnis, D. (1972). Does power corrupt? *Journal of Personality and Social Psychology*, 24, 33-41.

Kipnts, D., & Lane, W.P. (1962). self-confidence and leadership. *Journal of Applied Psychology*, 46, 291-295.

Koontz, C. O'Donnel (1976). Principles of Management, *An Analysis of Managerial Functions* 6th ed., p. 607.

Koontz, C. O'Donnel & H. Weihrich (1980). *Management*, 7th ed., p. 688.

Kouzes, J.M., & Posner, B.Z. (1987). *The leadership challenge : How to get extraordinary things done in organizations*. San Francisco : Jossey-Bass.

Leaa, C. R. (1986). Predictors and consequences of delegation. *Academy of Management*

Journal, 29, 754-774.

Lee, M., and Koh, J. (2001). Is empowerment really a new concept International Journal of Human Resource Management, 12(4), pp.684-695.

Leistenchneider, S. (2002). Auftragstaktik im preupisch-deutschen heer 1871-1914, Hamburg : Verlag E.S. Mittler and Sohn.

Lewicki, R.J. & Bunker, B.B. (1996). Developing and maintaining trust in work relationships, In R. M. Kramer & T. R. Tyler (Eds), Trust in organization : Frontiers of theory and research : 14-139, Sage Publications.

Luria, A.R, Homskaya, E.K. (1966). The Frontal Lobes and Regulation of Psychological Processes, Moscow University press, Moscow (Russian).

Luria, Simernitskaya and Tubylevich (1970). The structure of psychological processes in relation to cerbral or ganization', Neuropsychologia, vol. 8.

Luthans, F. (1981). Organization Behavior, N. Y. : McGraw-Hill, pp. 309-312.

Manz,C.C. and Sims, H. P. (1991). Super-leadership : Beyond the myth of heroic leadership, Organizational dynamics, 19(4), pp.18-35.

Mayer, J.D., Salovery, P., & Caruso, D. R. (2000). Models of emotional intelligence. In R.J. Sternberg (Ed), Handbook of intelligence (pp.396-420). Cambridge, MA : Cambridge University Press.

Mayer, R. C. Davis, J. H. & Schoorman, F. D. (1995). An integrative model of organizational trust. Academy of Management Review, 20 : 709-743.

McCauley, C.D. (1986). Developmental experience in managerial work. Technical Report No. 26. Greensboro, NC : Center for Creative Leadership.

McGregor, D. (1960). The human side of enterprise, New York : McGraw-Hill.

McGregor, D. (1972), Leadership and motivation, 4th ed., Cambridge and London.

Michaels, C. E., & Spector, P. E. (1982). Causes of employee turnover : A test of the Mobley, Griffeth, Hand, and Meglino model. Journal of applied psychology, 67(1), 53.

Miller, D., & Toulouse, J. (1986). chief executive personality and corporate strategy and structure in small firma, Management Science, 32, 1389-1409.

Mintzbert, H. (1983). Power in and around organizations, Englewood Cliffs, NJ :

Prentice-Hall.

Narayanan, V.K., Zane, L. J., & Kemerer, B. (2011). The cognitive perspective in strategy : An integrative review. *Journal of Management*, 37, 305-351.

Neves, R. D. (1974). Hemispheric specialization in commissurotomized man, Psychological Bulletin.

Oetting, D.W. (1993). Auftragstaktik : Geschichte und Gegenwart einer Führungkonzeption, Frankfurt am Main : Report Verlag.

Paglis, J. L., & Green, S. G. (2002). Leadership self-efficacy and managers' motivation for leading change. *Journal of Organizational Studies*, 23, 215-235.

Parsons, T. (1977). *Social systim and the Evalution of Action Theory*, New York: Free Press.

Parker, R. & Bradley, L. (2000). Organizational Culture in the Public Sector : Evidence from Six Organizations. *International Journal of Public Sector Management*, 13(2), 125-141.

Pettigrew, A. M. (1979). On Studying Organizational Cultures. *Administrative Science Quarterly*, 24 : 570-581.

Pfeffer, J., Cialdint, R. B., Hanna, B., & Knopoff, D. (1998). Faith in supervision and the self-engancement bias : Two psychological reasons why managers don't empower workers, *Basic and Applied Social Psychology*, 20, 313-321.

Rousseau, D. M., Sitkin, S. B., Burt, R. S., & Camerer, D. (1998). Not so different after all : A cross-discipline view of trust, *Academy of Management Review*, 23(3), 393-404.

Sarasin, L. C. (2006). *Learning syle perspectives : Impact in the classroom* (2nd ed). Madison. WI : Atwood publishing.

Salovery, P., & Mayer, J.D. (1990). Emotional intelligence. *Imagination, Cognition, and Personality*, 9, 185-221.

Schein, E. H. (1985). *Organizational Culture and Leadership*. San Francisco : Jossey Bass, 14-15.

Schwier, C. (1999). Gemeinsame historische Wurzeln von Auftragstaktik und Innere Führung, Beitrage zu Lehre und Forschung, Führungsakademie der Bundeswehr, 1.

Simon, H. (1987). Making managerial decisions : The role of intuition and emotion. *Academy of Management Executive*, 1, 57-64.

Snyder, N., & glueck, W. F. (1980). How managers plan : The analysis of managers' activities. Long Range Planning, 13, 70-76.

Spencer, L. M. & Spencer, S. M. (1993). *Competence at work : Models for Superior Performance*. Jogn Wiley & Sons, Inc.

Spreitzer, G. M. (1992). "When organization dare : The dynamics of individual empowerment in the workplace." Unpublished doctoral dissertation, The University of Michigan.

Spreitzer, G. M. (1995). Psychological Empowerment in the workplace, Dimensions, Measurement and Validation, *Academy of Management Journal*, 38(5), pp. 1442-1465

Thomas, K. & Velthouse, B. (1990). Cognitive Elements of empowerment : an interpretative model of intrinsic task motivation, *Academy of Management Review*, 15, p. 666-681.

Trevino, L. T., Brown, M., & Hartman, L. P. (2003). A qualitative in vestigation of perceived ethical leadership : Perceptiona from inside and outside the executive suite, *Human Relations*, 55, 5-37.

Quinn, R. E. and McGrath, M. R. (1985). The Transformation of Organizational Cultures : A Competing Values Perspective, in Frost. Peter. et al. (eds.) Organizational Culture Beverly Hills. Calif : Sage, 315-334.

Van Fleet, D. D., & Yukl, G. (1986b). *Military Leadership : An organizational perspetive*. Greenwich. CT : JAI press.

Velasquez, M. G. (1992). *Business ethics : Concepts and cases* (3rd ed). Englewood Cliffs, NJ : Prentice Hall.

Vogt, J. F. and Murrell, K. L. (1990). "Empowerment in Organizations : How to Speak Exceptional Performance," San Diego, CA : Prefer and Company.

Vygotsky, L.S. (1956). Selected Psychological Investigations, Izd. Akad. Pedagog. Nauk RSFSR, Moscou (Russian).

Widder, W. (2002). Auftragstaktik and Innere FÜhrung : Tademarks of German Leadership, *Military Review*, September-October, 3-9.

Yukl, G., & Falbe, C. M. (1991). The impottance of different power sources in downward and lateral relations, *Journal of Applied Psychology*, 76. 416-423.

Yukl, G., & Fu, P. (1999). Determinants of delegation and consultation by managers. *Journal of Organizational Behavior*, 20, 219-232.

Zaccaro, S.J., Gillvert, J., Thor, K. K., & Mumfod, M.D. (1991). Leadership and social intelligence : Linking social perceptiveness and behavioral flexibility to leader effectiveness. *Leadership Quarterly*, 2, 317-331.

4. 기타

다음 백과사전, http://100.daum.net/encyclopedia/view/47XXXXXXb554, 2017.

찾아보기

저자 소개

김문겸

단국대학교 행정학 박사

육군 교육사령부 학술연구관

서울사이버대학교 강사 및 연구원

단국대학교 강사 및 연구원

현 한국심리평가원 부원장

[주요 저서 및 논문]

뇌신경심리를 알면 PAIR리더십이 보인다(저서, 2017)

사회적 지지가 요양보호사의 삶에 미치는 영향(논문, 2017)

인지처리특성이 유사한 성향의 반편성이 고등학생들의 또래관계 적응,
　학교생활만족도, 학업성적에 미치는 영향(논문, 2017)

지휘가 조직몰입에 미치는 영향에 관한 연구(논문, 2015)

직무자율성이 군 조직효과성에 미치는 영향(논문, 2015)

육군 임무형지휘 정착 및 활성화 방안(연구보고서, 2017)

육군 리더십 요인이 조직효과성에 미치는 영향(연구보고서, 2016)

해병대 리더십 개념 및 리더 상 정립(2016, 연구보고서, 2016) 외 다수